秦汉时期林业文化探源

本书系国家社科重大基金项目「秦汉三国简牍经济史料汇编与研究」（批准号：19ZDA196）阶段性成果

本书获贵州大学社科学术出版基金资助

罗启龙 著

知识产权出版社
全国百佳图书出版单位
——北京——

图书在版编目（**CIP**）数据

秦汉时期林业文化探源 / 罗启龙著 . —北京：知识产权出版社，2023.4
ISBN 978-7-5130-8694-3

Ⅰ.①秦… Ⅱ.①罗… Ⅲ.①林业—文化研究—中国—秦汉时代 Ⅳ.① F326.29

中国国家版本馆 CIP 数据核字（2023）第 042471 号

内容提要

本书结合秦汉时期出土文献、考古资料及传世文献，对这一时期天然林木的分布及变迁、人工植林的发展、林业职官的设立、社树崇拜，以及林木在生活中的运用等进行研究。本书通过研究秦汉时期天然林木的分布与变迁，探究其变化的内在原因，对了解人与自然的互动关系，实现二者的和谐发展，具有重要的现实意义，也可为我国目前的生态文明建设带来重要的历史启示。通过对秦汉时期林木在社会生活中的使用研究，既能够了解林木对当时社会生活产生的影响与人们的社会生活状态，更能对我国民族传统文化有进一步的认识，对于今天的生态文明建设也有一定的启发意义。

本书适合史学领域研究者阅读。

责任编辑：李　婧　　　　　　　　　　责任印制：孙婷婷

秦汉时期林业文化探源
QINHAN SHIQI LINYE WENHUA TANYUAN

罗启龙　著

出版发行：知识产权出版社有限责任公司	网　　址：http://www.ipph.cn
电　　话：010-82004826	http://www.laichushu.com
社　　址：北京市海淀区气象路50号院	邮　　编：100081
责编电话：010-82000860转8594	责编邮箱：laichushu@cnipr.com
发行电话：010-82000860转8101	发行传真：010-82000893
印　　刷：北京中献拓方科技发展有限公司	经　　销：新华书店、各大网上书店及相关专业书店
开　　本：720mm×1000mm　1/16	印　　张：15
版　　次：2023年4月第1版	印　　次：2023年4月第1次印刷
字　　数：230千字	定　　价：78.00元
ISBN 978-7-5130-8694-3	

出版权专有　侵权必究
如有印装质量问题，本社负责调换。

序

生态史、环境史是当今学术界的研究热点。从历史学角度出发，对我国环境问题进行历史溯源，揭示人类活动与环境变化之间的因果关系具有很大的学术价值和现实意义。林业史作为生态环境史的重要组成部分，是环境史研究绕不开的一环，更关系着环境史研究的进程。但囿于史料有限，以往的研究成果较少，尤其针对秦汉时期，未见林业史方面的专著。近几十年，秦汉考古实物的不断公布，为秦汉时期的林业研究提供了丰富的资料。罗启龙博士的《秦汉时期林业文化探源》一书正是在此背景之下形成的新著。

该书除了史料翔实和遵守学术规范外，至少有以下两方面的优点。

一是采用多学科交叉的研究方法，对秦汉林业问题作系统研究，选题具有明显的前沿性与科学性。该书注意到自然科学史与政治制度史、社会史的交叉，并能够将文献史料和考古材料很好地结合在一起，提出了一些独到见解。特别是对秦汉时期社树的考证下了很大功夫，对社树的出现、演变及在秦汉时期的存在状态做了全面梳理，关于秦汉时期社树成为"社"的主要形式的看法颇有见地。

二是对秦汉自然林业的分布与变迁、林木种植与采伐、林业职官、社树制度、木材应有等问题作了更为深入的研究，初步勾勒出秦汉时期林业的整体面貌。书中将林业与政治经济、社会生活、宗教信仰等结合起来研究，从林业即大农业的角度提供了一个透视秦汉社会的窗口，对推进生态环境史研究和秦汉史的整体研究多有裨益。

诚然，该书的有些论述还可以进一步完善，如秦汉林业在整个社会中的影响，秦汉时期的城市绿化等，但瑕不掩瑜，仍可谓秦汉林业研究的一部力作。我乐意向读者推荐这部新著，也希望作者在今后的研究中能有更多的创新和突破。

晋文

2023年2月于随园

前　言

　　前人对秦汉时期林木的分布、种植、利用等，都有相应的研究成果。但目前仍有一些问题未能厘清。本书结合秦汉时期出土文献、考古资料及传世文献，对这一时期天然林木的分布及其变迁、人工植林的发展、林业职官的设立、社树崇拜，以及林木在生活中的运用等方面进行研究。本书考察内容涉及秦汉时期自然史、历史地理、科技史、政治制度史、思想史、社会史等领域。

　　孢粉、考古及历史文献等资料显示，先秦、秦汉时期，我国林木分布广泛，种类繁多。春秋时期以后，我国多数地区气温有所波动，树种结构也相应发生了变化。春秋至东汉时期，东北地区受气候变凉的影响，乔木植被中针叶林比例有所增加，落叶阔叶林减少，同时森林分布范围缩小；黄淮海平原地区针、阔叶乔木随气候变化互有消长；黄土高原塬区未有森林生长，河谷及山地植被以阔叶木占优的混交林为主。西北草原与荒漠区植被随气候逐渐变干，耐旱类草本植被覆盖范围有所扩大，乔木植被随之减少。云贵地区受气候变凉的影响，常绿林逐渐减少，而四川地区的常绿及落叶林则均有增长；岭南地区的常绿林一直处于主要地位，广西地区受温度降低的影响针叶林也有所增长；长江中下游地区气候波动剧烈，常发生常绿阔叶林与针叶、阔叶林的混交林交替演变。除气候因素外，人类活动也影响着天然植被的变化。受秦汉时期经济、政治、军事等因素的影响，除东北地区天然林木保存较好外，其余北方地区林木破坏严重。但这一时期南方地区人口稀少，生产力水平不高，人类影响相对较弱。加之该地区气候相对温暖湿润，植被易于再生，因此，南方广大地区的天然林木在秦汉时期得到较好的保存。

　　秦汉时期生产技术较快发展。林木的生产技术涵盖了栽培、采伐与运输等方面。这一时期，人们总结了各类树种的物候与生长习性，并在此基础之上进一步提高林木的栽培技术。此时人们已能够依据不同树种的自身特性确定合理的种植时间及栽种地点。除播种种植林木外，已开始使用扦插、嫁接等无性繁殖技术培育树木。在定植之后，时人对保墒、霜冻害、病虫害的防治及整枝等护林工作亦提出了严格细致的要求。在林木种植技术趋于成熟的前提下，当时民居周边、私人园林、皇家苑囿、道路旁及军事区均植有大量的人工林。而不同区域树种的选择，则受当时政治、经济与文化等多种因素的影响。此外，秦汉时期，随着铁器的普遍使用，采伐林木的效率也得以提高。在林木采伐时机的选择上，则需要考虑木材质量、国家政策及民俗禁忌等多种因素。至于采伐后林木的运输，则主要以水运为主。另外，这一时期，官方与私人的林木买卖现象较为普遍。

秦汉时期并未设立专门的林业管理机构，林业的相关事宜是由不同部门的职官兼理。殷商时，管理农业、田猎及手工业的官员均涉及林业的管理，但当时不同部门官员的林木管理权的划分尚未形成定制。至周代，管理林木的官员更加多元化，其职权也更加明晰；春秋战国时期，各诸侯国均设有林官。秦国林木主由吴人与少府负责，六国统一趋势渐显，吴人之权渐减。秦至西汉，山林川泽管理权由中央设"少府"与"木官"管理，其所出物产归于皇室及诸侯王。至东汉，山林川泽的管理权及物产改由地方政府负责；秦汉苑囿先后由少府及水衡都尉掌管，其下设有苑丞及禁圃等兼管苑中林木事务；当时的林木种植主要由地方政府负责，宫室、陵寝内的树木则由将作大匠主管；此外，秦汉时所设的将作大匠、司空及中央与地方所辖的各类工官主要管理林木的开采和利用。

树木自古与社密切相关，秦汉时期亦不例外。根据考古及文献资料显示，远古时期的社即立于丛林之中，随着时间的推移，丛社逐渐成为传统。至殷商时，它已在国家社祭当中占有重要地位。降至周代，情况发生改变。受当时礼仪制度的要求，各阶层社的大小、形制及设立地点均有限制。在此情况下，丛社已无法符合礼制要求，其地位有所降低，人工所立树社随之兴起。但由于传统惯性作用，丛社在西周时仍占有重要的地位。至秦汉时期，人们立社已不完全出于宗教的因素，更多的情况是将社视为土地与政权的象征。在此情况下，统治者对官方所立社的规模与形制均有严格细致的要求。因而"丛社"在这一时期已不再属于官方的祭祀体系，其地位大不如前。与此同时，受时人树神崇拜与生殖崇拜等观念的影响，"树社"逐渐成为"社"的主要形式。树本身生命力与生殖力强盛等特质，乃是树社广泛形成的主要原因。

秦汉时期，木材已普遍用于人们的生产、生活当中。其中建筑与葬具为消耗木材的大宗，而乐器当中，使用木材的情况也愈加普遍。关于建筑，早在远古时期就已出现带有榫卯的木构结构。至夏商周三代，木构架技术进一步发展，出现了"大叉手"式结构。春秋战国时期梁架及木柱的稳定性进一步提高，并且可能出现了两榀梁架组合的复合梁架，技术的进一步完善为这一时期宫室建筑大面积兴起奠定了基础。至汉代，高台阁楼式的木构建筑盛行，反映出汉代建筑大木作技术已较前朝有所进步。我国古代之所以选用木材作为建筑材料，应当和其便于运输、稳定性高、易于修缮和替换等特质有关。乐器方面，远古时期的大鼓多为木质，但由于音质不佳，至后世为铜鼓所代替，小鼓仍用木质，但仅作为大鼓的辅助乐器。西周及其后世常用的礼制乐器——柷与敔多为木质，二者用于音乐演奏的开始与结束。此外，筑、琴与瑟等弦乐器在春秋战国时期逐渐兴盛，由于当时粘合技术不够理想，三者多用独木斫成。由于其音色较好，秦汉时期弦乐器逐渐成为乐器当中的主流。关于葬具，棺形成的初期，并未使用木材。至新石器时代中晚期，木质棺使用逐渐普遍，并成为一种身份地位的象征。随着椁的产生，木质葬具的使用逐渐成为一种制度。在木种的使用上，亦有等级限制。西汉时期，出现黄肠题凑等形式，标志着木质棺椁的使用规模达到了顶峰。但由于当时林木破坏严重，至东汉时棺椁制度衰落，木质椁逐渐被石质椁代替，但使用木棺的习俗则一直延续下来。木材在人们的生活中越来越起着支配作用。

目　录

第一章　绪　论 001
　　第一节　选题理由及意义 001
　　第二节　研究现状及趋势 002
　　第三节　研究方法及手段 014
　　第四节　创新之处 015

第二章　秦汉时期自然林业的分布与变迁——兼谈文献中植被的考证 017
　　第一节　东北地区 017
　　第二节　黄淮海平原及其周边 022
　　第三节　黄土高原区 027
　　第四节　西北草原与荒漠区 033
　　第五节　云贵川地区 039
　　第六节　岭南地区 043
　　第七节　长江中下游地区 047
　　小　结 054

第三章　秦汉时期林木种植与采伐述论 057
　　第一节　林木的种植技术 057

第二节　林木种植情况述论 061
　　第三节　秦汉时期木材的采伐与贩运 084
　　小　　结 093

第四章　秦汉时期林业职官考述 095
　　第一节　夏、商、周林业职官考论 095
　　第二节　春秋战国至秦代的林业职官辨析 101
　　第三节　汉代林业职官述论 107
　　小　　结 121

第五章　秦汉时期社树制度的嬗变——兼谈立树于社的原因 127
　　第一节　社主考辨 127
　　第二节　社树制度的嬗变 131
　　第三节　立树于社的原因探析 145
　　小　　结 156

第六章　秦汉木材三题研究 159
　　第一节　宫室建筑 159
　　第二节　木质乐器 168
　　第三节　丧葬用途 178
　　小　　结 188

结　语 191

参考资料 195

后　记 229

第一章 绪 论

第一节 选题理由及意义

自远古至今，树木一直为人们提供着最基本的生产生活资料。可以说，林木对社会的发展与进步起着重要作用。及至秦汉时期（公元前221年—220年），林木的种植与开采技术有显著提高，管理林业的职官体系日趋完备，林木对人们社会生活诸多方面的影响日益加深。因此，对秦汉时期林业及相关问题进行研究具有重要意义。

首先，选题的生态史意义。研究秦汉时期天然林的分布与变迁，探究其变化的内在原因，对了解人与自然的互动关系、实现二者的和谐发展具有重要的现实意义，亦可为我国目前的生态文明建设带来重要的历史启示。此外，林业技术史是我国科学技术史的一个重要组成部分，探讨秦汉时期林业生产技术的情况，有助于了解我国林业科学技术的发展历程。

其次，选题的政治史意义。政府林业职官的设置及林业管理思想体系的建立，是实现我国"盛世兴林"事业的基本保障。而秦、汉作为中国最早的大一统帝国，所设立的职官制度及管理思想为后世的政治体制奠定了基础。因此，考察这一时期的林业职官体系，不仅可以深入了解秦汉职官制度的建置，更使我们进一步明晰了后世林业职官的渊源，并为我国现今的林业管理提供借鉴。

最后，选题的文化史意义。林木与秦汉时期人们的生活密切相关，在衣、食、住、行、丧葬、祭祀活动等诸多方面均有使用。也正因为林木使用的普遍化，形成了我国古代独特的林业文化，如树木崇拜文化、园林文化、生态文化等。通过对秦汉时期林木在社会生活中的使用研究，既能够了解林木对当时社会生活产生的影响与人们的社会生活状态，又能对我国民族传统文化有进一步的认识，对于今天的生态文明建设也有一定的启发意义。

第二节　研究现状及趋势

关于秦汉时期的林业，前辈学者对某些方面问题已有一定程度的研究，这对选题研究的展开及深入具有重要的借鉴意义。

一、关于林业史的综合性论研究

王长富的《中国林业经济史》、张钧成的《中国林业传统引论》与樊宝敏、李智勇《中国森林生态史引论》等论著，以及尚定周的《历史上的中国林业》、石山的《中国古代林业发展的特点》等学术论文，均以纵向角度分别探讨了我国不同历史时期森林资源的变迁、林业的生产技术与林业生态保护思想的发展及林业的管理等方面内容，并总结了中国古代生态建设、森林水土保持、林业管理等方面的经验教训。❶ 但以上研究对秦汉时期的林业情况的探讨较少，且论述亦不够深入。

翦伯赞的《秦汉史》、吕思勉的《秦汉史》、林剑鸣的《秦汉史》❷ 较为全面地论述了秦汉时期经济、政治、文化、外交等状况，林业方面虽有涉及，但内容较少。

李剑农的《中国古代经济史稿》（第一卷）、林剑鸣等的《秦汉社会文明》和冷鹏飞的《中国秦汉经济史稿》均对秦汉时期树木的保护、种植与利用有所阐述，但这些经济史类著作缺少出土文献及考古实物的运用，尚存遗憾。王子今的《秦汉时期生态环境研究》不仅从气候变迁的角度阐述了秦汉时期水资源、野生动物及植被分布的变化，更从秦汉时期的经济、政治、宗教信仰及生态环境观等多个方面探讨了人类与植被的关系，多有启发和借鉴之处。赵延旭的《北朝时期的林业及相关问题研究》论述了北朝时期林木的分布、种植、生产经营、管理及利用，对本书有一定的借鉴意义。❸

---

❶ 王长富，《中国林业经济史》，东北林业大学出版社1990年版。张钧成，《中国林业传统引论》，中国林业出版社1992年版。樊宝敏、李智勇，《中国森林生态史引论》，科学出版社2008年版。尚定周，《历史上的中国林业》，《古今农业》1994年第3期。石山，《中国古代林业发展的特点》，《湖北林业科学》1999年第1期。

❷ 翦伯赞，《秦汉史》，北京大学出版社1999年版。吕思勉，《秦汉史》，上海古籍出版社2005年版。林剑鸣，《秦汉史》，上海人民出版社2003年版。

❸ 李剑农，《中国古代经济史稿（第一卷）》，武汉大学出版社2011年版。林剑鸣等，《秦汉社会文明》，西北大学出版社1985年版。冷鹏飞，《中国秦汉经济史稿》，人民出版社1994年版。王子今，《秦汉时期生态环境研究》，北京大学出版社2007年版。赵延旭，《北朝时期的林业及相关问题研究》，吉林大学2015年博士学位论文。

二、关于秦汉时期林业生态史的研究

邹逸麟《中国历史地理概述》与《中国历史自然地理》两部著作中的部分章节考察了我国各历史时期气候和植被的变迁,对本书具有重要的借鉴意义。文焕然等的《中国历史时期植物与动物变迁研究》论述了中国历史时期森林、竹林等地理分布与变迁状况,并对影响其变迁的诸因素进行了探讨。史念海的《河山集》(二集)对秦汉时期黄河流域的地貌及森林植被的分布情况有详细论述,但其对黄土高原植被类型的探究尚存有较大的争议。日本学者上田信的《森林与绿色的中国史》则以生态环境史的视角,对中国各历史时期的森林文化作了系统论述。王玉德、张全明等的《中华五千年生态文化》阐述了秦汉时期各地区的植被类型、地貌及水文等生态基本情况,但其所论不够深入,且缺乏孢粉与考古等资料的支撑。陈业新的《中国历史时期的环境变迁及其原因初探》一文分析了人口增长对林木变迁情况的影响。尚定周的《历史上的中国林业》一文论述了各历史时期农业、手工业的发展对天然林木变迁的影响。史念海的《论历史时期我国植被的分布及其变迁》一文就我国由南到北的森林分布进行长时段研究,并详细分析了各历史时期林木变化的原因❶,有助于我们进一步深入研究秦汉时期的天然林木分布问题。

陈加良、文焕然《宁夏历史时期的森林及其变迁》、徐海亮《历史中州森林变迁》、朱圣钟《历史时期四川凉山地区森林植被的变迁》、朱士光《试论我国黄土高原历史时期森林变迁及其对生态环境的影响》、王义民和万年庆《黄河流域生态环境变迁的主导因素分析》、周云庵《秦岭森林的历史变迁及其反思》等论文分别探讨了历史时期河南、四川凉山以及包含宁夏与黄河流域所涵盖的黄土高原地区和秦岭的天然森林的变迁规律及变化特征,并分析影响其变化的气候与人

---

❶ 邹逸麟,《中国历史地理概述》,上海教育出版社 2005 年版。邹逸麟、张修桂,《中国历史自然地理》,科学出版社 2013 年版。文焕然等,《中国历史时期植物与动物变迁研究》,重庆出版社 2006 年版。史念海,《河山集(二集)》,生活·读书·新知三联书店 1981 年版。[日]上田信,《森林与绿色的中国史》,山东画报出版社 2013 年版。王玉德、张全明等,《中华五千年生态文化》,华中师范大学出版社 1999 年版。陈业新,《中国历史时期的环境变迁及其原因初探》,《江汉论坛》2012 年第 10 期。尚定周,《历史上的中国林业》,《古今农业》1994 年第 3 期。史念海,《论历史时期我国植被的分布及其变迁》,《中国历史地理论丛》1991 年第 3 期。

为因素。❶ 但以上文章对秦汉时期林木分布及变迁探讨尚缺深度，且部分学者的观点尚有值得讨论之处。

张春生《从〈五藏山经〉看黄河中游的森林》详细考察了先秦时期黄河中游的森林的分布情况，并阐述了该时期相关区域的林木资源破坏情况及对秦汉时期林木分布的影响。黎风、李英等《秦汉至北魏时期山西的森林》对秦汉至晋魏时期山西森林分布及变化情况进行了探讨。王庆宪《匈奴史事与北方森林植被》大致勾勒出了秦汉时期匈奴地区的森林植被状况。古开弼《我国柞树资源历史分布考略》阐述了柞树的性质、特质及历史各个时期柞树的分布情况。❷ 但以上研究对影响林木变迁的自然因素分析较少。而满志敏《中国历史时期气候变化研究》与陈业新《两汉时期气候状况的历史学再考察》一文均从秦汉时期气候变迁的角度探析了这一时期林木的分布情况。❸ 但二者以研究气候变迁为主，并未对该时期林木分布的整体情况进行详细讨论。因此，本书欲在吸收前人研究的前提下，通过结合孢粉测定结果、典籍文献的记载及考古资料，分析秦汉时期各地区林木分布情况，并探析其变化的原因。

三、关于秦汉时期林业生产与经营研究

干铎主编的《中国林业技术史料初步研究》对我国各个历史时期的种植技术进行了阐述。熊大桐的《中国林业科学技术史》与其《中国古代林业科学技术知识初探》论述了各历史时期造林技术、林木抚育、果木栽培及木材用途等方面内容。石山的《中国古代林业发展的特点》探讨了历史上人们对木材利用以及经济

---

❶ 陈加良、文焕然，《宁夏历史时期的森林及其变迁》，《宁夏大学学报（自然科学版）》1981年第1期。徐海亮，《历史中州森林变迁》，《中国农史》1988年第4期。朱圣钟，《历史时期四川凉山地区森林植被的变迁》，《中国历史地理论丛》2007年第2期。朱士光，《试论我国黄土高原历史时期森林变迁及其对生态环境的影响》，《黄河文明与可持续发展》2013年第3期。王义民、万年庆，《黄河流域生态环境变迁的主导因素分析》，《信阳师范学院学报（自然科学版）》2003年第4期。周云庵，《中国历史地理论丛》1993年第1期。

❷ 张春生，《从〈五藏山经〉看黄河中游的森林》，《农业考古》2003年第3期。黎风、李英等，《秦汉至北魏时期山西的森林》，《山西林业》1998年第4期。王庆宪，《匈奴史事与北方森林植被》，《云南师范大学学报》2001年第6期。古开弼，《我国柞树资源历史分布考略》，《古今农业》1994年第2期。

❸ 满志敏，《中国历史时期气候变化研究》，济南，山东教育出版社2009年版。陈业新，《两汉时期气候状况的历史学再考察》，《历史研究》2002年第4期。

林的种植。❶ 但以上论著在论述秦汉时期的林木种植时，个别地方尚有纰漏。

孙云蔚的《中国果树史与果树资源》结合《诗经》《山海经》的记载和一些考古资料，介绍我国果树栽培的起源，并详尽介绍了原产我国的果树。辛树帜的《中国果树史研究》运用《诗经》《山海经·五藏山经》《尔雅》《上林赋》等古籍中的资料，对我国秦汉以前果树栽培起源、引种、分类、栽培技术进行分析和考辨。另外，赵翼《杉木栽培利用史料综述》、陈植《杉木造林技术遗产的初步研究》、侯伯鑫《湖南杉木栽培史考》、黄宝龙和蓝太岗《杉木栽培利用历史的初步探讨》、侯伯鑫《我国杉木的起源及发展史》、张晨曦《杉木在中国的栽培历史简述》、林鸿荣《古代的楠木及其分布变迁》、余君《中国古代柳树的栽培及柳文化》、关传友《中国植柳史与柳文化》分别论述了杉木、楠木和柳木的栽培、使用和文化。以上论著有助于我们深入了解秦汉时期林木种植技术的情况。❷

此外，王子今《秦汉时期的关中竹林》主要研究了秦汉时期关中竹林的分布和规模及在社会生活中的作用。倪根金《秦汉植树造林考述》从当时植树造林的条件和环境、植树造林的主要类型和对林木的保护等方面展示了秦汉植树造林的基本轮廓和面貌。王子今《西汉"五陵原"的植被》论述了西汉"五陵原"人工育林的情况。梁安和《五陵原植被及其发展演变状况》分析了秦汉时期政府与民众在五陵原地区均有栽植树木对住居的生态环境的影响。徐卫民《汉长安城植被研究》论述了汉代长安城及周围植被种类及其生长情况。日本学者西嶋定生撰写的《剑桥中国秦汉史》秦汉经济史部分对当时木材的开发与利用有所阐述。新西兰学者艾黎《秦汉江南经济述略》一书，介绍秦汉时期江南地区经济的发展状况，包含人口状况、自然灾害和环境保护等方面内容，对秦汉江南地区林业的开

---

❶ 干铎主编，《中国林业技术史料初步研究》，农业出版社1964年版。熊大桐，《中国林业科学技术史》，北京，中国林业出版社1995年版。熊大桐，《中国古代林业科学技术知识初探》，《林业科学》1987年第2期。石山，《中国古代林业发展的特点》，《湖北林业科技》1999年第1期。

❷ 孙云蔚，《中国果树史与果树资源》，上海科学技术出版社1983年版。辛树帜，《中国果树史研究》，北京，农业出版社1983年版。赵翼，《杉木栽培利用史料综述》，《四川林业科技》1980年第2期。陈植，《杉木造林技术遗产的初步研究》，《中国农史》1985年第2期。侯伯鑫，《湖南杉木栽培史考》，《植物杂志》1988年第5期。黄宝龙、蓝太岗，《杉木栽培利用历史的初步探讨》，《南京林业大学学报（自然科学版）》1988年第2期。侯伯鑫，《我国杉木的起源及发展史》，《农业考古》1996年第1期。张晨曦，《杉木在中国的栽培历史简述》，《自然辩证法通讯》2007年第1期。林鸿荣，《古代的楠木及其分布变迁》，《四川林业科技》1988年第4期。余君，《中国古代柳树的栽培及柳文化》，《北京林业大学学报》（社会科学版）2006年第3期。关传友，《中国植柳史与柳文化》，《北京林业大学学报》（社会科学版）2006年第4期。

采与利用的论述也颇为详尽。❶

刘策《中国古代园囿》、陈植《中国历代名园记选注》、童寯《造园史纲》等园林史著作，对我国源远流长的造园史进行总结研究，各部著作中翔实不一地介绍了汉代园林包括上林苑中的植被情况。周维权《中国古典园林史》、王毅《中国园林文化史》、王铎《中国古代苑园与文化》、曹林娣《中国园林文化》等著作从多元文化的角度看待不同时期文化对于园林修造的影响，通过多维视野显现中国文化自身的独特性及在园林中的反映，对本书探究秦汉时期文化对园林林木种植的影响有一定帮助。汪菊渊的《中国古代园林史》与日本学者冈大路先生的《中国宫苑园林史考》系统梳理了中国历代有关宫苑园林的史籍文献，并通过文献记载分析了各时期的园林建筑设计特点和风格，但对园中林木考述较少。❷

基口淮的《秦汉园林概说》分别阐述了皇家苑囿与私家苑囿，其中对苑囿中的植物也论述颇多。关传友的《中国竹子造园史考》考证了中国历代竹子造园的历史，认为竹子造园同步于古典园林的发端，汉代应用于早期园林的"囿"和"苑"。杨絮飞的《从汉画像砖石看汉代庭院植物的配置》指出，汉代庭院不仅可以看到类似西方园林植物整齐而规则的排列方式，同时也可以看到汉代庭院配置的植物种类非常丰富，并且与建筑的形体及形式相得益彰。喻曦、李令福《浅析秦汉上林苑农业的多功能性》探讨了上林苑的农业多功能性，其中详尽阐述了林苑的木材消耗情况及植被情况。郭建新、朱宏斌《秦汉时期上林苑农业功能之探析》指出，上林苑是秦汉时期诸多苑囿中规模最大的皇家苑囿，其中不仅包括了各种用途的宫观楼阁，也有大量的动植物资源。包琰、冯广平等的《秦汉上林苑栽培树木初考》《秦汉上林苑栽培植物再考》根据古籍所载上林苑植物特性，利

---

❶ 王子今，《秦汉时期的关中竹林》，《农业考古》1983年第2期。倪根金，《秦汉植树造林考述》，《中国农史》1990年第4期。王子今，《西汉"五陵原"的植被》，《咸阳师范学院学报》2004年第5期。梁安和，《五陵原植被及其发展演变状况》，《秦汉研究》2014年第8辑。徐卫民，《汉长安城植被研究》，《西北大学学报（自然科学版）》2009年第5期。[日]西嶋定生，《剑桥中国秦汉史》，中国社会科学出版社1992年版。[新西兰]艾黎，《秦汉江南经济述略》，江西人民出版社1999年版。

❷ 刘策，《中国古代园囿》，宁夏人民出版社1979年版。陈植，《中国历代名园记选注》，安徽科学技术出版社1983年版。童寯《造园史纲》，中国建筑工业出版社1983年版。周维权，《中国古典园林史》，清华大学出版社1990年版。王毅，《中国园林文化史》，上海人民出版社1990年版。王铎，《中国古代苑园与文化》，湖北教育出版社2003年版。曹林娣，《中国园林文化》，中国建筑工业出版社2005年版。汪菊渊，《中国古代园林史》，中国建筑工业出版社2006年版。[日]冈大路，《中国宫苑园林史考》，学苑出版社2008年版。

用现今植物学对上林苑中栽植的植物进行考释和分类。❶ 以上研究有助于我们了解秦汉时期的园林，尤其是上林苑中的植物分布情况，但其均未阐述秦汉时期园林林木种植业繁盛原因，其研究角度与本书不同。

史念海《西安历史地图集》用大量古今对照地图对西安地区自人类活动以来的城市布局、自然地貌、水系、帝王陵寝、宫殿苑囿等进行了详细研究，书中不仅有依照文献绘制的都城、宫殿、苑囿、陵寝地图，还有依据考古出土文物绘制的地图，两者可进行比对阅读，是研究西安历史乃至中国历史珍贵的参考资料，对我们了解秦汉时期不同区域人工林的情况有一定帮助。此外，王子今《秦汉交通史稿》、苏诚鉴的《"驰道"的修筑与规制》及康清莲的《秦驰道直道考议》对秦汉驰道周边的行道树有所论述，但个别观点尚有值得继续讨论之处。刘锡涛的《中国古代行道树和护堤林》、罗桂环《略述我国古代行道树的起源和发展》则纵向阐述了我国各历史时期行道树的种植情况，但对秦汉时期的情况，并未深入讨论。❷ 此外，王登学的《史书中的"榆林塞"》依据文献所载阐述了军事区林木种植情况。倪根金的《汉简所见西北垦区林业——兼论汉代居延垦区衰落之原因》探讨了汉代西北垦区林木种植及利用等情况，并分析这一地区林木变化与居延垦区衰落之间的关系，颇有创见，对本书的研究有一定的启示作用。❸

余华青《秦汉林业初探》除了论述秦汉时期木材利用情况，还探讨了当时的林木采伐和木材加工工具及木材的运输方式，对本书探讨秦汉木材采伐及运输起到了一定的启示作用。张弘《战国秦汉时期商人和商业资本研究》对秦汉时期树

---

❶ 基口淮，《秦汉园林概说》，《中国园林》1992年第2期。关传友，《中国竹子造园史考》，《竹子研究汇刊》1994年第3期。杨絮飞，《从汉画像砖石看汉代庭院植物的配置》，《浙江林学院学报》2006年第5期。喻曦、李令福，《浅析秦汉上林苑农业的多功能性》，《中国农史》2012年第3期。郭建新，朱宏斌，《秦汉时期上林苑农业功能之探析》，《农业考古》2014年第6期。包琰、冯广平，《秦汉上林苑栽培树木初考》，《农业考古》2011年第4期。冯广平、包琰等，《秦汉上林苑栽培植物再考》，《中国植物园》2011年第14期。

❷ 史念海，《西安历史地图集》，西安地图出版社1996年版。王子今，《秦汉交通史稿》，北京，中国人民大学出版社2013年版。苏诚鉴，《"驰道"的修筑与规制》，《安徽史学》1986年第2期。康清莲，《秦驰道直道考议》，《晋阳学刊》2011年第4期。刘锡涛，《中国古代行道树和护堤林》，《甘肃林业》1999年第2期。罗桂环、汪子春，《略述我国古代行道树的起源和发展》，《西北大学学报（自然科学版）》1986年第1期。

❸ 王登学、魏世中，《史书中的"榆林塞"》，《中国林业》1996年第1期。倪根金，《汉简所见西北垦区林业——兼论汉代居延垦区衰落之原因》，《中国农史》1993年第4期。

木的种植、采伐及贸易作了详细论述，并分析了林业种植对社会经济的作用，对研究秦汉林业的采伐有较大参考价值。刘志远《考古材料所见汉代的四川农业》以四川省广汉县近年曾出土一块"大江行筏"画像砖为切入点，分析了秦汉时期木材水运的方式，但其所论仍有值得延伸研究的地方。王子今《秦汉时期的森林采伐与木材加工》讨论了秦汉时期木材的采伐情况，并分析大量采伐木材背后的政治、经济等因素，对本书有重要的借鉴意义。孙中家、王子今《秦汉时期的官营运输业》论述了秦汉时期官方运输情况，并涉及木材的贩运，但相关论述尚缺深度。徐卫民《汉长安城植被研究》对长安城附近林木情况有所描述，并详细探讨了这一区域的林木与民众社会生活的相互关系。刘希庆《先秦秦汉时期的伐木时间问题》从先秦秦汉文献出发，分析了先秦秦汉时期"伐木以时"的生产实践规律，讨论了总取林木和随时取林木的时间问题，以及"伐木以时"在尊重林木生长规律和拥有可持续使用林木资源上的意义。黄今言《汉代专业农户的商品生产与市场效益》对汉代渔业、园圃业及林业的商品化生产进行了详细的阐述，其研究思路亦值得借鉴。❶

四、关于秦汉时期林木管理的研究

鲁佩璋《中国森林历史》一文认为，周代为我国林业职官最为完备的朝代，同时对秦汉时期的林业职官也作了简要论述。王希亮的《中国古代林业职官考》从历史的角度对我国管理林业的职官进行了系统阐述，认为秦汉时期正处于多变期，并且此时管理林业的职官已形成了三大体系，即征敛赋税官、土木建筑官与管理皇家园囿官。安作璋、熊铁基《秦汉官制史稿》详尽阐述了秦汉官制问题，其中对秦汉时期林业管理也颇多涉及。仝晰纲《秦汉郡国农官考实》对秦汉时期的田官与农长、都水厂、仓官、均输官等农林管理职官进行了研究。余明撰写了四篇先秦秦汉时期林政的文章，分别是《夏商林政雏形》《西汉林政初探》《西周

---

❶ 余华青《秦汉林业初探》，《西北大学学报》1983 年第 4 期。张弘，《战国秦汉时期商人和商业资本研究》，齐鲁书社 2003 年版。刘志远，《考古材料所见汉代的四川农业》，《文物》1979 年第 12 期。孙中家、王子今，《秦汉时期的森林采伐与木材加工》，《古今农业》1994 年第 4 期。王子今，《秦汉时期的官营运输业》，《求是学刊》1996 年第 3 期。徐卫民，《汉长安城植被研究》，《中国古都学会 2007 年年会论文集》2007 年第 23 辑。刘希庆，《先秦秦汉时期的伐木时间问题》，《北京城市学院学报》2007 年第 2 期。黄今言《汉代专业农户的商品生产与市场效益》，《安徽史学》2004 年第 4 期。

林政初探》《秦朝林政初探》，对夏商、西周、秦、西汉等朝代的林业职官与林业政策作了简要的陈述。陈业新的《秦汉政府行为与生态》一文则分别从中央和地方两个层面的生态保护和管理机构职能设置和人员安排等方面进行了研究。此外，郑辉的博士论文《中国古代林业政策和管理研究》是林业管理通史类的研究，其整理分析了中国历代的林业管理机构、职能及林业政策，填补了学界这一方面研究的空白。❶ 但以上论文均未对秦汉时期林业职官进行系统的研究，亦未说明文献中各类管理林业机构之间的联系。

古开弼《秦唐时期林业经济思想及历史启示》对这一时期的林地所有制进行了分析与探讨，认为汉唐之际林地由"山泽国有"（山林川泽为最高统治者——皇帝所有）演变为放松山林川泽管制，实行封建国家干预，通过课收山泽税加以控制。王子今《"伐驰道树殖兰池"解》指出，汉代已有中央政府统一规划组织的大规模育林工程。景爱《额济纳河下游环境变迁的考察》介绍了居延边塞为筑建军事防御体系而采伐木材的情况。王子今《秦汉时期的护林造林育林制度》考察了秦汉时期的护林、造林、育林制度，认为秦汉民间礼俗、学人论著及法律文书都反映了山林保护的意识。❷ 甘肃省文物考古研究所发表的《敦煌悬泉置汉简释文选》一文中记载有涉及伐木的法律条文。刘彦威《中国古代对林木资源的保护》探讨了历代保护林木的相关法令与政策。中华文物研究所、甘肃省文物考古研究所编写的《敦煌悬泉月令诏条》亦有禁止八月伐木的条令。刘彦威的《中国古代的护林和造林》指出，汉代朝廷出台法规政令保护林木，鼓励人们植树造林，并成立管理机构以保证政令的执行。王子今的《汉代居延边塞生态保护纪律档案》一文论述了居延边塞地区政府对林业的采伐与种植的管理；《秦汉社会的山林保护意识》一文则指出，秦汉社会山林保护意识的形成有神秘主义观念的基

---

❶ 鲁佩璋，《中国森林历史》，《农事月刊》1922 年第 2 期。王希亮，《中国古代林业职官考》，《中国农史》1983 年第 4 期。安作璋、熊铁基，《秦汉官制史稿》，齐鲁书社 2007 年版。仝晰纲，《秦汉郡国农官考实》，《史林》1996 年第 4 期。余明，《夏商林政雏形》，《自贡师范高等专科学校学报》2000 年第 1 期。余明，《西汉林政初探》，《四川师范大学学报》1999 年第 4 期。余明，《西周林政初探》，《四川师范大学学报》2000 年第 3 期。余明，《秦朝林政初探》，《四川理工学院学报》（社会科学版）2005 年第 1 期。陈业新，《秦汉政府行为与生态》，《淮南师范学院学报》2004 年第 4 期。郑辉，《中国古代林业政策和管理研究》，北京林业大学 2013 年博士学位论文。

❷ 古开弼，《秦唐时期林业经济思想及历史启示》，《农业考古》1985 年第 1 期。王子今，《"伐驰道树殖兰池"解》，《中国史研究》1988 年第 3 期。景爱，《额济纳河下游环境变迁的考察》，《中国历史地理论丛》1994 年第 1 期。王子今，《秦汉时期的护林造林育林制度》，《农业考古》1996 年第 1 期。

础，也有体现当时天人观的文化理念的作用，这些观念因素影响着国家的行政倾向，而相应的法令又反作用于民众的心理和行为，强化了维护生态平衡的社会规范。❶ 以上林业政策的研究，有助于我们了解秦汉时期林业职官设置背后的政治及文化因素。

五、关于秦汉时期社与林木崇拜的研究

魏建震的《先秦社祀研究》对先秦时期的社祀起源、形态、礼仪制度、社会功能等进行了全面探讨，有助于我们全面了解这一时期社的情况。此外，其对于社主等亦有探讨，但并未涉及社树的变迁问题，与本书研究角度有所不同。史志龙的《先秦社祭研究》对社祭的起源、社祭制度、社祭作用及社主的使用情况等方面进行了详尽的论述，但其亦未对社树的变迁及以立树为社主的原因进行详细讨论。❷ 此外，俞伟超的《铜山丘湾商代社祀遗迹的推定》认为先秦时期立树木为社主的情况十分普遍，但其并未给出可信的依据。宁可的《汉代的社》详细阐述了汉代立社情况，对本书有重要的借鉴价值，但其并未对社主的情况进行深入讨论。❸

此外，石声淮的《木的祭祀与木的崇拜》一文详论了中国古代社与树木之间的关系，并认为社即源于人们的祭木之俗。赵沛霖的《树木兴象的起源与社树崇拜》一文对社树崇拜的原因亦有论述，但二人之说均尚有诸多值得深入讨论的地方。❹ 钟年的《论中国古代的桑崇拜》、李发的《〈诗经〉中的意象"桑"及其文化意蕴》、吴郁芳的《说"商"与"桑"》三篇文章均以古代"扶桑"崇拜为切入

---

❶ 甘肃省文物考古研究所，《敦煌悬泉置汉简释文选》，《文物》2000 年第 5 期。刘彦威，《中国古代对林木资源的保护》，《古今农业》2000 年第 2 期。中华文物研究所、甘肃省文物考古研究所编，《敦煌悬泉月令诏条》，中华书局 2001 年版。刘彦威，《中国古代的护林和造林》，《北京林业大学学报》（社会科学版）2004 年第 4 期。王子今，《汉代居延边塞生态保护纪律档案》，《历史档案》2005 年第 4 期。王子今，《秦汉社会的山林保护意识》，《经济社会史评论》2008 年第 1 辑。

❷ 魏建震，《先秦社祀研究》，人民出版社 2008 年版。史志龙，《先秦社祭研究》，武汉大学 2010 年博士学位论文。

❸ 俞伟超《铜山丘湾商代社祀遗迹的推定》，收入《秦汉考古学论集》，文物出版社 1985 年版。宁可，《汉代的社》，收入《宁可史学论集》，中国社会科学出版社 1999 年版。

❹ 石声淮，《木的祭祀与木的崇拜》，《华中师院学报》1984 年第 4 期。赵沛霖，《树木兴象的起源与社树崇拜》，《河北学刊》1984 年第 3 期。

点，探讨殷商时立社于桑林之中的原因。但从现今研究成果来看，"扶桑"并非桑树，即以上学者的论据均存在一定的问题。❶ 杨琳的《社神与树林之关系探秘》论述了古代丛社的情况，并分析立社于丛林之中的原因。郑同修的《汉画像中"长青树"类刻画与汉代社祭》则通过对汉画像中的"长青树"的论述，进而分析树与社之间的关系。以上两篇文章对本书有一定的参考价值。而陈西平的《试论树木文化中的生殖崇拜》、王廷洽的《中国古代的神树崇拜》与徐君的《试论树神崇拜》三篇文章虽未详述社树的情况，但其对古代树木崇拜的探讨，有助于我们分析立树于社的原因。❷

六、关于秦汉时期林木的利用研究

陈直的《两汉经济史料论丛》对史籍很少记载的两汉下层民众和他们所从事的行业与工作，以及与日常生活相关的一些问题，做了极有价值的探索，其中介绍了与木材相关的造舟、造车、木器等手工业及管理机构。彭卫、杨振红的《中国风俗通史·秦汉卷》、庄华峰主编的《中国社会生活史》均对林木与秦汉社会生活众多方面之间的联系有所提及，其中丧葬及建筑的论述对本书有一定参考价值。❸

王子今的《秦汉社会史论考》从不同的角度对秦汉时期林木与社会生活之间的联系进行了考证。蔡锋的《中国手工业经济通史（先秦秦汉卷）》就先秦至秦汉时期手工业经济中的主要方面进行了论述，其中不乏对木质物品的介绍。郭必恒等的《中国民俗史（汉魏卷）》从民俗学的角度对汉魏时期的民俗进行系统的梳理，其中涉及木材的内容也颇为丰富。孙机的《汉代物质文化资料图说》与《中国古代物质文化》详细介绍了汉代木质物品的成就，并大量引用相关史料和今人的研究成果，对于每件物品的产生、发展及其沿革都作了系统、扼要的阐

---

❶ 钟年，《论中国古代的桑崇拜》，《世界宗教研究》1996年第1期。李发《〈诗经〉中的意象"桑"及其文化意蕴》，《蚕业科学》2012年第6期。吴郁芳《说"商"与"桑"》，《东南文化》1989年第2期。

❷ 杨琳，《社神与树林之关系探秘》，《民族艺术》1999年第3期。郑同修，《汉画像中"长青树"类刻画与汉代社祭》，《东南文化》1997年第4期。陈西平，《试论树木文化中的生殖崇拜》，《山东农业大学学报》（社会科学版）2012年第2期。王廷洽，《中国古代的神树崇拜》，《青海师范大学学报（哲学社会科学版）》1995年第2期。徐君，《试论树神崇拜》，《宗教学研究》1994年Z1期。

❸ 陈直，《两汉经济史料论丛》，中华书局2008年版。彭卫、杨振红，《中国风俗通史·秦汉卷》，上海文艺出版社2002年版。庄华峰主编，《中国社会生活史》，中国科学技术出版社2014年版。

述，对本书有很高的借鉴价值。另外，王子今的《秦汉名物丛考》虽然研究内容与本书关系不大，但其研究思路具有一定的启发性。❶

侯幼彬，李婉贞编的《中国古代建筑历史图说》与刘叙杰的《中国古代建筑史》概述了从原始建筑、夏商周建筑、秦汉建筑，直到明清建筑及延续传统的近代乡土建筑的发展历程和活动特点，并对古代木构建筑的形制进行了一定程度的探讨。吴曾德的《论中西古代建筑风格差异之原因——兼与刘天华同志商榷》一文分析了中西建筑风格差异的原因，对我国古代木构建筑做了宏观和微观的全方位的多种形式美的开拓性探求，❷对本书探讨我国使用木作为建筑材料的原因有一定的帮助。

龚良的《汉"更衣之室"形象及建筑技术考辨》一文指出，汉代建筑技术上，"更衣之室"基本上完成了木构架的构架体系，庭院式布局与建筑单体等也都与后世非常接近。周学鹰的《"建筑式"明器与"明器式"建筑》的针对汉代墓葬建筑中存在的"木构瓦顶"或"石砌"房屋，以及利用棺椁葬具模拟实际建筑物的情况，提出"明器式"建筑与"建筑式"明器的概念，分析了它们的内容、类型、形式及特点，对其出现的时期、思想渊源及演化等进行了研究。刘临安、曹云钢的《从汉代明器看建筑斗栱的特点》中指出，斗栱的演变特征可以看作古代木构架建筑发展的重要标志，也是鉴别建筑年代的重要依据之一。考古发现有大量的汉代明器，其中为数可观的建筑明器都表现有建筑斗栱，样式繁多，用途广泛。陈天声的《我国古代建筑的结构学探讨》也论述了中国古代建筑的木构架问题。邢莉莉的《汉代楼阁建筑分类及建筑技术、艺术特征研究》认为，随着木结构建筑的发展，汉代楼阁建筑打破了战国以来盛行的高层建筑均依土台而建的传统方式，二是以多层的木柱梁架式楼阁建筑，在结构与造型上塑造出了一

---

❶ 王子今，《秦汉社会史论考》，商务印书馆2006年版。蔡锋，《中国手工业经济通史（先秦秦汉卷）》，福建人民出版社2005年版。郭必恒等，《中国民俗史（汉魏卷）》，人民出版社2008年版。孙机，《汉代物质文化资料图说》，上海古籍出版社2014年版。孙机，《中国古代物质文化》，中华书局2014年版。王子今，《秦汉名物丛考》，东方出版社2016年版。

❷ 侯幼彬、李婉贞编，《中国古代建筑历史图说》，中国建筑工业出版社2002年版。刘叙杰，《中国古代建筑史 第一卷，原始社会、夏、商、周、秦、汉建筑》，中国建筑工业出版社2009年版。吴曾德，《论中西古代建筑风格差异之原因——兼与刘天华同志商榷》，《上海社会科学院学术季刊》1987年第1期。

种新颖而又保持传统风格的建筑。❶

俞冰主编的《古琴书图考》收录了自汉代以来至民国有关古琴理论、古琴琴谱、制琴技艺、琴家故事、操琴要诀、鼓琴指法、古琴实物、咏琴诗句、琴铭琴拓、琴学专著等古籍善本。萧友梅《中国古代乐器考·论中国古典歌剧》对木制乐器有颇多阐述。黄翔鹏《先秦音乐文化的光辉创造——曾侯乙墓的古乐器》论述了曾侯乙墓出土的古乐器，包含多类木制乐器情况。方建军《中国出土古代乐器分域简目"1949—1991"》归类总结了新中国成立以来数十年的古代乐器出土情况。郑延欣《南阳汉画中的乐器与乐队组合》介绍了南阳画像石汉代乐队中有大量使用木制乐器的迹象。王丽芬《汉代乐器器类浅探》介绍了汉代各类乐器。王雪怡《汉画像石中的丝竹乐器》介绍了琴、瑟、琵琶、箫、排箫、笛、管子、笙、竽等乐器。房道国《洛庄汉墓乐器坑恢宏的汉代地下乐团》指出，在洛庄汉墓出土乐器陪葬坑内包含木制乐器及木制框架等文物。❷

英国学者鲁惟一所著的《汉代的信仰、神话和理性》对汉代丧葬礼仪使用棺木的情况作了叙述。蒲慕州所著的《追寻一己之福——中国古代的信仰世界》及《墓葬与生死——中国古代宗教之省思》均对先秦至两汉墓葬形制有所考究，对本书研究棺椁制度的演变有重要的借鉴意义。鲁琪的《试谈大葆台西汉墓的"梓宫"、"便房"、"黄肠题凑"》一文详尽阐释了"梓宫""便房""黄肠题凑"等问题。罗哲文、罗扬的《中国历代帝王陵寝》、杨宽的《中国古代陵寝制度史研究》、罗开玉的《中国丧葬与文化》、徐吉军、贺云翱的《中国丧葬礼俗》、李玉洁的《先秦丧葬制度研究》等均是中国丧葬史研究方面有价值的著作，但其对历

---

❶ 龚良，《汉"更衣之室"形象及建筑技术考辨》，《南京大学学报（哲学·人文科学·社会科学）》1995年第1期。周学鹰，《"建筑式"明器与"明器式"建筑》，《建筑史》2003年第1期。刘临安、曹云钢，《从汉代明器看建筑斗拱的特点》，《建筑师》2008年第1期。陈天声，《我国古代建筑的结构学探讨》，《浙江建筑》2009年第7期。邢莉莉，《汉代楼阁建筑分类及建筑技术、艺术特征研究》，《吉林艺术学院学报》2015年第1期。

❷ 俞冰主编，《古琴书图考》，学苑出版社2008年版。萧友梅，《中国古代乐器考·论中国古典歌剧》，吉林出版集团2010年版。黄翔鹏，《先秦音乐文化的光辉创造——曾侯乙墓的古乐器》，《文物》1979年第7期。方建军，《中国出土古代乐器分域简目"1949—1991"》，《乐器》1992年第3期。郑延欣，《南阳汉画中的乐器与乐队组合》，《许昌师专学报》2002年第4期。王丽芬，《汉代乐器器类浅探》，《华夏考古》2006年第1期。王雪怡，《汉画像石中的丝竹乐器》，《东方艺术》2009年第2期。房道国，《洛庄汉墓乐器坑恢宏的汉代地下乐团》，《大众考古》2014年第3期。

史时期木质棺椁的论述较少，其研究角度与本书亦有所不同。❶

唐汝明、卫广扬、徐全章的《安徽天长县汉墓棺椁木材构造及材性的研究》一文对出土棺木进行鉴定，结果其椁盖木和棺身为楠木，椁垫木为杉木，棺头木和棺衬木为梓木。刘德增的《也谈"黄肠题凑"葬制》指出，"黄肠题凑"是：以柏木黄心致累棺外，故曰黄肠；木头皆内向，故曰题凑。侯伯鑫、程政红、何洪城等的《长沙马王堆一号汉墓椁室木材的研究》一文鉴定了长沙马王堆一号汉墓椁室用材为杉木，该杉木不是人工砍伐后的一般杉木，而是历史上因地震山崩等原因倒埋的杉木植株形成的阴沉木。靳宝的《汉代墓葬用柏及其原因分析》一文指出，两汉时期，无论从文献记载还是从考古发掘来看，墓植柏树与墓葬用柏现象十分突出。❷

学界虽然在针对秦汉时期林业史研究的某些领域里取得了相应的成果，但是在秦汉时期天然林木的分布、林业职官的设置、社树制度的变迁等方面并未展开深入探究，且目前尚无一部关于秦汉时期林业情况的系统研究。因此，本书将在秦汉时期天然林木的分布与变迁、林木生产技术的发展、林业职官的设置、社树制度的嬗变及木材的利用上展开深入分析，以此填补秦汉时期林业史研究领域的不足。

第三节　研究方法及手段

本书研究内容在结合前人研究的基础上，运用"二重证据法"，对秦汉时期的林业情况进行深入细致的研究。本书采取专题研究的写作形式，重点选取天然

---

❶ [英]鲁惟一，《汉代的信仰、神话和理性》，北京大学出版社2009年版。蒲慕州，《追寻一己之福——中国古代的信仰世界》，上海古籍出版社2007年版。蒲慕州，《墓葬与生死——中国古代宗教之省思》，中华书局2008年版。鲁琪，《试谈大葆台西汉墓的"梓宫"、"便房"、"黄肠题凑"》，《文物》1977年第6期。罗哲文、罗扬，《中国历代帝王陵寝》，上海文化出版社1984年版。杨宽，《中国古代陵寝制度史研究》，上海古籍出版社1985年版。罗开玉，《中国丧葬与文化》，海南人民出版社1988年版。徐吉军、贺云翱，《中国丧葬礼俗》，浙江人民出版社1991年版。李玉洁，《先秦丧葬制度研究》，中州古籍出版社1991年版。

❷ 唐汝明、卫广扬、徐全章，《安徽天长县汉墓棺椁木材构造及材性的研究》，《考古》1979年第4期。刘德增，《也谈"黄肠题凑"葬制》，《考古》1987年第4期。侯伯鑫、程政红、何洪城等，《长沙马王堆一号汉墓椁室木材的研究》，《湖南林业科技》2001年第4期。靳宝，《汉代墓葬用柏及其原因分析》，《中原文物》2009年第3期。

林木的分布及变迁、林业生产技术的发展、林业职官的设置、社树制度的变迁及木材的利用等中国古代林业史中最为重要的几个方面，比较分析秦汉不同时期在这些方面的异同；其中，在分析秦汉时期天然林木的分布及变迁的问题上，运用古生物学理论中的孢粉分析法分析秦汉时期林木的分布及变迁情况。此外，本书在坚持历史唯物主义的基础上，以史料为依据，分析秦汉时期林业与人类关系的变化趋势。在研究过程中，本书注意时代的连续性和差异性及制度沿革的社会背景。

第四节 创新之处

本书结合历史文献、秦汉简牍、考古实物等，重点选取天然林木的分布及变迁、林业生产技术的发展、林业职官的设置、社树制度的变迁及木材的利用等问题进行研究。

通过孢粉、考古资料及历史文献对秦汉时期天然林木分布情况进行论述。我们发现，同一时期不同地区的林木变迁的原因有很大的差异，而这种差异给人们所带来的影响也各不相同。

通过对秦汉时期林木种植及采伐情况的探讨，我们能进一步了解秦汉时期的林业生产技术水平。同时，通过对这一时期园林、行道树与军事林等方面的阐述，我们更加明晰了这一时期的审美观与文化观。

通过对秦汉时期林业职官的设置及特点的分析，可知秦汉时期林业的管理并未专业化，其设置多与统治者获取山林利益有关。

林木在祭祀、建筑、丧葬及乐器当中的使用，也在很大程度上反映出这一时期独特的民俗与社会文化。

本书对秦汉时期林业及相关问题研究，旨在阐明这一时期的林木覆盖状况、林木管理特点及其背后所反映的多种文化观念，为我国现今的林业文化观念探寻渊源，并为我国林木生态的管理提供历史借鉴。

第二章　秦汉时期自然林业的分布与变迁
——兼谈文献中植被的考证

秦汉时期，随着中国全新世大暖期的结束（8500—3000aB.P.）[1]，多处地区呈降温趋势。但我国各地区地形复杂，气候变化差异很大，进而造成植物分布格局发生变化。近年来关于林木的研究多集中于林木的栽培、育种、害虫防治、格局多样性检测等方面，对天然林木的分布，尤其秦汉时期天然林木的分布研究还比较少见。天然林木的分布不仅与自然环境息息相关，还可以反映一定时期的政治、经济、军事等信息，直接影响历史上人们的生活。本章依据现有的考古、孢粉资料和历史文献，分析秦汉时期南方不同地区天然林木的分布情况，并阐述其分布特点，为推进相关社会史与生态史研究提供借鉴。

关于我国植被分区，学界多有争论，但初步划分为青藏高寒高原区、蒙新干草原和荒漠区及东部湿润森林区则并无太大问题。[2] 其中东部湿润森林区与蒙新干草原和荒漠区两部分为我国古代政治、经济及文化等活动的主要区域。东部湿润森林区可进一步细分为东北地区、黄淮海平原及其周边、长江中下游地区、岭南地区、云贵川地区，蒙新干草原和荒漠区不再进一步划分。而黄土高原地区自然环境特殊，将单独说明。

第一节　东北地区

我国东北地区地处欧亚大陆东部，南临黄海与渤海；西、北两侧与蒙古高原、西伯利亚高原接壤；东接日本海。东北地区现代气候特征受极锋环流支配，

---

[1] 施雅风、孔昭宸等，《中国全新世大暖期气候与环境》，海洋出版社，1992年，第1页。另：aB.P.指过去距现在的年数，余同。

[2] 侯学煜，《试论历次中国植被分区方案中所存在的争论性问题》，《植物生态学与地植物学丛刊》1963第Z1期，第1-22页。

属温带大陆性气候，各地气候差异显著。受地理环境影响，东北地区植被地理分布具有明显差异性，由北向南随湿温条件的变化，出现寒温带针叶林、温带针阔叶混交林及暖温带落叶阔叶林。该地区植被对气候变化反应敏感，其变化可以较早、较强地指示气候变化。

一、孢粉与考古资料所显示的植被变化情况

东北三江平原地区在中全新世时期气候较现在温暖湿润，温度最暖时比现在高3～4℃。从孢粉组合来看，三江平原北部8000—5590aB.P.（aB.P.，过去距现在的年数，下同）时气候温暖湿润，植被以温性阔叶林为主。5590aB.P.该地区有过强烈降温，但至3305aB.P.期间仍处于温暖适宜期，此间植被由温性阔叶林转向针、阔叶混交林和草原。3305—1851aB.P.，至东汉中前期，该地气候有所回暖，鹅耳枥、桤木与榛属花粉含量有所上升。[1]但1857—1746aB.P.（东汉中后至三国时期）三江平原落叶阔叶植物及针叶植物含量减少，孢粉组合以喜干的陆生草本植物占优，反映当时为干冷气候。[2]从三江平原出土两汉时期黑龙江桦南县小八浪遗址的动物的骨骼鉴定看，野生动物骨骼只有马鹿和狍子两种，均为狩猎获得[3]，此处应为该物种的主要栖息地。马鹿与狍取食多利用灌木林及草地，并常利用具有高大乔木的混交林作为其保温及隐蔽的地点。从当地野生动物生活习性来看，两汉时期三江平原地区植被类型应为针、阔叶混交林及灌木林与草原，与上述孢粉分析结果相吻合。

大兴安岭山地属寒温带大陆性气候，受东亚季风活动影响。植被为以樟子松、偃松等树种为代表的寒温带针叶林。据夏玉梅对该地区泥炭剖面孢粉分析，约2700—1800aB.P.的针叶林花粉占优，并混有少量桦属与榛属等阔叶林植被。该地区气候处于冷湿状态。5000—3000aB.P.，小兴安岭北部森林植被以桦属阔叶林为主。至3000—1300aB.P.，该地区由桦属为主的落叶阔叶林转向红松为主的

---

[1] 杨永兴，《8.0ka B.P.以来三江平原北部沼泽发育和古环境演变研究》，《地理科学》2003年第1期，第32-37页。

[2] 张淑芹、邓伟等，《中国兴凯湖北岸平原晚全新世花粉记录及泥炭沼泽形成》，《湿地科学》2004年第2期，第110-114页。

[3] 潘玲，《黑龙江桦南县小八浪遗址动物骨骼的鉴定与分析》，《考古》2002年第7期，第86-90页。

针阔叶混交林，气候由温凉偏干转向冷湿。❶3000aB.P.气候的转变，与竺可桢划分的大暖期结束期基本一致。❷

4500aB.P.—2000aB.P.，长白山地区逐渐变凉，但气候整体仍较温和。受气候影响，此时长白山地区针阔叶混交林中云杉、冷杉、松等属针叶植被的花粉含量呈上升阶段。❸任国玉认为4000aB.P.时，吉林西部地区乔木花粉40%等值线，即森林—草原边界达到最西，而后不断东移，但幅度不大。❹这反映4000aB.P.时，该地区气温达到最高值，随即逐渐下降，但并未有明显波动。刘金陵通过对长白山区孤山屯沼泽地的孢粉进行分析认为，4000aB.P.时该地气温达到最高，此后温度缓慢下降，耐寒的针叶树种含量剧增。❺如上所述，夏商周至东汉时期，长白山一带至吉林西部气温处下降趋势，森林植被以针叶林为主，且草科植物扩展范围明显。

辽东半岛中全新世初期（7000—5000aB.P.）的气候温暖湿润。根据这一时期孢粉剖面显示，喜暖喜湿的榆、栎等属花粉含量较高。符文侠根据辽东半岛沿岸罗锅桥、范家屯及小宫屯的钻孔剖面孢粉分析认为，中全新世前期该地区桤与栎属等木种占优，其次为鹅耳枥、椴属，并伴有少量松属。❻这证明该时间段，辽东半岛属落叶阔叶林景观。另外，该地区考古资料也可以与孢粉分析结果相印证，如辽宁地区出土新石器时代阜新查海遗址中，存有大量麻属为主并含有榆属、杨属等落叶阔叶林的木炭遗存。❼辽宁其他地区，如沈阳新乐遗址、大连郭家村遗址等新石器时代早中期遗址中，均出土有水鹿、獐等喜暖动物遗骨。❽中

---

❶ 夏玉梅，《大小兴安岭高位泥炭孢粉纪录及泥炭发育和演替过程研究》，《地理科学》1996年第4期，第337-343页。

❷ 竺可桢，《中国近五千年来气候变迁的初步研究》，《考古学报》1972年第1期，第15-38页。

❸ 任国玉，《我国东北全新世花粉分布图及其分析》，《古生物学报》1999年第3期，第365-379页。

❹ 任国玉，《全新世东北平原森林 草原生态过渡带的迁移》，《生态学报》1998年第1期，第33-37页。

❺ 刘金陵，《长白山区孤山屯沼泽地13000年以来的植被和气候变化》，《古生物学报》1989年第4期，第495-508页。

❻ 符文侠，《下辽河平原和辽东半岛海岸带晚更新世以来的海侵》，《地理研究》1988年第2期，第73-79页。

❼ 王育茜、吴文婉等，《辽宁阜新查海遗址炭化植物遗存研究》，《北方文物》2012年第4期，第13-17页。

❽ 傅仁义，《从哺乳动物群的演变看我国东北第四纪古气候的变化》，《辽海文物学刊》1995年第1期，第4-8页。

全新世后期（5000aB.P.—2500aB.P.），辽东半岛气候逐渐转为凉爽、干燥，以松属为主的针叶林覆盖范围不断南移，形成阔叶林被针叶林排挤之势，且植被繁茂情况已大不如前。辽宁彰武平安堡遗址中第二期文化遗存发现大量獾、东北狍等取食于草原灌木林中的动物骨骼，亦证明这一时期森林植被的衰退及气候变冷。而晚全新世庄河组的沉积时期（2500—1800aB.P.），即春秋至东汉时期，"松进一步繁殖，曾经北退的桦木重向南进，改变了原有的以栎、桤木为主的落叶阔叶林的成分，成为针叶、落叶阔叶混交林。森林范围日趋缩小"❶。

总体来讲，全新世中晚期，东北地区森林受气候冷暖、干湿变化的影响，植被类型不断发生着改变，且森林植被覆盖范围也相应有所增减。2500—1700aB.P.，大致为春秋至魏晋时期，虽东北局部地区气温有所回暖，但整体呈现降温趋势。针叶林逐渐南侵，且森林植被覆盖范围日趋缩小，东北西部地区"草原带向南和向东退役，西部地区更趋于干旱化"❷。

二、人类活动对植被的影响

值得注意的是，直到秦汉时期，人类活动对辽宁以北原始森林的影响依然很小。哪怕至清代，该地区仍有被称为"窝集"的大片原始森林。其主要原因是当地人口稀少，难以进行大规模的采伐活动。如秦汉之际，居住于长白山以北、黑龙江中下游广阔区域的古老民族肃慎，《后汉书》中言其"种众虽少"，发展至隋朝时称为靺鞨，其人口经学者粗略估计为十二万五千人左右❸，秦汉之际肃慎人口应远低于这一数字。另外，汉代肃慎的生产方式仍较落后，如《后汉书·卷八五·东夷列传》记载："挹娄，古肃慎之国也……土地多山险……有五谷、麻布，出赤玉、好貂……处山林之间，土气极寒，常为穴居，以深为贵，大家至皆九梯。好养豕，食其肉，衣其皮……矢用楛，长一尺八寸，青石为镞。"❹可见，肃慎在东汉时期仍主要使用石制工具进行狩猎，并兼营一些原始农业。与金属工

---

❶ 中国科学院贵阳地球化学研究所第四纪孢粉组，《辽宁省南部一万年来自然环境的演变》，《中国科学》1977年第6期，第603—613页。

❷ 王守春，《历史时期天然植被分布与变化》，邹逸麟、张修桂主编，《中国历史自然地理》，科学出版社，2013年，第142页。

❸ 刘含若、谷凤，《金代以前黑龙江历史人口探索》，《求是学刊》1985年第4期，第91—96页。

❹ [南朝宋]范晔，《后汉书·卷八十五·东夷列传》，中华书局，1965年，第2812页。

具相比，石器用具难以对林木造成较大的破坏，且该地居民农业生产方式较原始，亦无大面积采伐材木的必要。

而在先秦时代，辽宁地区民众已与中原汉族有所交往。战国时燕国曾在今辽宁境内设立辽西、辽东二郡，农田的开辟，使相关区域的森林始受破坏。后来秦沿袭了燕国东北地区的郡县制度。汉兴以后，又先后设立辽东、辽西、苍海、玄菟、乐浪、真番、临屯等郡，并数次移民实边，使相关区域人口激增。至汉平帝元始二年（公元2年），东北地区汉人已近80万人之多。❶ 人口的繁衍、农田的开垦及对燃料的需求使辽宁汉统区原始森林遭受到了严重的破坏。

三、"楛木"考辨

关于上引《后汉书·东夷列传》中的"楛"矢，《说文·木部》云："楛，木也。"❷ 但"楛"为何木，其说不一。宋德金认为，"楛"即为桦木，"楛矢"为蒙文汉字"桦树皮"的音注。❸ 但《禹贡》中有荆州地区"厥贡，……惟箘、簵、楛"。孔颖达疏云："楛音户，马云：'木名，可以为箭。'《毛诗草木疏》云：'茎如荆而赤，叶似蓍。'"❹ 文中所言"楛"亦可做箭，故该"楛"与上文所引肃慎的"楛"木当为同一木种。另《诗经·大雅·旱麓》中载："瞻彼旱麓，榛楛济济。"陆机《毛诗草木疏》释曰："楛，木茎似荆而赤，其叶如蓍，上党人篾以为笤箱，又屈以为钗也。"❺ "旱麓"即为旱山，在今陕西南部。由上可知，"楛"木在长江中游及关中地区均有分布，且引文均称其为"楛"，应为其分布区域常用的名称，绝非蒙文汉字的音注。且楛木"茎似荆"，与荆类植物相似，应属灌木，而桦木为乔木，故宋氏之说不确。

依据典籍所述"楛"木的特征，其与荆类植物相似；叶像蓍草；茎部位赤红

---

❶ [汉]班固，《汉书·卷二十八下·地理志下》，中华书局，1962年，第1625-1627页。

❷ [汉]许慎撰，[清]段玉裁注，《说文解字注·卷六（上）·木部》，上海古籍出版社，1981年，第451页。

❸ 宋德金，《谈桦木与东北古代文明》，《北方文物》1985年第3期，第88-90页。

❹ [汉]孔安国传，[唐]孔颖达疏，《尚书正义·卷六·禹贡》，李学勤主编，《十三经注疏（标点本）》，北京大学出版社，1999年，第150页。

❺ [汉]毛亨传，[唐]孔颖达疏，《毛诗正义·卷十六·大雅·旱麓》，李学勤主编，《十三经注疏（标点本）》，北京大学出版社，1999年，第1002-1003页。

色；能做箭杆及编织器物；在东北、山西、湖北、陕西一带均有分布。蓍草为菊科，属草本植物，据《中国植物志》所载：其叶无柄，披针形、矩圆状披针形或近条形。❶今天植被中未见有形状如荆且叶形如蓍草的，故《书》与《诗》中注解有讹误的可能。另据《后汉书·孔融传》载李贤注："今辽左有楛木，状如荆，叶如榆。"❷与今天多种灌木形状相似，应当符合事实。林树山依据"楛"木性状考证其为胡枝子❸，但据张殿甲所引张庆武研究结果显示，胡枝子常生于被截伐或火烧后的林地之中。❹而据《国语》载："昔武王克商，通道于九夷百蛮，使各以其方贿来贡，使无忘职业。于是肃慎氏贡楛矢石砮，其长尺有咫。"❺在西周初年，肃慎已入贡"楛矢"，以当时肃慎的生产力水平，应当很难大面积毁坏森林。且如上引《后汉书》中所述，肃慎至汉代仍处山林之中，不太可能会大面积破坏其生存环境，故"楛"木应非胡枝子。张殿甲认为"楛"为绣线菊，但绣线菊分布于东三省、内蒙古及河北一带❻，长江流域及秦岭地区鲜有生长，与文献记载不符。而从木种特征及分布情况来看，今大戟科中的一叶萩属于灌木，在我国各省均有分布。其叶片为椭圆形或长椭圆形、稀倒卵形，与榆树叶相似，且其枝条可编制用具，茎皮纤维坚韧，亦可用为箭杆。一叶萩的这些特性都与上述文献记载相合，应当就是"楛"木。

第二节　黄淮海平原及其周边

黄淮海平原又称"华北平原"，最初形成于上古时期的河流泥沙堆积。这一地区主要是黄河流经携带泥沙而成，后又有淮河、海河与滦河流经，这几条大河的冲积最终形成了我国第二大平原。

---

❶ 中国科学院中国植物志编辑委员会，《中国植物志·卷七十六·菊科》，科学出版社，1982年，第10-11页。

❷ 《后汉书·卷七十·孔融传》，第2272页。

❸ 林树山，《楛矢小考》，《求是学刊》1989年第6期，第95-96页。

❹ 张殿甲，《关于楛矢石砮的考证》，《东北史地》2007年第5期，第2-7页。

❺ 徐元诰，《国语集解·卷五·鲁语下》，中华书局，2002年，第204页。

❻ 中国科学院中国植物志编辑委员会，《中国植物志·卷三十六·蔷薇科》，第10页。

一、孢粉与文献所显示的植被分布情况

许清海等学者对全新世早中期的河北平原进行分析，认为这两个阶段里该平原植被覆盖有所变迁，即从早全新世松、栎、榆、桦为主体的森林草原发展为中全新世新构成的森林。具体来说，全新世中期，河北平原的温带落叶阔叶林数量和种类明显增加，还有相对少量的枫香、山毛榉等亚热带落叶阔叶林的植物种类出现。❶

除河北平原外，黄润、朱诚等对安徽萧县进行孢粉分析发现，全新世中期这一地区的植被覆盖在两千年间有着一定变化，这主要源于当时气候的变化。5300—4000aB.P.，当地植被类型主要为较为稀疏的针阔混交林和草原植被，其中草原覆盖率更高。而随着气候逐渐变冷，至3400aB.P.，这一地区植被的主体类型则变迁为含有针叶林成分的落叶阔叶林。❷

齐乌云针对山东沭河上游和胶东进行了孢粉分析。首先，在对山东沭河上游地区的考察中，他分别对这一地区几个不同时期的样品和当时气候进行了分析，并得出这一地区不同时期虽有温度与湿度差异，但整体原始植被都以乔木为主。❸其次，他以青岛胶州湾地区的植被为孢粉分析对象，总结出胶东地区在不同原始时期的气候条件及其森林类型，8500—5000aB.P.与5000—2500aB.P.，胶东地区植被都以针阔混交林为主，但两个时段气候发生变化尤其是湿度产生差异，因此5000—2500aB.P.时段内，这一地区的森林更多是以针叶树为主。❹

古代相关史料的描述也能够佐证这一地区在全新世中期的植被分布状况。如《诗经·鲁颂·閟宫》云："徂来之松，新甫之柏。"❺ "徂来""新甫"均为山名，在今泰安附近，说明当时山东一带山地覆有大量的针叶树种。另据《管子·地员

---

❶ 王守春，《历史时期天然植被分布与变化》，邹逸麟、张修桂主编，《中国历史自然地理》，第134页。

❷ 黄润、朱诚等，《安徽淮河流域全新世环境演变对新石器遗址分布的影响》，《地理学报》2005年第5期，第742—748页。

❸ 齐乌云，《山东沭河上游史前自然环境变化对文化演进的影响》，《考古》2006年第12期，第78—84页。

❹ 齐乌云、袁靖等，《从胶东半岛贝丘遗址的孢粉分析看当时的人地关系》，《考古》2002年第7期，第70—79页。

❺ [汉]毛亨传，[唐]孔颖达疏，《毛诗正义·卷十六·鲁颂·閟宫》，第1424页。

篇》载:"五粟之土,若在陵、在山、在隧、在衍,其阴其阳,尽宜桐柞,莫不秀长;其榆其柳,其檿其桑,其柘其栎,其槐其杨,群木蕃滋数大,条直以长";"五沃之土,若在丘在山,在陵在冈,若在陬陵之阳,其左其右,宜彼群木,桐柞枎櫄,及彼白梓,其梅其杏,其桃其李,其秀生茎起,其棘其棠,其槐其杨,其榆其桑,其杞其枋,群木数大,条直以长";"五位之土,若在冈在陵,在隧在衍,在丘在山,皆宜竹箭求甶楢檀。其山之浅,有茞与斥,群木安逐,條长数大。其桑其松,其杞其茸,种木胥容,榆桃柳楝。群药安生,……其山之枭,多桔符榆,其山之末,有箭与苑……其林其漉,其槐其楝,其柞其榖,群木安逐,鸟兽按施。"❶ 由此可见,当时黄河下游平原和山东半岛的不同地形和土壤上,均覆有大量的乔、灌木植被,并以针叶树种与落叶阔叶树种混生的乔木植被为主,与孢粉显示的结果相合。

总体来看,全新世中期的华北平原进入全球气候最适宜期,整个华北与黄河中下游地区的平均气温较今都要高出 2℃,这也是我国气候带曾一度北移、东部地区的亚热带最北抵达过今京津一带的原因所在。这一变化对植被分布和植被类型的地带属性产生了深刻影响。华北平原在全新世中期的自然植被覆盖呈现出暖温带落叶阔叶林与亚热带植物种属交叉并存的现象。华北平原北部以暖温带落叶阔叶林为主,但处于暖温带与亚热带过渡地带的京津、冀中南地区,植被覆盖中开始出现亚热带植物,及至平原中南部则是北亚热带落叶阔叶林与常绿阔叶林。

二、喜暖植被分布北界的变化

秦至西汉这一段历史时期气候的变化表现在东部地区转向寒冷,这从小麦收获期的推迟可以看出来。首先,春秋时期黄河中下游的小麦收获时节大约在四月间,西汉时期已延迟至夏至。《淮南子·天说训》记载:"阴生于午,故五月为小刑。荠麦亭历枯,冬生草木必死。"❷ 所谓"阴生于午",所指时间正是夏至。其次,这一时期初春气温的回升较现代低。从土壤解冻及初春耕作时间的相关记载来看,西汉时期华北地区春天土壤解冻比现在要推迟十天左右,可见其初春温度是较低的。最后,西汉时期霜冻期也有提前,而冬季最低温度也比现在的低,

---

❶ 黎翔凤,《管子校注·卷十九·地员》,中华书局,2004年,第1100-1112页。
❷ 何宁,《淮南子集释·卷三·天文训》,中华书局,1998年,第218页。

这从淮河的冻结频次就可以看出。"春以脯酒为岁祠，因泮冻，秋涸冻，冬塞祷祠"❶，可见当时淮河结冻情形的频繁和严重。秦汉时期黄淮海平原气候的波动，对动植物的变迁影响极大，其中橘树与棕榈树分布的变化尤为明显。

柑橘为亚热带果树，其对温度反应极为敏感，所分布区域最冷月平均气温需在3℃。当极端最低气温达到−9℃及其以下时，柑橘将遭到毁灭性的冻害。由此可见，影响柑橘分布北界的主要因素是冬季最低气温。据《周礼·冬官考工记》载"橘逾淮北而为枳"❷，说明春秋时期橘树分布北界在淮河流域。另外，《晏子春秋》"婴闻之，橘生淮南则为橘，生于淮北则为枳，叶徒相似，其实味不同。所以然者何？水土异也"❸的记载亦证实了上述观点。

然而，这一情况在西汉时有所改变。《淮南子·原道训》云："今夫徙树者，失其阴阳之性，则莫不枯槁。故橘树之江北，则化而为枳。"❹可见，西汉时期的柑橘种植北界已南移至长江一线。再者，西汉时柑橘种植北界的南移与其时淮河经常性冻结的记载也相吻合。西汉中后期至东汉初，黄淮海地区气温虽有所波动，但整体呈回暖趋势。东汉以后，气温有所降低，冷暖状况与今天相同。❺该时段气温的回暖，使橘树分布的北界有所北移，如东汉张衡在《南都赋》中写有"樗枣若留，穰橙邓橘"❻，说明当时长江以北的南阳地区已有成熟的橘树繁育，这一现象与汉代气候的变化相合。由于史料缺乏，未能得知西汉中后期至东汉末柑橘分布的北界位于何处，但从该时段气候与今天相似的结论推断，橘树所处最北地区应与今天一致。

秦汉时期，棕榈的分布北界与今天差异极大。《山海经·北山经·北次三经》载高是之山，"滋水出焉，而南流注于滹沱。其木多棕"❼。滋水在今河北行唐县

---

❶ [汉]司马迁：《史记·卷二十八·封禅书》，中华书局，2014年，第1649页。

❷ [清]孙诒让撰，王文锦、陈玉霞点校，《周礼正义·卷七十四·冬官·考工记》，中华书局，2002年，第3115页。

❸ 吴则虞，《晏子春秋集释·卷六·内杂篇》，中华书局，1962年，第392页。

❹ 何宁，《淮南子集释·卷一·原道训》，第40页。

❺ 满志敏根据各时段物候现象得出相同结论，其说可信，本书从之。参看满志敏，《中国历史时期气候变化研究》，山东教育出版社，2009年，第144-147页。

❻ 高步瀛撰，曹道衡、沈玉成点校，《文选李注义疏·卷四·张平子南都赋》，中华书局，1985年，第821页。

❼ [晋]郭璞注，[清]洪颐煊校，谭承耕、张耘点，《山海经 穆天子传·卷三·北山经》，岳麓书社，1992年，第56页。

境内,如此则战国时期棕榈木分布的北界已达华北平原的中部太行山一带。但这一记载未可尽信。首先,《中国植物志》记载:"现今棕榈木分布于长江以南各省区,……在长江以北虽可栽培,但冬季茎须裹草防寒。"❶据此可知,现今天然棕榈的分布北界应不会超过长江流域。今长江中下游大部分地区年均气温为16~18℃,一月最低气温为4~6℃。最耐寒的棕榈生长适宜的温度应不低于此温度。❷而今石家庄地区年均气温为15℃左右,一月平均气温约为-3℃。由于最低气温是限制棕榈分布的最主要因素,因此,若先秦时期棕榈在今石家庄地区有所分布,当时该地的冬季最低平均气温应与今长江流域差别不大,即当地一月平均气温比今天高7~9℃。而据满志敏的研究,中国东部的冬季升温在全新世大暖期鼎盛期可达4~5℃❸,春秋战国时期的温度升幅应未及此。故从温度变化来看,先秦时期棕榈分布北界应未及太行山地区。

从另一亚热带植物——梅树在先秦时期的分布情况来看,亦可推出上述结论。今天梅树分布于长江流域以南各省,江苏北部与河南南部也有少数品种。❹适宜梅花生长的年平均温度与棕榈相似,大致在16~23℃。但与棕榈抗寒性差的特点不同,梅花耐寒性强,在冰点或稍低的情况下亦能开花,即梅花的分布北界应比棕榈靠北。据《诗经·曹风·鸤鸠》云:"鸤鸠在桑,其子在梅";《诗经·陈风·墓门》记载:"墓门有梅,有鸮萃止。"❺说明当时曹国和陈国应有天然梅花。陈、曹两国大致位于今山东西部及河南东部地区,满志敏推测春秋时期梅花分布北界达到山东菏泽一带❻,从《诗经》所述位置来看,满氏推测应当准确。此外,《山海经》大约成书于战国时期,而由孢粉资料显示,当时黄淮海一带气温已比《诗经》所载的春秋时期要低。因此对比可知,处于春秋温度适宜时期且更为耐寒的梅花分布北界,要比处于温度略低的战国且耐寒性差的棕榈北界偏南,并不合理。

虽然棕榈北界在春秋战国时期未及"滋水"地区,但因春秋至战国中前期气

---

❶ 中国科学院中国植物志编辑委员会,《中国植物志·卷十三·棕榈科》,第13页。
❷ 周鹏,《棕榈科植物的特征及其在园林绿化与造景中的地位与作用》,《热带生物学报》2013年第3期,第296-301页。
❸ 满志敏,《中国历史时期气候变化研究》,第130页。
❹ 中国科学院中国植物志编辑委员会,《中国植物志·卷三十八·蔷薇科牛栓藤科》,第32页。
❺ [汉]毛亨传,[唐]孔颖达疏,《毛诗正义·卷七·曹风·鸤鸠》,第476页。
❻ 满志敏,《中国历史时期气候变化研究》,第139页。

候较后世温暖❶，据王守春考证，至清朝棕榈分布北界位于秦岭淮河一线。❷因此，先秦时棕榈木的分布北界应在淮河以北。因战国末至西汉初期黄淮海一带气温有所下降，棕榈分布情况或有所南移，但未有直接证据显示秦汉时期棕榈木分布北界位于何处。据《南都赋》"楈枒栟榈，柍柘檍檀"❸的记载可知，至东汉时期，棕榈木在南阳地区覆盖情况良好。

春秋至秦汉时期，黄淮海平原农业与手工业发展水平一直较高。据学者粗略统计，皖、豫、鲁、冀四省出土的战国铁质农具占全国出土量的三分之一。❹至汉代，该区域所设铁官占全国近一半。铁农具的大量使用使黄淮海平原大片农田得以开垦，人口也迅速增加，至西汉末年，该地区成为全国最大的农业区。❺然而正是由于耕地大面积开垦，以冶铁为主的手工业发展，该地区天然林木破坏严重。战国时期，宋国已"无长木"❻。《盐铁论》记载："今吴、越之竹，隋、唐之材，不可胜用，而曹、卫、梁、宋，采棺转尸。"❼说明至汉代，黄淮海一带缺乏制棺材木，林木破坏情况已较为严重。

第三节　黄土高原区

明长城以南、太行山以西、秦岭以北、六盘山以东的广大地区，为典型黄土高原区。由于有厚层黄土堆积，并经流水长期侵蚀，逐渐形成千沟万壑、地形支离破碎的独特自然景观。该地区具有典型的大陆季风气候特征，降水季节分配不均，多集中于夏季。

---

❶ 关于战国时期黄淮海一带是否发生过降温事件，学界持有争议，但战国前中期气候该地区较现在温暖应是没有异议的。参看陈业新，《两汉时期气候状况的历史学再考察》，《历史研究》2002年第4期，第76-95页。

❷ 王守春，《历史时期天然植被分布与变化》，邹逸麟、张修桂主编，《中国历史自然地理》，第133页。

❸ 高步瀛撰，曹道衡、沈玉成点校，《文选李注义疏·卷四·张平子南都赋》，第788页。

❹ 雷从云，《战国铁农具的考古发现及其意义》，《考古》1980年第3期，第259-265页。

❺ 邹逸麟，《秦汉时期黄淮海平原的农业开发与地域特征》，《历史地理》第11辑，上海人民出版社，1993年，第1-17页。

❻ [清] 孙诒让，孙以楷点校，《墨子间诂·卷十三·公输》，中华书局，2001年，第486页。

❼ 王利器校注，《盐铁论校注·卷一·通有》，中华书局，1992年，第42页。

一、关于塬区植被类型的若干考辨

关于历史时期黄土高原植被的性质,史念海认为,历史时期的早期,黄土高原"原始森林遍布于山峦丘阜和低地平川,其间还夹杂着若干草原"❶。史念海在其论著中分析认为,远在新石器时代,黄土高原地区森林分布广泛;汾涑流域多森林,关中的森林也不算太少;周原上亦分布有众多林木。此外,黄土高原多山,山上比平川当更富于森林。至秦汉时,该地林木虽遭破坏,但仍有可观的存量。至后世该地区森林植被稀少,主要为人类乱砍滥伐所致。❷依史念海之论,先秦秦汉时期黄土高原植被类型以森林植被为主,且在黄土地貌、山地、河谷盆地等几大主要地貌类型处均有广泛分布。朱士光所持观点与史念海相同,认为黄土高原地区在历史时期曾广布森林,并在此基础上,依据残留古木及孢粉资料阐述了黄土高原各地段所分布树木的种类。❸马雪芹认为历史时期的黄河中游地区,除部分荒漠地带外,塬地、河谷森林草原植被覆盖情况良好。❹

但从黄土高原地区剖面孢粉资料来看,上述观点均有值得商榷之处。李小强等依据耀县、富县、洛川及渭南姜村等塬区剖面孢粉记录分析认为,自12000aB.P.以来,黄土高原塬区并无森林生长,多以蒿、藜、菊科等旱生草本植被为主。❺杨肖肖等对渭源地区黄土剖面孢粉分析认为,自末次盛冰期以来,该地植被为蒿属为主的草原植被,且未有森林发育。❻依此说法,则全新世时期黄土高原塬区并不存在森林植被。史念海对孢粉显示结果持有异议,他认为,"黄土侵蚀如此严重,远古时期遗留下的孢粉究竟能存在多少,看来值得考虑",并进一步援引朱

---

❶ 史念海,《论历史时期黄土高原生态平衡的失调及其影响》,《生态学杂志》1982年第3期,第19–23页。

❷ 史念海、曹尔琴、朱士光,《黄土高原森林与草原的变迁》,陕西人民出版社,1985年,第57–66页。

❸ 朱士光,《试论我国黄土高原历史时期森林变迁及其对生态环境的影响》,《黄河文明与可持续发展》2013年第3期,第85–103页。

❹ 马雪芹,《历史时期黄河中游地区森林与草原的变迁》,《宁夏社会科学》1999年第6期,第80–85页。

❺ 李小强、安芷生等,《全新世黄土高原塬区植被特征》,《海洋地质与第四纪地质》2003年第3期,第109–113页。

❻ 杨肖肖、孔昭宸等,《末次盛冰期以来渭源黄土剖面的孢粉记录》,《地球环境学报》2012年第2期,第819–824页。

志诚的观点"受黄土中一些特殊微生物及其碳酸钙的影响,黄土中化石孢粉的含量减少,有时甚或找不到"❶加以论证。诚如史念海所言,黄土高原地质不利于孢粉的保存,但上述观点并不足以说明黄土塬区多处地段的剖面为何均存有大量草原植被及灌木植被的孢粉,而仅有乔木孢粉缺失。且除孢粉资料外,一些学者利用古土壤学方法亦证明全新世时期黄土高原塬面以草本植物为主,不存在大片森林。❷

此外,历史文献亦能反映历史时期黄土高原塬区及周边平原地区的植被覆盖情况。王守春认为,古代的"大原"及"周原"的"原"即指今天的塬区。但据今天周原遗址地貌来看,除黄土台塬外,仍有渭河河谷冲积平原、山前扇形洪积平原及岐山山区等不同地貌类型。❸"原"与"塬"并不等同,且杜预注解《左传》称"周原之地肥美可居"❹。可见其特征与塬区并不相符。宋豫秦等依据考古材料研究认为,周人定居之处应位于岐山南麓的山前冲积扇地带❺,该地区土地肥沃,适宜耕种,应为杜预所指之处。《春秋公羊传》载:"上平曰原,下平曰隰。"❻可见"原"应有一定的地势。另《尔雅·释地》载:"广平曰原。"❼"原"指平坦广阔的土地,塬区地势亦符合这一特点,且古代"塬"与"原"并无明显分异,故"原"或为平原及塬区的合称。

《诗经》对相关区域自然环境有颇多描写,如《大雅·绵》云:"周原膴膴,堇荼如饴。"❽"堇""荼"均为野菜,其中"堇"为草本植被,"荼"为灌木,属菊科。另《小雅·鹿鸣》有"呦呦鹿鸣,食野之苹","呦呦鹿鸣,食野之蒿",

---

❶ 史念海、曹尔琴、朱士光,《黄土高原森林与草原的变迁》,第59页。
❷ 参看郭正堂、刘东生等,《渭南黄土沉积中十五万年来的古土壤及其形成时的古环境》,《第四纪研究》1994年第3期,第256-266页。周斌、古再丽努尔·外力等,《黄土高原中部450ka以来植被演化的有机碳同位素与分子化石记录》,《中国科学·地球科学》2016年第4期,第509-517页。
❸ 张洲,《周原环境与文化》,三秦出版社,1998年,第2页。
❹ [周]左丘明传,[晋]杜预注,[唐]孔颖达正义,《春秋左传正义》(卷57),李学勤主编,《十三经注疏(标点本)》,北京大学出版社,1999年,第1618页。
❺ 宋豫秦、崔海亭等,《周原现代地貌考察和历史景观复原》,《中国历史地理论丛》2002年第1期,第30-33页。
❻ [汉]公羊寿传,[汉]何休解诂,[唐]徐彦疏,《春秋公羊传注疏·卷二十二·昭公元年》,李学勤主编,《十三经注疏(标点本)》,北京大学出版社,1999年,第476页。
❼ [晋]郭璞注,[唐]邢昺疏,《尔雅注疏·卷七·释地》,李学勤主编,《十三经注疏(标点本)》,北京大学出版社,1999年,第197页。
❽ [汉]毛亨传,[唐]孔颖达疏,《毛诗正义·卷十六·大雅·绵》,第984页。

"呦呦鹿鸣，食野之芩"❶描写群鹿吃草的情景。王守春认为"苹"与"芩"均属"蒿"类❷，虽然其说未必准确，如《中国植物志》所载"苹""芩""蒿"分别为苹属、黄芩属及蒿属❸，但均属草本植物无疑。此外，《小雅·吉日》载："升彼大阜，从其群丑……兽之所同，麀鹿麌麌。漆沮之从，天子之所……瞻彼中原，其祁孔有。"❹这描述了周天子和群臣一起到漆、沮河流域围猎的情景。其中，"升彼大阜""瞻彼中原"说明该地存在较大的土丘与平旷的原野，应为草原景观。综合来看，文献所反映的该地区植被情况应与孢粉相同，即以草本植被为主。

此外，黄土高原地区自古畜牧业兴盛，如《小雅·无羊》载："谁谓尔无羊？三百维群。谁谓尔无牛？九十其犉。尔羊来思，其角濈濈。尔牛来思，其耳湿湿。"❺这反映该地牛羊群兴旺，且长势较好。另《史记·秦本纪》载非子"居犬丘，好马及畜，善养息之。犬丘人言之周孝王，孝王召使主马于汧渭之间，马大蕃息"❻。"犬丘"位于今甘肃陇南的礼县，"好马及畜，善养息之"及"汧渭之间，马大蕃息"说明相关区域马群生长及繁衍较快，应覆有茂盛的草原植被。除草原植被外，黄土高原平原及塬区分布有大量的灌木林，如《大雅·生民》有"诞寘（置）之平林，会伐平林"；《大雅·桑柔》有"瞻彼中林，甡甡其鹿"；《小雅·正月》有"瞻彼中林，侯薪侯蒸"❼。史念海释"平林"为"平地上的森林"❽。而王守春及倪根金均考证其为灌木林。❾如倪氏所援引《小雅·车辖》中"依彼平林，有集维鷮"❿，"鷮"为栖息于灌丛中的飞禽，据其生活习性来看，"平

---

❶ ［汉］毛亨传，［唐］孔颖达疏，《毛诗正义·卷九·小雅·鹿鸣》，第556、558、560页。

❷ 王守春，《历史时期天然植被分布与变化》，邹逸麟、张修桂主编，《中国历史自然地理》，第148页。

❸ 中国科学院中国植物志编辑委员会，《中国植物志·卷六·蕨类》，第337页；《卷六十五·唇形科》，第136页；《卷七十六·菊科》，第1页。

❹ ［汉］毛亨传，［唐］孔颖达疏，《毛诗正义·卷十·小雅·吉日》，第656-658页。

❺ ［汉］毛亨传，［唐］孔颖达疏，《毛诗正义·卷十一·小雅·无羊》，第692页。

❻ 《史记·卷五·秦本纪》，第227-228页。

❼ ［汉］毛亨传，［唐］孔颖达疏，《毛诗正义·卷十七·大雅·生民》、《卷18·大雅·桑柔》、《卷十二·小雅·正月》，第1065、1186、710页。

❽ 史念海，《河山集（第二集）》，生活·读书·新知三联书店，1963年，第234页。

❾ 参看王守春，《历史时期黄土高原的植被及其变迁》，《人民黄河》1994年第2期，第9-12页；倪根金，《由〈诗经〉探索周代森林及林业发展》，《农业考古》1999年第1期，第245-251页。

❿ ［汉］毛亨传，［唐］孔颖达疏，《毛诗正义·卷十六·小雅·车辖》，第872页。

林"当为灌木林。王守春认为"中林"亦为灌木❶，其说应当可从。

如上所述，从孢粉及文献资料来看，古代黄土高原的黄土塬区植被类型以草地和灌木林为主。另据孙湘君等对渭南剖面的花粉研究，黄土塬区应存在以松、铁杉、云杉、榆等为主的乔木植被❷，但此类植被数量较少，且存在时间较短，并未形成稳定的森林植被。王守春亦从历史文献出发，考证黄土塬区的植被虽覆有乔木，但并未成林，且长势并不好。❸其结论与孢粉结果一致。由于黄土本身结构疏松，多孔隙和垂直方向的裂隙，富含钙质，易溶解于水，常受流水侵蚀，在表层土壤中难以保存足够的水分，故而乔木植被不易成活。加之前文所述的文献及孢粉的分析结果表明，黄土塬面乔木植被的缺乏主要是自然原因，而非一些学者认为的由人为因素造成。

二、基岩山地与河谷地区植被覆盖情况

黄土高原地区的基岩山地地质与黄土塬有所不同。由于山地降水要比黄土塬相对多些，而且石质山地可使土壤水分不至于严重下渗，导致山地地区的乔木植被要远多于黄土塬区。巨天珍等对甘肃小陇山地区的孢粉分析显示，自5000aB.P.至今，该地植被以栎类占优的针阔叶混交林为主。❹同时期，黄龙山地区的木本花粉亦占有70%以上。❺历史文献对黄土高原山地植被的记载也颇为丰富，如《山海经·西次四经》载：阴山（陕北黄龙山）"上多榖"；鸟山（清涧河上游山地）"上多桑，其下多楮"；号山（榆林东部山地）"木多漆、棕"❻。此外，《诗经》对该地区山地植被的林木亦多有描写，如《小雅·南山有台》有"南山有桑，北山有杨""南山有杞，北山有李""南山有栲，北山有杻""南山有枸，北山有楰"❼。

---

❶ 王守春，《历史时期黄土高原的植被及其变迁》，《人民黄河》1994年第2期，第9-12页。
❷ 孙湘君、宋长青等，《黄土高原南缘最近10万年来的植被》，《植物学报》1996年第12期，第982-988页。
❸ 王守春，《历史时期天然植被分布与变化》，邹逸麟、张修桂主编，《中国历史自然地理》，第150页。
❹ 巨天珍、陈学林，《甘肃小陇山林区全新世中期以来古植被演替的研究》，《西北植物学报》1988年第2期，第292-299页。
❺ 刘东生，《黄土与环境》，科学出版社，1985年，第180页。
❻ [晋]郭璞注，[清]洪颐煊校，《山海经 穆天子传·卷二·西山经》，第33-34页。
❼ [汉]毛亨传，[唐]孔颖达疏，《毛诗正义·卷十·小雅·南山有台》，第615页。

其中"北山"疑为今天的渭北山系，倪根金认为其是今天的岐山或岍山。❶从当时周人活动的区域来看，倪氏之说应当准确。"南山"即终南山。如文献所载：先秦之际黄土高原的山地多有林木生长，且落叶阔叶林占有较大比例，与孢粉显示结果相吻合。今天延安一线以南的小陇山、六盘山、黄龙山、子午岭与吕梁山为黄土高原森林主要集中的区域。在秦汉时期，黄土高原的山地林木应该更为茂密。

黄土高原的河谷地带，水分条件较好，亦存在大量的天然林木。夏敦胜等对甘肃秦汉时期清水河南岸的孢粉研究发现，在全新世早期，该地区针叶林植被繁盛，花粉含量达50%以上。至全新世晚期时，受气候影响，阔叶花粉占比有所提高。❷此外，蔡茂堂等对黄土高原多处地段的沟谷区剖面孢粉研究发现，在此地貌中，全新世中期乔木花粉百分比占有很高的含量，最高可达85%。❸

春秋战国以前，农业民族主要分布在渭河和汾河的河谷平原，如《大雅·皇矣》有"居岐之阳，在渭之将"❹。受农田开垦的影响，相关地区的乔木植被破坏最为严重。《小雅·伐木》载"伐木丁丁，鸟鸣嘤嘤。出自幽谷，迁于乔木"❺。描述民众在沟谷区域采伐材木的情景。宋豫秦等通过对古周原地区齐家遗址灰坑中的炭灰研究发现，距今2600年左右，该地区曾布有天然的麻栎林❻，但随后则变成疏林草地景观，森林景观的退化应当是由于该地区人类大规模的砍伐所致。现今出土的凤雏、召陈等西周建筑群遗址中，均发现有大量的高大木柱，长均2米左右。❼从其长度来看，这些木柱应取材于周边河谷及山地的高大乔木，且宫室规模庞大，当地应有大片乔木林遭到破坏。另外，《三辅黄图序》云：

秦穆公居西秦，以境地多良材，始大宫观……是则穆公时，秦之宫室已

---

❶ 倪根金，《由〈诗经〉探索周代森林及林业发展》，《农业考古》1999年第1期，第245-251页。

❷ 夏敦胜、马玉贞等，《秦安大地湾高分辨率全新世植被演变与气候变迁初步研究》，《兰州大学学报（自然科学版）》1998年第1期，第119-127页。

❸ 蔡茂堂、魏明建，《黄土高原全新世孢粉古植被地方性分异研究》，《首都师范大学学报（自然科学版）》2009年第4期，第48-52页。

❹ [汉]毛亨传，[唐]孔颖达疏，《毛诗正义·卷十六·大雅·皇矣》，第1031页。

❺ [汉]毛亨传，[唐]孔颖达疏，《毛诗正义·卷九·小雅·伐木》，第576页。

❻ 宋豫秦、崔海亭等，《周原现代地貌考察和历史景观复原》，《中国历史地理论丛》2002年第1期，第30-33页。

❼ 陈全方，《周原西周建筑基址概述（上）》，《文博》1984年第1期，第5-12页。

壮大矣。惠文王初都咸阳，取岐、雍巨材，新作宫室，南临渭，北逾泾，至于离宫三百，复起阿房，未成而亡。始皇并灭六国，凭藉富强，益为侨侈，殚天下材力，以事营缮。❶

此记载虽有夸张之嫌，未可尽信，但反映出至迟至在秦穆公时期，黄土高原地区林木曾遭到大面积的砍伐。至秦惠文王时，黄土高原地区林木已不局限于在当地使用，其采伐量也远高于前代。

如上所述，先秦秦汉之际，由于塬区乔木植被稀少，破坏地段多为山地及河谷地区。但秦汉时期的生产力水平还较为落后，且该地区多为游牧民族，并未广泛使用铁器，当时人类活动对自然环境的破坏还不是特别严重，黄土高原天然乔木覆盖率较为良好。如《诗经·秦风·小戎》中提到西戎人居住的"板屋"；❷《汉书·地理志》称"天水、陇西山多林木，民以板为室屋"❸。这说明该地区从先秦至汉代民众一直以木板为屋。受此风俗影响，天水、陇西一带乔木植被经受数百年砍伐，但仍然"山多林木"，反映人类活动对生态的影响是较为微弱的。此外，东汉末年董卓欲迁都长安时曾准备"陇右取材"❹。"陇右"地处黄土高原西部，汉末时尚为林木的输出地，可见秦汉之际该地区林木之盛。这与后世黄土高原乔木植被荒芜的景象差别较大。

第四节　西北草原与荒漠区

西北草原与荒漠区大体包含今长城以北的内蒙古、陕北、冀北、晋北，以及河西走廊和新疆、宁夏南部等地区。这一区域以温带大陆性气候为主，气候较为干旱，降雨集中，年温差大。

---

❶ 何清谷，《三辅黄图校释·序》，中华书局，2005年，第1—3页。
❷ [汉]毛亨传，[唐]孔颖达疏，《毛诗正义·卷六·秦风·小戎》，第415页。
❸ 《汉书·卷二十八（下）·地理志下》，第1644页。
❹ [晋]陈寿，《三国志·卷六·董卓传》裴松之注引《续汉书》，中华书局，1982年，第177页。

一、森林植被的变迁

王守春认为，在全新世中期（约8500—4000aB.P.）西北地区森林带较今偏西。因此，该时期西北草原荒漠地区的植被有森林、草原和荒漠三个植被带。进入全新世晚期（4000—2500aB.P.），森林带向东退出这一地区。❶李春雨等对浑善达克沙地高西马格剖面孢粉分析认为，约5101—4040aB.P.，该地气候较今温暖湿润，并分布有桦木林。而4040—1820aB.P.时，以旱生植物为主的草原花粉占据优势。❷其时间划定与王守春认定森林带发生东退事件的时间基本一致。宋长青等依据内蒙古大青山DJ钻孔的花粉发现，9000—2500aB.P.，乔木花粉所占比例较高，比例最低时亦超过50%，基本以桦属、榆属、冷杉属、云杉属、栎属、松属、鹅耳枥属等为主❸，证明在全新世中期至春秋时期，该地仍具有面积很广的森林植被。

位于晚全新世的战国时期，在今晋北和内蒙古土默特川地区居住的游牧民族称楼烦和林胡。其中关于林胡之名的由来，胡三省注曰"余谓此胡种落依阻林薄，因曰林胡"❹，认为"林胡"之名与其所居住的自然环境相关。史念海认为，"林胡"一名，将"林"冠于"胡"字之上，即指为林中的胡人。❺王守春亦赞同此说。❻而目前这种解释也最为合理，说明今晋北及内蒙古中部地区在战国、秦汉时期应覆有茂密的森林。

西北荒漠地区历史时期的植被也存在一定变化。姚轶锋等对新疆地区全新世孢粉记录综合分析认为，中全新世时期，北疆地区如伊犁河谷、玛纳里斯湖等地区，植被类型先后由荒漠转向蒿属为主的荒漠及草原，并伴有松属及桦属等乔木

---

❶ 王守春，《历史时期天然植被分布与变化》，邹逸麟、张修桂主编，《中国历史自然地理》，第144页。

❷ 李春雨、徐兆良等，《浑善达克沙地高西马格剖面孢粉分析及植被演化的初步探讨》，《植物生态学报》2003年第6期，第797—802页。

❸ 宋长青、王瑃瑜等，《内蒙古大青山DJ钻孔全新世古植被变化指示》，《植物学报（英文版）》1996年第7期，第568—575页。

❹ [宋]司马光，《资治通鉴·卷三·周赧王九年条》，中华书局，1956年，第106页。

❺ 史念海，《两千三百年来鄂尔多斯高原和河套平原农林牧地区的分布及其变迁》，《北京师范大学学报》（社会科学版）1980年第6期，第1—14页。

❻ 王守春，《历史时期天然植被分布与变化》，邹逸麟、张修桂主编，《中国历史自然地理》，第145页。

花粉，环境有所改善。而局部地区，如巴里坤湖区域于4300—3800aB.P.出现过短暂的气候干旱，该区植被转向荒漠类型，乔木桦属花粉达到最低值。❶

另据学者研究，"根据对乌伦古湖东南角湖岸沉积地层花粉分析，末次盛冰期结束以来，该地区植被演替经历了多个阶段，距今12000—10000年为灌丛草原，距今10000—7000年为荒漠，距今7000—5000年为草甸草原，距今5000—3000年为荒漠，距今3000—1000年为灌丛草原—荒漠草原—灌丛草原。历史时期西北荒漠地区植被的变化，应是与气候变化有关。"❷

历史文献对相关地区的林木植被亦有所记载。《汉书·西域传》云：乌孙国"地莽平。多雨，寒。山多松樠"❸。乌孙的核心地区大致位于伊犁河谷地。关于"樠"，颜师古注，"樠，木名，其心似松"。又《庄子·人间世》有"已矣，勿言之矣！散木也，以为舟则沈，以为棺椁则速腐，以为器则速毁，以为门户则液樠"。清人郭庆藩注引李桢云："《广韵》二十二元，樠，松心，又木名也。"又曰："松心有脂，液樠正取此义。"❹如郭氏所言，"液樠"即为松脂，"樠"为松属一种。另《左传》庄公四年，"（楚武王）卒于樠木之下"❺。可见，樠南北地区均有分布，应属常见松种。

秦汉时期，位于塔里木盆地东部、罗布泊西岸的楼兰亦有大片的天然森林，其乔木主要为胡杨，灌木有红柳、甘草等耐旱植物，以及还间杂生有芦苇等湿生植被。据《汉书·西域传上》记载：楼兰国"多葭苇、胡桐、白草"❻，柽柳即红柳，胡桐即胡杨。1975年，新疆罗布淖尔地区发掘了一处距今约3800年的公共墓地，该墓墓葬中出土有胡杨、红柳、麻黄、芦苇等植物，种类与《汉书》所载相合，说明新石器时代至汉代，林木种类没有太大的变化。而出土的一、二类墓

---

❶ 姚轶锋、王霞等，《新疆地区全新世植被演替与气候环境演变》，《科学通报》2015年第31期，第2963-2972页。

❷ 王守春，《历史时期天然植被分布与变化》，邹逸麟、张修桂主编，《中国历史自然地理》，第152页。

❸ 《汉书·卷九十六（下）·西域传下》，第3901页。

❹ [清] 郭庆藩，王孝鱼点校，《庄子集释·卷二（中）·内篇人间世第四》，中华书局，1961年，第171-172页。

❺ [周] 左丘明传，[晋] 杜预注，[唐] 孔颖达正义，《春秋左传正义·卷八·庄公四年》，第225页。

❻ 《汉书·卷九十六（上）·西域传上》，第3876页。

葬中，均含有大量的木质葬具❶，应为古墓沟人从周边砍伐而来，反映了当时该墓葬周边的森林覆盖状况良好。此外，楼兰古城东郊所发掘的东汉墓地墓口铺盖有27根园木，经鉴定为胡杨、榆树、沙枣等，其上为防沙土泻入，铺有芦苇。❷这些木材均应为当地自然林木所制而成。

二、"五木"考

祁连山在秦汉时期亦覆盖有大量的原始林木。汉宣帝时，赵充国在祁连山南麓湟水一带屯田，并曾"伐林木大小六万余枚"❸，说明当时该地自然林木有丰富的储存量。另《太平寰宇记》卷一五二《删丹县》下记载："焉支山，一名删丹山，东西百余里，南北二十里，亦有松柏五木，其水草美茂，宜畜牧，与祁连山同。"❹焉支山，位于祁连山北麓，"亦有松柏五木""与祁连山同"，说明祁连山及周边区域应覆有大量的"松柏五木"。"松柏"当为针叶林。关于"五木"，清人张澍认为，"郡指酒泉。《酉阳杂俎》言，祁连有四味木，未审即五木否"❺？疑其为传说中的仙树，即"四味木"。另有一种看法，认为"五木"或为后世的青木香。宋代《本草图经》云："按《修养书》云：正月一日，取五木煮汤以浴，令人至老须发黑。徐锴注云：道家谓青木香为五香，亦云五木。道家多以此浴，当是其义也。又古方主痈疽五香汤中，亦使青木香。青木香名为五香，信然矣。"❻刘丽琴即认为祁连山中的"五木"为青木香。❼但从《太平御览》"亦有松柏五木"的记载来看，"五木"与"松柏"同列，似为该地常见的木种，或为当地特

---

❶ 王炳华，《古墓沟人社会文化生活中几个问题》，《新疆大学学报（哲学社会科学版）》1983年第2期，第86—90页。

❷ 吐尔逊·艾沙，《罗布卓尔地区东汉墓发掘及初步研究》，《新疆社会科学》1983年第1期，第128—133页。

❸ 《汉书·卷六十九·赵充国传》，第2986页。

❹ [宋]乐史撰，王文楚等点校，《太平寰宇记·卷一百五十二·甘州》，中华书局，2007年，第2941页。

❺ [北凉]段龟龙撰，[清]张澍辑，《凉州记》，王云五主编，《西河记 凉州记 沙州记 西河旧事 塞外杂识（丛书集成本）》，商务印书馆，1936年，第5页。

❻ [宋]苏颂撰，尚志钧辑校，《本草图经·卷四·草部上品之上》，安徽科技出版社，1994年，第111页。

❼ 刘丽琴，《汉代河西林木探究》，《甘肃社会科学》2011年第1期，第166—169页。

有树种，在此列出。但无论哪种情形，均有悖于今青木香的分布特点。且《西京杂记》卷一"赵飞燕女弟遗飞燕书"中载有"青木香""沉水香"，说明青木香的名称早已使用。因此，这里的"五木"应与后世青木香为不同材木。五木究竟为何种木材呢？据《尸子》"燧人上观星辰，下察五木以为火"❶，五木为取火材木。另，《论语注疏》注引郑司农曰："《鄹子》曰：春取榆柳之火，夏取枣杏之火，季夏取桑柘之火，秋取柞楢之火，冬取槐檀之火。"其文与此正同。释者云："榆柳青故春用之，枣杏赤故夏用之，桑柘黄故季夏用之，柞楢白故秋用之，槐檀黑故冬用之。"❷取火木材因时节而异，这里的"五"指代季节。"亦有松柏五木"中的"五木"应指不同时节人们改火所用木种，而非某一树种。

三、政府政策对植被变迁的影响

考古资料亦能反映秦汉河西地区的林木情况。如西北出土的居延及敦煌汉简中载有：

> 林中燧驰刑许□□□□三今月十二日铺时付□❸（833）
> 建昭五年三月临木燧邮书课❹（145·34）
> 木中燧卒张尚□❺（E.P.T59，300）

这些地区军事单位"林中燧""临木燧""木中燧"等名称的由来，或与当地自然景观有密切关系，其附近极有可能分布有一定规模的自然林木。

出土于甘肃武威韩佐乡红花村五坝山汉墓中的壁画《山林狩猎图》❻，画中山峦森林茂密，松柏的图像生动形象。可以说，该壁画是当时该地区林木茂密景象

---

❶ ［周］尸佼撰，［清］汪继培辑，黄曙辉点校，《尸子》卷下，华东师范大学出版社，2009年第43页。
❷ ［魏］何晏注，［宋］邢昺疏，《论语注疏·卷十七·阳货》，李学勤主编，《十三经注疏（标点本）》，北京大学出版社，2000年，第276页。
❸ 林梅村、李均明，《疏勒河流域出土汉简》，文物出版社，1984年，第86页。
❹ 谢桂华、李均明等，《居延汉简释文合校》，文物出版社，1987年，第240页。
❺ 甘肃省文物考古研究所等编，《居延新简》，文物出版社，1990年，第378页。
❻ 何双全，《武威贝韩佐五坝山汉墓群》，收入《中国考古学年鉴》，文物出版社，1985年，第245-246页。

的一种记录，在一定程度上反映了大片森林存在的客观事实。此外，西北地区所发现的大批汉代简牍，其制成材料以松、柳两类居多。❶ 而这些材质大多来源于人们对周边自然林木的采伐。

西北草原与荒漠地区天然森林的变迁受人类活动影响极大。西汉时期，随着丝绸之路的开辟与发展及边防军事体系的完善，西域与河西地区的开发也达到了一个新的高度。黄文弼在罗布泊北岸发现记有"永光五年"（前39年）、"黄龙元年"（前49年）的汉简，以及西汉军队屯垦的沟渠、堤防等遗址。❷ 这说明至少西汉宣至元帝时期，这里一直持续屯田，且规模较大。据谢丽研究认为，西汉楼兰地区常驻屯田士卒人数常年维持在万人以上，完全可以使楼兰城内外的土地遍垦。❸ 大规模的屯田，不仅需要大量采伐当地林木，且灌溉农田汲取了大量的水分，造成当地水资源分配格局改变，屯田以外的区域水源逐渐减少。且由于气候干旱，缺少水分使新生植被无法生长，植被一经砍伐极难恢复，从而导致当地森林带逐渐缩减。此外，新疆和田地区民丰县尼雅遗址出土的汉代佉卢文木简中，载有楼兰人严禁砍伐树木的律令、"若连根砍断者，无论谁都罚马一匹；若砍断树枝者，则罚母牛一头。"❹ 从立法严度来看，当地的林木资源至迟在东汉晚期已较为紧张，森林退化严重。

河西地区的林业破坏也极为严重。从汉武帝设立河西四郡开始，便施行"徙民实边"的政策，如《汉书·武帝纪》载元鼎六年（前111年），汉将军赵破奴"乃分武威、酒泉地，置张掖、敦煌郡，徙民以实之"❺；元封三年（前108年），"武都氏人反，分徙酒泉郡"❻。可见移民规模应当不小。另外，尹湾汉墓简牍中成于汉成帝永始四年（前13年）的简牍《东海郡吏员考绩簿》有"平曲丞胡毋（钦）七月七日送徙民敦煌"的记载❼，说明汉代移民河西的政策至西汉中晚期时，

---

❶ 中国科学院考古研究所、甘肃省博物馆，《武威汉简》，文物出版社，1964年，第55页。
❷ 黄文弼，《新疆考古发掘报告（1957—1958）》，文物出版社，1983年，第48页。
❸ 谢丽，《绿洲农业开发与楼兰古国生态环境的变迁》，《中国农史》2001年第1期，第16-26页。
❹ 王广智，《新疆佉卢文残卷译文集》，新疆民族研究所打印稿，第142页。
❺ 《汉书·卷六·武帝纪》，第189页。虽然史籍关于河西四郡的设立时间记载有出入，如《汉书·地理志》中记载张掖、酒泉置于"武帝太初元年（前104年）"、武威郡及敦煌郡分别置于"太初四年"及"后元元年（前88年）"，但河西四郡设立后，有过大规模的移民当为事实。
❻ 《汉书·卷六·武帝纪》，第194页。
❼ 滕昭宗，《尹湾汉墓简牍释文选》，《文物》1996年第8期，第26-31页。

仍在施行。大规模的人口迁入，需采伐大量木材用于人们的生产生活。而在军事建设上，也需要使用大量的木材用于制造或修缮兵器、器械、车辆等工事。这也使河西地区的林木遭到毁灭性的破坏。以居延地区为例，在汉代中期木材资源已变得十分匮乏了。如居延新简中记载：

地节三年四月丁亥朔丁亥将兵护民田官居延都尉□

□库守丞汉言戍卒且罢当豫缮治车毋材木□❶（E.P.T58，43）

这是一份汉宣帝地节三年（前67年）的关于修缮车辆缺乏材木的报告。当地林木的匮乏程度，由此可见一斑。

至东汉时期，居延的垦区逐渐衰落，后至废弃。究其衰败的根本原因，确如倪根金所认为："大规模毁林而导致生态平衡破坏造成的。"❷

第五节 云贵川地区

云贵高原北接四川盆地，西起横断山脉，南邻广西壮族自治区西北部，处于高原型亚热带季风气候区。与我国其他地方相比，云贵高原夏无酷暑，冬无严寒，气候宜人。四川盆地由青藏、云贵高原及大巴山等环绕而成，地势低矮。受亚热带季风性湿润气候影响，该地区冬暖夏热，整体温度偏高，其雨量多，气候湿润。总的来看，"云贵川地区多高山，山地垂直植被带发育。特别是川西和云南西部的横断山区，山地相对高度很大，山地植被垂直带尤为发育。全新世中期，山地植被垂直带的森林线上升，而近2000年来，由于气候趋于变冷，山地植被的森林线下降"❸。

一、云贵高原地区植被覆盖情况及若干树种的考证

龙瑞华等对云南中部杞麓湖地区沉积物中的孢粉分析认为，5000—1600aB.P.，

---

❶ 甘肃省文物考古研究所等编，《居延新简》，第352页。

❷ 倪根金，《汉简所见西北垦区林业——兼论汉代居延垦区衰落之原因》，《中国农史》1993年第4期，第50-58页。

❸ 王守春，《历史时期天然植被分布与变化》，邹逸麟、张修桂主编，《中国历史自然地理》，第142页。

该地区气候温凉偏干，阔叶树减少，以松为主的针叶树增多，同时分布有油杉、铁杉、桦、栎等树种。❶ 杜荣荣分析贵州白鹇湖沉积物中的孢粉认为，5500—4500aB.P.，该地区气候温暖湿润，常绿栎、栲等树种在木本植被中孢粉比例较高；4500—1500aB.P.，气候转向温凉干旱，常绿栎、栲、榆、榛等树种比例均有一定程度的降低。❷ 这与云南中部杞麓湖地区的气候变化时间基本一致，说明在秦汉时期云贵高原的气候向温凉干旱转变，常绿阔叶林呈减少趋势。

四川盆地温度变化情况与云贵高原不同，据罗丽萍等人对成都地区4000aB.P.以来的孢粉记录显示，3800—3400aB.P.，该地区气温温暖湿润，伴有大量栎属、胡颓子属、铁杉属、桤木属、栲属等落叶阔叶及常绿树种。3400—2600aB.P.至春秋前期，该地区气温下降，但更为潮湿，灌乔木花粉减少趋势明显。2600aB.P.以后，气温回暖，但仍潮湿，桤木属、栲属等常绿阔叶及落叶林数量有所增长。❸ 说明秦汉时期，四川地区应是常绿乔木繁殖的繁盛期，与历史文献所载相合。

云南地区林木茂密，植物种类繁多，时至今日，仍覆有大面积的原始森林。秦汉时关于云南地区林木已有所记载。《后汉书·西南夷传》记载哀牢国"有梧桐木华，绩以为布……其竹节相去一丈，名曰濮竹"❹。今人考证哀牢国位于云南保山地区。❺ 汉代一尺为今23.1厘米，一丈即2.31米。今竹节最长的麻竹亚属的11种竹子，节间均未及1米，故"竹节相去一丈"应为夸张之辞。清代《云南通志》云："濮竹，即《南中志》所谓相去一丈，可受一斛者。今产不过只二三尺，受升合而已。"❻ 当符合事实。刘琳释"濮竹"为今龙竹（大麻竹）。❼ 龙竹纤维柔细，刻之缕缕如麻，可以绞索织履。其特点与"濮竹"相同，刘氏考证无误。唐代《蛮书》记有"孟滩竹"，"长傍出，其竹节度三尺，柔细可为索，亦以

---

❶ 龙瑞华、李百福等，《云南中部杞麓湖地区晚更新世——全新世植被研究》，《云南地质》1991年第1期，第105-117页。

❷ 杜荣荣、陈敬安等，《贵州白鹇湖沉积物中孢粉记录的5.5kaB.P.以来的气候变化》，《生态学报》2013年第12期，第3783-3791页。

❸ 罗丽萍、朱利东等，《成都平原4000aB.P.以来的孢粉记录与环境变化》，《古生物学报》2008年第2期，第195-200页。

❹ 《后汉书·卷八十六·西南夷列传》，第2849页。

❺ 耿德铭，《史籍中的哀牢国》，《云南民族学院学报》2002年第6期，第70-74页。

❻ [清]鄂尔泰监修，《云南通志·卷二十七·物产》，文渊阁四库全书影印版，台湾商务印书馆，第570册，第14页上栏。

❼ [晋]常璩撰，刘琳校注，《华阳国志校注·卷四·南中志》，巴蜀书社，1984年，第434页。

皮为麻"❶。从特征来看，似为同种，均为今麻竹亚属。关于"梧桐木华"，官德祥认为："梧桐木能制成布，也能制出高质桐琴，再加上从其身上能采桐油，可说是西南各主要竹木中用途较广的一类。"❷ 官氏视哀牢"梧桐"为斫琴所用之桐，与今之梧桐无异。但从可制布来看，该木应能产出大量的天然纤维。另据《后汉书》李贤注引《广志》曰："梧桐有白者，剽国有白桐木，其华有白氎，取其氎淹渍，缉织以为布。"❸ "华"，古通"花"，所制之布的原料均来自"梧桐花"上的白氎（白毛）。这类白色天然纤维均出自该树的花叶之上，但今天的梧桐木并不具备这类特性。刘咸等认为该"梧桐"应为棉花树（木棉），梧桐为棉花木的异称。❹ 从木棉特征来看，其"果内绵毛可作枕、褥、救生圈等填充材料"❺。此说当更为准确，且无论梧桐或木棉，均为被子植物。而所以称之为"梧桐"，或与当地语言风俗有关。另据《华阳国志》，与哀牢国相邻的兴古郡，有将桄榔木做成食材的习俗——"有桄榔木，可以作面，以牛酥酪食之，人民资以为粮。"❻ 由此亦可以推断，该树种在当地有较高的产出量。

贵州毕节出土的商末周初的瓦窑遗址中孢粉表明，"该地区主要是温带和亚热带的山地植被……植被中以灌木和草本植物为主，但在木本植物中针叶林的松、柏则占优势，其次是阔叶的桦、桤木等"❼。此外，贵州地区在汉代应分布有大量竹林。如《后汉书》记载古夜郎国，"初有女子浣于遯水，有三节大竹流入足间，闻其中有号声，剖竹视之，得一男儿，归而养之……今夜郎县有竹王三郎神是也，"并注引《华阳国志》"竹王所捐破竹于野，成竹林，今王祠竹林是也"❽。所谓"竹王所捐破竹于野，成竹林"，应是周围地区天然竹林被当地民众赋

---

❶ ［唐］樊绰，《蛮书·卷七·云南管内物产》，文渊阁四库全书影印版，第464册，第4页上栏。
❷ 官德祥，《汉晋时期西南地区竹木述要》，《农业考古》1996年第1期，第172-177页。
❸ 《后汉书·卷八十六·西南夷列传》，第2850页。
❹ 刘咸、陈渭坤，《中国植棉史考略》，《中国农史》1987年第1期，第35-44页。
❺ 中国科学院中国植物志编辑委员会，《中国植物志·卷四十九·锦葵科至金莲木科》，科学出版社，1982年，第108页。
❻ ［晋］常璩撰，刘琳校注，《华阳国志校注·卷四·南中志》，第455页。
❼ 席克定、朱先世，《贵州毕节瓦窑遗址发掘简报》，《考古》1987年第4期，第303-310页。
❽ 《后汉书·卷八十六·西南夷列传》，第2844-2845页。按，关于夜郎古国的具体位置歧义纷呈，难有定论。张合荣提出，夜郎古国的活动地区为"云南东部的曲靖、宣咸盆地和贵州西部南北盘江之间的山间盆地"（张合荣，《夜郎地理位置解析——以滇东黔西战国秦汉时期考古遗存为主》，《南方民族考古》2011年第7辑，第225-248页）。本书从之。

予了神话色彩,以纪念"竹王"。而竹王崇拜的传统,反映出当地独特的竹文化,可见其分布应该十分广泛。

二、巴蜀地区植被的变迁

对于巴蜀地区天然植被的覆盖情况,《汉书·地理志》记载:"巴、蜀、广汉……有江水沃野,山林竹木蔬食果实之饶。"❶《华阳国志·蜀志》记载:"其宝则有……桑、漆、麻、纻之饶。"❷在目前所见汉晋辞赋中,对巴蜀地区的林木也颇多赞美之辞。如杨雄《蜀都赋》说成都平原及周围山地"丛俊干凑","野望茫茫菲菲",竹子"俊茂丰芙","夹江缘山","若此者方乎数十百里"。❸左思《蜀都赋》描写蜀地"邛竹缘岭",还描述其植被分布变化"或藏蛟螭,或隐碧玉。嘉鱼出于丙穴,良木攒于褒谷。其树则有木兰棕桂,杞欀椅桐,樱枒楔枞。梗柟幽蔼于谷底,松柏蓊郁于山峰"❹,亦即山峰部以针叶树为主,而山谷和山坡及山前地区的树木则主要为常绿阔叶树。又"坰野草昧,林麓黝儵。交让所植,蹲鸱所伏。百药灌丛,寒卉冬馥"❺,也反映了相关地带林木茂盛的景象。

上述记载表明,秦汉时期云贵川地区天然森林具有很高的覆盖率,植被构成有针叶树、落叶、常绿阔叶树,且多珍贵树种,竹林也有广泛的分布。

从汉代西南地区的天然林木破坏程度看,巴蜀地区的砍伐最为严重,云贵高原则微乎其微。其主要原因是,秦汉王朝并没有在云贵相关区域大规模开发经济的意图。且云贵地区在汉代的战略地位远逊于北方边境,加之其地形多高山沟壑,极为错杂,以当时技术条件,难以大规模地开垦农田。因此,其相关区域的林业开采也比较有限。而巴蜀地区的情况则明显不同。公元前316年左右,秦司马错先后攻占巴、蜀,使巴蜀地区的经济得到初步开发。至秦昭襄王时,农田开发已颇具规模,如《水经注》引应劭《风俗通》曰:"秦昭王使李冰为蜀守,开

---

❶ 《汉书·卷二十八(下)·地理志下》,第1645页。
❷ [晋]常璩撰,刘琳校注,《华阳国志校注·卷三·南中志》,第175页。
❸ [宋]章樵,《古文苑·卷四·蜀都赋》,清光绪丙戌年江苏书局刻本,第82-90页。
❹ 高步瀛撰,曹道衡、沈玉成点校,《文选李注义疏·卷四·蜀都赋》,第915、919页。
❺ 高步瀛撰,曹道衡、沈玉成点校,《文选李注义疏·卷四·蜀都赋》,第936页。

成都两江，溉田万顷。"❶ 天然林木随之破坏。《华阳国志》亦提到李冰兴建水利工程曾大量利用岷山上的材木——"岷山多梓、柏、大竹，颓随水流，坐致材木，功省用饶"，至秦始皇"克定六国，辄徙其豪侠于蜀，资我丰土。家有盐铜之利，户专山川之材，居给人足"。❷ 随着大量移民涌入蜀地，制盐冶铜，并"户专山川之材"，更使得大量林木遭到砍伐，加剧了当地生态的破坏。

随着铁农具的发展，以及两汉政府的经略，巴蜀地区的农耕面积及人口数量进一步增长，伐木耕田也进一步扩大。如桓宽《盐铁论》称，"蜀、汉之材，伐木而树谷，燔莱而播粟，火耕而水耨，地广而饶材"❸。《华阳国志·南中志》亦云："晋宁郡，本益州也……郡土（大）平敞，有原田，多长松。"❹ 不过，从"地广而饶材"来看，当地原始森林覆盖率很高，以当时生产力的水平还难以造成大面积的破坏，且该地气候温暖湿润，自然森林有可再生的条件。当时运输不便，林木破坏较为严重的地区，仅为人们生活的周边区域，其影响相当有限。故总体来说，在巴蜀的广大地区仍有十分茂密的森林。

第六节 岭南地区

岭南地区东、南面海，西临云贵高原，北靠五岭山脉，包含今广东、广西、海南、香港、澳门等地。受热带及亚热带海洋性季风的影响，该地区炎热高温、雨量丰沛，自古林木茂盛。

一、植被分布情况探析

王建华等通过对珠江三角洲 GZ-2 孔孢粉分析，认为夏商以前至秦朝统一前（约 5000—2250aB.P.），珠江三角洲一带气候温暖湿润，红树类植物达到极盛，且以阿丁枫、常绿栎类、栲等南亚热带常绿树种占优势，并含有极少量的桦属落叶木，表现为以常绿阔叶类为主的混交及林下灌草共生的南亚热带森林草地景

---

❶ 《华阳国志》载："秦孝文王以李冰为蜀守。"刘琳认为此为误载：考证详确，较合实际。参见[北魏]郦道元著，陈桥驿校证，《水经注校证·卷三十三·江水》，中华书局，2007年，第734页。
❷ [晋]常璩撰，刘琳校注，《华阳国志校注·卷三·蜀志》，第202、225页。
❸ 王利器校注，《盐铁论校注·卷一·通有》，中华书局，1992年，第41-42页。
❹ [晋]常璩撰，刘琳校注，《华阳国志校注·卷四·南中志》，第393-394页。

观；此间落叶林比例有微小上升，证明气候有所波动，但幅度不大，常绿类始终占绝对优势。秦至东汉中期（约2250—1900aB.P.），该地气候较之前偏凉、偏干，木本植物中落叶类比例有小幅度的增长，相应常绿林木有所减少，而南亚热带及热带种几近消失。该地植被以亚热带常绿林和针、落混交林的植被为主，并伴有陆生草地和农田景观。至东汉中后期（1900—1800aB.P.），气温有所回暖，常绿树种的比例又有所回升。❶

周建超等对广西桂林石灰岩溶区沉积样品中的孢粉进行了分析，指出该地区5390—1990aB.P.，乔木花粉以常绿栎类为主，高海拔地区则主要分布以松为主的针叶林，气候条件温暖湿润。与珠江三角洲地区不同，广西桂林地区1990aB.P.以后气温有所降低，以松为主的针叶林有扩展趋势，但至1540aB.P.，该地气温仍然较温暖湿润❷，因而植被应无大的变化。

关于岭南地区在秦汉时期的植被覆盖情况，先秦文献《山海经》记载："其首曰招摇之山，临与西海之上，多桂。"招摇山的具体位置虽仍有争议，但它属两广地区应当无疑。芦净等人考释桂为肉桂，为樟属❸，其说值得商榷。按肉桂属樟科，为中等大乔木❹，而郭璞注云："桂叶似枇杷，长二尺余，广数寸，味辛。白华，丛生山峰，冬夏常青，间无杂木。"❺二者有明显不同。又据《楚辞》记载"桂树丛生兮山之幽，偃蹇连蜷兮枝相缭"，"嘉南州之炎德兮，丽桂树之冬荣"❻，亦指桂树有丛生的特点，其中"南州"指楚国以南，应为岭南地区，"冬荣"即指冬天不败。《异物志》称，"桂之灌生，必粹其族。柯叶不渝，冬夏常绿"❼，也与《楚辞》及郭璞所注"丛生"及"冬荣"等特点相符。从上述特征来看，此处桂为丛生的灌木植被。吴永章释之为木犀，即岩桂。前揭"桂叶似枇杷，长二尺余，广数寸，味辛"，其叶子形质亦与木犀相似，故吴说应当可信。

---

❶ 王建华、王晓静等，《珠江三角洲GZ——2孔全新统孢粉特征及古环境意义》，《古地理学报》2009年第6期，第661-669页。

❷ 周建超、覃军干等，《广西桂林岩溶区中全新世以来的植被、气候及沉积环境变化》，《科学通报》2015年第13期，第1197-1204页。

❸ 芦净、赵建成等，《〈山海经·南山经〉植物考》，《科学通报》2013年第S1期，第66-69页。

❹ 中国科学院中国植物志编辑委员会，《中国植物志·卷三十一·樟科莲叶桐科》，第223页。

❺ [晋]郭璞注，[清]洪颐煊校，《山海经 穆天子传 卷一·南山经》，第1页。

❻ [宋]朱熹撰，黄灵庚点校，《楚辞集注·卷八·招隐士》，上海古籍出版社，2015年，第137、207页。

❼ [汉]杨孚撰，吴永章辑佚校注，《异物志辑佚校注》，广东人民出版社，2010年，第168页。

二、《异物志》所载树种的考辨

《异物志》详细记述了岭南乔木的植被，所列树种如下：

> 榕树，榕树栖栖，长与少殊。高出林表，广荫原丘。
>
> 木棉，树高大，其实如酒杯，皮薄，中有如丝棉者，色正白，破一实，得数斤。
>
> 枒桐，棕也，皮可作索。枸桹，树也，直而高，其用与枒桐同。
>
> 梓棪，大十围。材贞劲，非利刚截不能克，堪作船。其实类枣，著枝叶重曝挠垂。刻镂其皮藏，味美于诸树。
>
> 木蜜，名曰香树。生千岁，根本甚大。先伐僵之，四五岁乃往看。岁月久，树材恶者腐败，唯中节坚直芬香者独在耳。[1]

其中有以下几点值得注意。

第一，今无以"枸桹"命名的树种。据宋人周去非《岭外代答》"凡木似桄榔者有五，桃榔、槟榔、椰子、虁头、桃竹是也"[2]，有五种植物与桄榔相似，而桹与榔同音，应为桄榔或槟榔。但槟榔皆知为食果，应与枸桹为不同物种。且《岭外代答》说，桃榔木"似桄榔，有节如大竹，青绿耸直，高十余丈……木身外坚内腐，南人剖去其腐，以为盛溜，力省而功倍"[3]，与"直而高，其用与枒桐同"的特点相似。另从文意来看，桃榔木具有"内腐""外坚"的特点，尤其"外坚"应指树皮韧性较好，不易折断，能做"盛溜"。而"盛溜"即类似于今天的缆绳，与枒桐"皮可做索"的功用相同，故推断枸桹当为桃榔。

第二，《山海经·南山经》记载："堂庭之山，多棪木。"郭璞注云："棪，别名速，其子似柰而赤，可食。"[4] 林鸿荣将其释为君迁子[5]，应为确论。芦净等认同林氏观点，并认为此棪木与梓棪同属一种，在华南也有分布。[6] 但《中国植物志》

---

[1] [汉]杨孚撰，吴永章辑佚校注，《异物志辑佚校注》，第 161-175 页。
[2] [宋]周去非撰，杨武泉校注，《岭外代答·卷八·花木门》，中华书局，1999 年，第 293 页。
[3] [宋]周去非撰，杨武泉校注，《岭外代答·卷八·花木门》，第 293-294 页。
[4] [晋]郭璞注，[清]洪颐煊校，《山海经 穆天子传·卷一·南山经》，第 2 页。
[5] 林鸿荣，《棪木求索》，《古今农业》2004 年第 4 期，第 37-41 页。
[6] 详见芦净、赵建成等，《〈山海经·南山经〉植物考》，《科学通报》2013 年 S1 期，第 66-69 页。

中所列君迁子的产地并不包含华南。❶ 杨婷婷等亦言君迁子在全国除两广、福建等九省外均有生长。❷ 从生长范围来看，椴木与梓椴应为不同树种。而梓椴特性与今苦梓则基本一致，据《中国植物志》记载：苦梓"木材纹理通直，结构细致，材质韧而稍硬，干后少开裂、不变形，很耐腐，适于造船、建筑、家具等用"❸，并产于两广地区，故推断梓椴即为苦梓。

第三，木蜜应为今沉香属。据南朝宋沈怀远《南越志》记载：

> 交州有蜜香树。欲取先断其根。经年后，外皮朽烂。木心与节坚黑沉水者为沉香；与水面平为鸡骨；最粗者为栈香。❹

木蜜为名香树，即《南越志》所载蜜香树。依据文意，蜜香树可结出沉香及栈香。蜜香树为沉香加工之前的宿主。今沉香均出自沉香木，因之可以判断，蜜香树即今沉香木。又《太平寰宇记》卷一六三《新兴县》载："利山在新会县东一百七里。《南越志》云：此山多沉香木。"❺ 木蜜在岭南地区应分布较多。

据考古资料，广西那坡县感驮岩遗址第一期文化遗存（距今约 5000 年）中曾出土炭化竹木质编织物以及竹鼠骨骼，❻ 西汉南越王墓中亦出土了竹鼠骨骼，❼ 证明先秦秦汉时期岭南地区有一定量的竹林分布。《异物志》中也有篔筜、簹等竹种的记载。以簹之形状为例，"其大数围，节间相去局促，中实满，坚强以为屋椽，断截便以为栋梁，不复加斤斧也"❽，应为当地特有。晋戴凯之《竹谱》亦言："簹与由箘，厥体俱洪，围或累尺，簹实箘空，南越之居，梁柱是供。"❾ 陈伟明认

---

❶ 中国科学院中国植物志编辑委员会，《中国植物志·卷六十·白花丹山榄柿科》，第 105 页。

❷ 杨婷婷、夏乐晗，《君迁子种质资源若干问题的研究》，《北方园艺》2014 年第 10 期，第 184-187 页。

❸ 中国科学院中国植物志编辑委员会，《中国植物志·卷六十五·马鞭草科》，第 126 页。

❹ 骆伟，《〈南越志〉辑录》，《广东史志》2000 年第 3 期，第 37—49 页。

❺ [宋] 乐史撰，王文楚等点校，《太平寰宇记·卷一百六十三·岭南道》，中华书局，2007 年，第 3118 页。

❻ 韦江、何安益，《广西那坡县感驮岩遗址发掘简报》，《考古》2003 年第 10 期，第 35-56 页。

❼ 广州市文管会等，《西汉南越王墓》，文物出版社，1991 年，第 468 页。

❽ [汉] 杨孚撰，吴永章辑佚校注，《异物志辑佚校注》，第 184 页。

❾ [晋] 戴凯之，《竹谱》，文渊阁四库全书影印本，第 845 册，第 176 页上栏。

为篁即今撑篙竹❶，从竹体形态特征来看，确如陈之所言。

如前所述，秦汉时期岭南地区植被繁茂，今广西大部分地区在西汉时被称为郁林郡，很可能就是因为森林茂密而得名。这一时期岭南自然植被的变化主要是由气候波动造成的，但人为因素也不能忽视。秦汉时期均在岭南地区设有郡县❷，先进文化及技术的传入，客观上促进了岭南地区农业、手工业的发展及人口的增加。伐林扩田也成为必然趋势。此外，两汉时期岭南冶铜业有很大发展，如广西北流铜石岭发现的汉代冶铜遗址已具有不小规模。❸而冶铜业的发展也需要砍伐大量的木材来作为燃料。覃嘉铭等通过对桂林全新世石笋高分辨率 $\delta 13C$ 记录分析发现，距今 2200 年以前，该地区森林植被有过数次退化，但之后均全面恢复，证明气候变化是退化事件的主要因素。而距今 2200 年以后，森林退化后均未能恢复至原先面貌，其主因即在于人类的大面积砍伐。❹周建超等认为，1990aB.P.，广西桂林岩溶区的阔叶林退缩也受到人们大量砍伐树木的影响。❺这说明秦汉以后，岭南地区得到一定程度的开发，且人口有所增长，与文献及考古资料相合。

第七节　长江中下游地区

南岭以北，秦岭、淮河以南，巴山以东的长江中下游广大地区，今天属北亚热带和中亚热带的范围，气候温暖湿润，年均气温 14～18℃，年降水量 1000～1500 毫米，季节分配较均。❻这一地区受气候变化影响，自全新世中期以来，植被也经历了很大变化。

---

❶ 陈伟明，《从〈异物志〉看汉代岭南经济作物的种植与利用》，《农业考古》1995 年第 3 期，第 63-65 页。
❷ 顾颉刚、史念海，《中国疆域沿革史》，商务印书馆，2015 年，第 67、76 页。
❸ 广西壮族自治区文物工作队，《广西北流铜石岭汉代冶铜遗址的试掘》，《考古》1985 年第 5 期，第 404-410 页。
❹ 覃嘉铭、林玉石等，《桂林全新世石笋高分辨率 $\delta 13C$ 记录及其古生态意义》，《第四纪研究》2000 年第 4 期，第 351-356 页。
❺ 周建超、覃军干等，《广西桂林岩溶区中全新世以来的植被、气候及沉积环境变化》，《科学通报》2015 年第 13 期，第 1197-1024 页。
❻ 于友先、马宗晋等主编，《中国大百科全书》，第 3 册，中国大百科全书出版社，2009 年，第 265 页。

一、孢粉所反映的林木分布情况

陈业新依据孢粉资料分析认为，西周至战国中期（2300aB.P.），长江中游气温虽有过明显波动，但整体气候特点仍为暖湿。鄱阳湖 ZK-01 孔木本植被孢粉含有以金毛狗属、卷柏属及松属为主的针叶树种，并伴有杨梅属、栲属、栎属、朴属为主的阔叶树种。江汉平原沔城 M1 钻孔木本孢粉组合与鄱阳湖地区类似，为栎、青冈栎、松占优的针阔叶混交林。至战国中后期，长江中游一带气温有所降低，湖北监利钻孔剖面孢粉（公元前 350 年）显示，以山核桃属为主的落叶阔叶树种以及以常绿栎、栲属为主的常绿阔叶树种含量均有所减少，而以松属为主的针叶树种含量增加。鄱阳湖梅家洲 ZK2 孔常绿阔叶树种亦有所减少或缺失。至两汉时，长江中游地区多处孢粉组合显示，植被类型为北亚热带—暖温带植被，多为针阔叶混交林，且随着气温的波动，针叶林与阔叶林此消彼长。❶

王守春对上海地区全新世以来地层孢粉研究结果分析认为："在全新世晚期，其中公元前 900—公元 200 年，植被是中亚热带的常绿阔叶林，栲属、青冈栎为植被主要成分，并杂有樟科、冬青、木荷、柃木等常绿植物，还有落叶阔叶的麻栎、粟、枫香、枫杨、榆以及针叶树的松、柏、杉，低洼湿地，还生长以芦苇、香蒲为主的芦苇沼泽。"❷ 全新世中期以来，植被均以森林为主，且至东汉时期树木构成与前期相比发生很大变化。其间，上海地区经历了常绿阔叶林和常绿阔叶与落叶阔叶混交林的交替演变。植被的这一变化特点对于处在相同纬度的长江下游地区实具有一定的代表性。

二、传世文献中所载林木

秦汉时期长江中下游的植被情况在传世文献中多有反映。

《禹贡》记载"扬州"植被"筱簜既敷，厥草惟夭，厥木惟乔"。"筱""簜"为大竹与小竹；"厥草惟夭，厥木惟乔"，说明其草类茂盛，树木高大。这类景

---

❶ 陈业新,《战国秦汉时期长江中游地区气候状况研究》,《中国历史地理论丛》2007 年第 1 期, 第 5–16 页。

❷ 王守春,《历史时期天然植被分布与变化》, 邹逸麟、张修桂主编,《中国历史自然地理》, 第 142 页。

象在当地应较为常见。另记"荆州","厥贡羽毛齿革惟金三品,杶榦栝柏,砺砥砮丹,惟箘簵楛"。《正义》曰:'榦'为弓榦,《考工记》云:弓人取榦之道也,以柘为上,知此'榦'是柘也。《释木》云:'栝,柏叶松身。'陆机《毛诗义疏》云'杶、〈木虖〉、栲、漆相似如一'。"[1] 其中,"杶"即"椿"字[2],且形制似漆,应为今香椿树;"榦"即为柘木;栝"柏叶松身"应为今桧木,又称圆柏;"箘""簵"则均为竹类。

《山海经》对长江中下游的山地植被亦记载详细。例如,荆山,"其木多松、柏,其草多竹,多橘、櫐";骄山,"其木多松柏,多桃枝钩端";纶山,"其木多梓、楠。多桃枝,多柤、栗、橘、櫐";陆陒之山,"其木多杻、橿";岐山,"其木多樗";铜山,"其木多穀、柞、柤、栗、橘、櫐";大尧之山,"其木多松柏,多梓桑,多机(桤木),其草多竹";衡山,"上多寓木、穀、柞";仁举之山,"其木多穀、柞";师每之山,"其木多柏,多檀,多柘,其草多竹";琴鼓之山,"其木多穀、柞、椒、柘";云山,"无草木,有桂竹,甚毒,伤人必死";龟山,"其木多穀、柞、椆、椐……多扶竹";丙山,"多筀竹";风伯之山,"其木多柳、杻、檀、楮。其东有林焉,曰莽浮之林,多美木鸟兽";夫夫之山,"其木多桑楮,其草多竹、鸡鼓";洞庭之山,"其木多柤、梨、橘、櫐";暴山,"其木多棕、楠、荆、芑、竹、箭";即公之山,"其木多柳、杻、檀、桑";阳帝之山,"其木多檀、杻、㯶、楮"。[3]

上述诸山,虽然难以确认为今某山,但它们分别为荆山山系与洞庭山山系,应位于今湖北及湖南境内。总的来看,在先秦时期,长江中下游山地的植被为针阔叶混交林,与孢粉显示结果相一致。从"风伯之山"的"莽浮之林,多美木鸟兽"可以判断,荆楚一些地区森林茂密,并有较多的高大乔木。《楚辞》中有"草木莽莽"[4]"饮石泉兮荫松柏"[5]等辞句,亦能反映当地林木覆盖情况良好。前揭"纶山"与"洞庭之山"均覆盖有天然"柤木"。《汉语大字典》释"柤"同"樝

---

[1] [汉]孔安国传、[唐]孔颖达疏,《尚书正义·卷六·禹贡》,第146、150页。
[2] [汉]史游撰,曾仲珊点校,《急就篇》(卷四),岳麓书社,1989年,第277页。
[3] [晋]郭璞注,[清]洪颐煊校,《山海经 穆天子传·卷五·中山经》,第90-94、108-112页。
[4] [宋]朱熹,《楚辞集注·卷八·九章·怀沙》,第111页。
[5] [宋]朱熹,《楚辞集注·卷二·九歌·山鬼》,第58页。

（楂）"，木名，即"山楂"。❶根据《中国植物志》，我国河南、湖北、江西、湖南、广东、广西、福建等广大地区均出产野山楂。❷

另"纶山"有"桃枝"，戴凯之考辨云：

> 桃枝是其中最细者，并见《方志赋》。桃枝皮赤，编之滑劲，可以为席，《顾命篇》所谓箧席者也。《尔雅·释草》，"云四寸一节为桃枝。"郭注云："竹四寸一节为桃枝。"余之所见桃枝竹，节短者不兼寸，长者或逾尺，豫章遍有之，其验不远也。恐《尔雅》所载草族，自别有桃枝，不必是竹。郭注加"竹"字，取之谬也。《山海经》云：其木有桃枝、剑端。又《广志·层木篇》云："桃枝，出朱提郡，曹爽所用者也。"详察其形，宁近于木也，但未详《尔雅》所云复是何桃枝耳。《经》、《雅》所说二族，决非作席者矣。《广志》以藻为竹，是误。后生学者往往有为所误者尔。❸

如戴氏所考，《尔雅》郭注所指桃枝或与其所见桃枝竹同名异物。但《山海经》中称竹或为草、或为木，原无一定。如前揭"高粱之山……其木多桃枝、钩端"，又"龙山……其草多桃枝钩端"。故戴氏判断或当为木，亦有错误的可能。且《广雅》释钩端与筋籥同，为竹类。❹故与之同列的"桃枝"亦应为竹。左思《蜀都赋》曾云"灵寿桃枝"❺，可见"桃枝竹"在长江流域均有分布。宋人范成大说："桃枝竹，多生石上，叶如小棕榈，人以大者为杖。"❻桃枝在长江流域应有广泛的分布。而所谓"最细者"，即直径在常见竹种中很小，其叶与小棕榈相似。张蕾曾考证"桃枝"为石角竹❼，但石角竹产于台湾地区❽，并且叶形与棕榈差异极大，应与"桃枝"为两种竹类。综合"桃枝"特点，应为今棕榈科的棕竹。

又"阳帝之山"有"𣚣"。《尔雅·释木》载"𣚣桑，山桑。郭注云：'似桑。

---

❶ 汉语大字典编辑委员会，《汉语大字典（第2版）》，崇文书局、成都，四川辞书出版社，2010年，第1181页。
❷ 中国科学院中国植物志编辑委员会，《中国植物志·卷三十六·蔷薇科》，第194页。
❸ [晋]戴凯之，《竹谱》，文渊阁四库全书影印本，第175页下栏。
❹ [清]王念孙，《广雅疏证·卷十（上）·释草》，中华书局，1983年，第323页下栏。
❺ 高步瀛撰，曹道衡、沈玉成点校，《文选李注义疏·卷四·蜀都赋》，第927页。
❻ [宋]范成大撰，孔凡礼点校，《桂海虞衡志》，中华书局，2002年，第124页。
❼ 张蕾，《宋代以来江南地区竹的生态史研究》，复旦大学博士学位论文，2013年，第30页。
❽ 中国科学院中国植物志编辑委员会，《中国植物志·卷九·禾本科·竹亚科》，第111页。

材中作弓及车辕'"❶。杨文宇考证"檿"为柞木，认为，

> 东晋郭璞《尔雅注》谓"……其山桑似桑，材中弓弩；檿桑丝中琴瑟，皆材之美者也，他木鲜及之"。

"山桑似桑"，因此，《尔雅》之"山桑"并非桑树，"材中弓弩"更证明了这一点，因为历史上几乎没有桑树用作弓弩的记载；但其饲蚕所吐之丝可作琴瑟，故而可能为柘或柞，而《诗经·大雅》有"其檿其柘"之语，所以"檿桑，山桑"不应为柘而可能为柞。❷

但所列理由并不充分。

其一，《诗经》之中常见有"柞"木的记载。如《诗经·小雅·车辖》有"析其柞薪，其叶湑兮"。《诗经·小雅·采菽》，"维柞之枝，其叶蓬蓬"。《诗经·大雅·旱麓》有"瑟彼柞棫，民所燎矣"❸。可见柞木在当时已为人养护、使用，为人所熟识，是有树名的。且未见"檿"与"柞"二者之间有关联，同书中的"檿"应与柞木为两树种。其二，古代古琴琴弦均由蚕丝制成。❹桑蚕丝属长纤维，具有优越的弹力和韧性，柞蚕丝则纤维较短，弹性韧力较差，相比较而言，桑蚕丝更适合用于丝弦乐器。用檿桑丝所制琴瑟，质量属上乘——"皆材之美者也"，所指应为桑蚕丝，而非柞蚕丝。其三，《尔雅》将檿桑释为"山桑"，说明"檿"应属桑类。郭璞注云"山桑似桑"，亦不能直接判定为"并非桑树"，而可能是桑类别种，性状与常见桑树相似。桑木材质较软，容易断裂，故极少用于弓的制作。但"檿桑"却可以制弓及车辕，可见其抗弯曲性能很强。另据《滇略》记载："唐咸亨中，永昌之西，野桑生石上，其材上屈，两向而下直，南诏取以为弓，不筋漆而利，名曰'螟弓'。今鹤庆产岩桑，猓猓取以为弓，发矢千步，其遗种也。"❺这说明在唐初云南地区以岩桑为弓的情况已较为常见，且制作

---

❶ [晋]郭璞注、[唐]邢昺疏，《尔雅注疏·卷九·释木》，第278页。

❷ 杨文宇、万德光，《中国桑树分类及桑类中药原植物考辨（I）》，《时珍国医国药》2008年第11期，第2624-2627页。

❸ [汉]毛亨传、[唐]孔颖达疏，《毛诗正义·卷十四·小雅·车辖》《毛诗正义·卷十五·小雅·采菽》《毛诗正义·卷十六·大雅·旱麓》，第873、901、1007页。

❹ 顾梅羹，《琴学备要（手稿本上）》，上海音乐出版社，2004年，第15-16页。

❺ [明]谢肇淛，《滇略·卷三·产略》，文渊阁四库全书影印本，第494册，第15页下栏。

方法沿袭至今。❶故"屡桑"疑为今之岩桑。

此外，以樟木、楠木为主的常绿乔木及以梓木为主的落叶乔木也是长江中下游地区的主要树种，分布广泛。如《墨子·公输》记载："荆之地，方五千里……荆有长松、文梓、梗、枏、豫樟。"❷《盐铁论》说，"江南之枏梓竹箭。"❸《汉书·地理志》亦云："寿春、合肥受南北湖皮革、鲍、木之输。"师古注曰："木，枫枏豫章之属。"❹按，寿春，今安徽寿县，是当时长江中下游区域木材贸易的中心，而楠、樟等木则为贸易的大宗。由于其种植技术并不发达，这些材木多来源于天然林木。另长江中下游地区出土汉墓显示，其棺椁所用材木多含杉、桢楠、梓等木❺。与北方出土汉墓所用木材差异明显，如北京老山汉墓"出土的200多立方米木材取样鉴定，发现出土木材有柏木、侧柏、槐树、椷树、麻栎、板栗和油松七个树种"❻。所用木材的差异，反映出自然林木分布的特点，桢楠、杉、梓等为长江中下游地区丧葬常用木材，应有广泛的分布，与典籍文献所载情况相合。当然，北方墓葬用的木材也有许多来自南方。

东汉张衡《南都赋》描写南都地区，即今豫、鄂交界的南阳地区的植被"其木则柽松楔枞，楩柏杻橿，枫柙枦枥，帝女之桑，楈枒栟榈，柍柘檍檀，结根竦本，垂条婵媛……蓊郁于谷底，森蓴蓴而刺天……其竹则籦笼"❼，说明当时"南都"地区的松、柏、栎、枫、桑、棕榈、冬青、檀、榆等树木长得茂密高大，挺拔直上，盘根错节，繁枝交错，密阴遮蔽山谷，竹子生长得茂密葱茏。

左思《吴都赋》描写今南京地区的"吴都"植被也多种多样，非常茂密。如"木则枫柙豫章、栟榈枸榔、縣杌柂栌、文欀桢橿、平仲君迁、松梓古度、楠榴

---

❶ 郭振华，《滇黔弓弩文化研究》，《搏击·武术科学》2013年第2期，第17-19页。

❷ 吴毓江撰，孙启治点校，《墨子校注·卷十三·公输》，中华书局，1993年，第764页。

❸ 王利器校注，《盐铁论校注·卷一·本议》，第3页。

❹ 《汉书·卷二十八（下）·地理志下》，第1668页。

❺ 相关研究有唐汝名、卫广扬等，《安徽天长县汉墓棺椁木材构造及材性的研究》，《考古》1979年第4期，第375-380页；吴达期、徐永吉等，《高邮神居山二号汉墓的木材鉴定》，《南京林学院学报》1985年第3期，第91-95页；侯伯鑫、程政红等，《长沙马王堆一号汉墓椁室木材的研究》，《湖南林业科技》2001年第4期，第31-34页；何林，《江苏地区考古木材鉴定分析》，南京林业大学硕士学位论文，2015年，第33-34页。

❻ 黄荣凤、鲍甫成等，《老山汉墓出土木材的年轮年代学研究》，《林业科学》2004年第5期，第168-173页。

❼ 高步瀛撰，曹道衡、沈玉成点校，《文选李注义疏·卷四·南都赋》，第783-793页。

之木……宗生高冈，族茂幽阜，擢本千寻，垂阴万亩"，"其竹则筼筜箖箊……篻䈽有丛"，又"苞笋抽节，往往纂结，绿叶翠茎，冒霜停雪，橚蓸森萃，菶茸萧瑟，檀栾婵娟"。❶

从《南都赋》和《吴都赋》的记载可以发现，汉代南阳地区与南京地区的天然植被构成种类有所不同。相比于"南都"，"吴都"地区的常绿阔叶林尤为繁盛。值得注意的是，《山海经》记载朝歌之山，"潕水出焉……其上多梓楠"❷。潕水即今舞水，出自河南舞阳。由此而言，先秦时期楠木分布的北界很可能到达河南南部地区。而《南都赋》未见关于楠木的记载，则极有可能因为东汉时期楠木分布的北界已南退至长江流域，说明秦至东汉相关地区的气候明显降低。另如王子今所述，《南都赋》提到的"樱"与"栟榈"应为今之水杉与棕榈，其天然树种的分布北界要比今靠北❸，证明当时气温要比现今温暖湿润。水杉与棕榈的生长环境同楠木相似，东汉时期这两类树种在南阳地区仍有留存，但楠木却南退至长江流域，主要就是由于前两者的繁衍速度远胜于楠木。即使在东汉时期气温回暖后，楠木的分布北界亦因其自身特点而未能恢复至先秦时期。

三、人为因素对该地区植被的影响

徐瑞瑚等对江汉平原全新世环境演变的研究显示，2500aB.P.时，该地区气候时常波动，气候温暖潮湿时，孢粉组合带为"松—桦—栎—木兰属—蒿—豆—泽泻科—中国蕨—水龙骨—膜蕨"，木本植被均占43.7%，为针阔叶混交林。❹朱育新等通过对江汉平原沔城地区孢粉研究发现，秦汉时期（2500—1700aB.P.），该地区气候温湿，木本花粉所占比例约50%。与徐氏的分析结果结合来看，秦汉时期的江汉平原植被覆盖率良好。《汉书·地理志》称"楚有江汉川泽山林之饶"❺，即说明楚地有丰富的森林资源，与上述孢粉分析结果相吻合。由此可见，秦汉时期人类活动对长江中下游区域的自然林业影响甚微。虽然秦始皇二十八年（公元

---

❶ 高步瀛撰，曹道衡、沈玉成点校，《文选李注义疏·卷五·吴都赋》，第1086-1258页。

❷ [晋]郭璞注，[清]洪颐煊校，《山海经 穆天子传·卷五·中山经》，第100页。

❸ 王子今，《〈南都赋〉自然生态史料研究》，《中国历史地理论丛》2004年第3期，第104-112页。

❹ 徐瑞瑚、谢双玉等，《江汉平原全新世环境演变与湖群兴衰》，《地域研究与开发》1994年第4期，第52-56页。

❺ 《汉书·卷二十八（下）·地理志下》，第1666页。

前219年）曾"使刑徒三千人伐湘山树，赭其山"❶，但大规模的采伐并非常态。如周宏伟所考证，秦汉时期长江流域人多于平原河谷地带进行农业活动，且人口稀少，所开发的地区及规模极为有限，林业资源保持良好，覆盖率或在七成以上。❷ 从孢粉显示结果及文献记载来看，此说应当是准确的。

小　结

综上所述，依据秦汉时期天然林木的分布情况，可以看出自然环境和气候类型是影响天然林木分布的重要因素。秦汉时期，随着全新世大暖期的结束，东北地区气温呈逐渐降低的趋势，针叶林逐渐南侵，使辽东一带植被以阔叶林为主的情况发生改变，成为针叶林占优的混交林。此外，秦汉时期该地区森林覆盖范围减小，西部草原植被有东移趋势；黄淮海平原地区植被以针、阔叶混交林为主，并随气候波动两类树种互有消长。橘树及棕榈等喜暖植被北界在春秋战国时曾至淮河一带，随着西汉初期温度的降低，这两类树种曾退出这一区域，后因气温回暖，其北界又北进至淮河流域；黄土高原塬区虽偶有乔木分布，但一直未有森林覆盖的迹象，河谷及山地则存在大量针、阔叶混交林。西北草原与荒漠区乔木以针叶树种为主，部分地区分布一定的耐旱乔木，但秦汉时期随着该地气候逐渐变干，耐旱的灌木及草原植被占据了主要地位。云贵高原气温呈逐渐降低的趋势，常绿林逐渐被混交林所替代；巴蜀地区气温经过春秋前期短暂降温后，气温旋即回暖，喜湿暖的常绿林成为当地的主要树种；而云贵川地区分布广袤的山地植被受大暖期结束后的降温影响，分布量有所减少。炎热高温、雨量丰沛的岭南地区，植被丛生，但在秦汉时期该地区东部及西部植被的分布有明显差异。其中东部地区植被以亚热带常绿树种为主，并随气候波动与亚热带常绿、落叶混交林之间相互演替，而西部地区针叶林则占有重要比例。同时，长江中下游地区以樟木、楠木、梓木为等常绿及落叶混交林为主，其比例随着气候波动而互有消长。

秦汉时期，秦岭淮河以北多处地区处于国家经济、政治及军事中心。受农业及手工业发展的影响，相关区域林木遭到较大程度的破坏，如东北地区辽宁一带受汉代"移民实边"政策的影响，人口激增，相关区域林木受到一定程度的破

---

❶ 《史记·卷六·秦始皇本纪》，第318页。
❷ 周宏伟，《长江流域森林变迁的历史考察》，《中国农史》1999年第4期，第3-14页。

坏，但长白山及其以北地区原始森林仍保持良好。黄淮海区域人口众多，多处林地遭到垦伐成为农田，而当地冶铁业的发达也需要大量木材作为燃料；黄土高原则为开发最早的地区之一，且至秦汉时，为大型宫室建筑的原料产地，当时大量高大乔木遭到砍伐。西北草原与荒漠区，经两汉政府长期经略，天然林木破坏严重，由于该地区气候干旱，被伐林木难以恢复，植被类型逐渐被草原及荒漠所代替，因此，人为因素成为该地区植被变化的主要原因。

此外，中央政府对南方地区的经略使云贵川、岭南及长江中下游地区的天然林木遭到一定程度的破坏。但当时上述地区的生产力水平仍较为落后，且人口稀少，难以形成大规模的林木采伐活动，故破坏程度有限。而南方温暖湿润的气候特点也适宜乔木植被的生长，林木有快速再生的可能。破坏小且恢复快的特点，使南方地区的自然植被在秦汉时期得到了较好的保存。

第三章　秦汉时期林木种植与采伐述论

中国古代林木与人们的生活息息相关，许多林产品逐渐成为民众的生活必需品。而随着生产力水平的提高及社会商品经济的发展，自然林木已不能满足人们的生活所需，加之林木资源的状况也影响到农业生产环境，因此，历代统治者均十分重视植树造林，人工林便在此基础上有所发展。本章试就秦汉时期护林、造林与贩运的情况作一论述，并对这一时期林木广泛种植背后的政治、经济与文化等因素进行深入探讨。

第一节　林木的种植技术

秦汉时期，人们已逐渐掌握了各类树木的生长规律与生活习性，并在此基础上总结了一系列的育林、护林、造林的技术与经验，为这一时期林木大规模的种植提供了理论依据。

一、先秦时期林业种植技术

早在新石器时代，人们就已开始种植林木，如西安半坡遗址中发现有柿、核桃的孢粉粒及罐藏的栗、榛。❶ 至殷商时，甲骨卜辞中已见有"艺木"一词，任乃强释之为移栽树木。❷ 可能当时已出现育苗造林法。

降至周朝常有人工种植林木的情况出现，这在《诗经》中已有所反映。如《小雅·巧言》载"荏染柔木，君子树之"；《国风·鄘风·定之方中》有"树之榛栗，椅桐梓漆，爰伐琴瑟"；《国风·魏风·十亩之间》有"十亩之间兮，桑者

---

❶ 西安半坡博物馆，《西安半坡》，文物出版社，1982年，第270页。
❷ 温少峰等，《殷墟卜辞研究（科学技术篇）》，四川省社会科学院出版社，1983年，第213页。

闲闲兮""十亩之外兮，桑者泄泄兮"❶，说明当时人工育林技术较之前代有了很大的发展，这主要表现在以下两个方面。

其一，这一时期在树种的识别与分类方面有了很大进步。仅《诗经》中记载的树木种类多达五十余种，其中记述的"桑""李""桃""漆"等树名一直沿用至今。此外，《周南·葛覃》载："黄鸟于飞，集于灌木"；又《周南·汉广》云："南有乔木，不可休息"❷，说明当时的树木已被人们分为乔木与灌木，该植被的划分要远早于西方亚里士多德的植物学分类。❸

其二，当时人们对树木的物候及生态习性均有了一定的了解。如《唐风·山有枢》载："山有枢，隰有榆"；"山有漆，隰有栗"。又《秦风·车邻》"阪有漆，隰有栗"。《大雅·卷阿》有"梧桐生矣，于彼朝阳"。❹ 以上文献均对不同地形所生长的植被有所记述。此外，中国第一部农家历《夏小正》亦记载了关于部分树木的物候信息，如正月"柳稊，梅、杏杝桃则华"；三月"摄桑"❺，即整理桑树，去掉其扬出的枝条，说明这一时期人们已对林木抚育有所注重。

战国成书的《管子·地员》详细记述了土壤质地、光照等与树木生长与分布的关系：

> 五粟之土，若在陵在山，在隨在衍，其阴其阳，尽宜桐柞，莫不秀长。其榆其柳，其檿其桑，其柘其栎，其槐其杨，群木蕃滋数大，条直以长。
>
> 五沃之土，若在丘在山，在陵在冈，若在隙陵之阳，其左其右，宜彼群木，桐、柞、枎、櫄、及彼白梓。❻

该篇将土壤划分为十八类，精细程度较之春秋时期有了很大进步。除此之外，战国时期人们对树木的了解已细入根茎等部位。如《韩非子·解老》载：

---

❶ [汉]毛亨传，[唐]孔颖达疏，《毛诗正义·卷十二·小雅·巧言》《毛诗正义·卷三·鄘风·定之方中》《毛诗正义·卷五·魏风·十亩之间》，第758、196、368-369页。

❷ [汉]毛亨传，[唐]孔颖达疏，《毛诗正义·卷一·葛覃》《汉广》，第30、53页。

❸ 刘棠瑞，《世界之植物研究史略》，刘棠瑞主编，《中山自然科学大辞典·植物学》，（台湾）"商务印书馆"，1972年，第6页。

❹ [汉]毛亨传，[唐]孔颖达疏，《毛诗正义·卷六·唐风·山有枢》《秦风·车邻》《毛诗正义·卷十七·大雅·卷阿》，第381、410、1135页。

❺ 夏纬英，《夏小正经文校释》，农业出版社，1981年，第18页。

❻ 黎翔凤，《管子校注·卷十九·地员》，第1100、1106页。

"树木有曼根、有直根。根者，书之所谓柢也。柢也者，木之所以建生也。曼根者，木之所以持生也。"❶ 其将根分为"曼根"与"直根"，从二者功能来看，与今天植物学中将树根分为支撑根与吸收根基本一致。又《吕氏春秋·博志》载有"果实繁者木必庳"，许维遹注云"物莫能两大，故戴角者无上齿，果实繁者木为之庳小也"❷。按今天植物学观点，树木根、茎、叶部属于营养器官，花果为生殖器官。当生殖器官发达时，营养器官中的营养物质会分配较少，会抑制该器官过旺的生长。这说明当时人们对植物的生长规律已有了十分准确的认识。

在人工护林与育林方面，《韩非子·扬权》载："数披其木，毋使木枝扶疏……数披其木，无使木枝外拒……数披其木，毋使枝大本小；枝大本小，将不胜春风；不胜春风，枝将害心。"❸ 可见，当时人们已经认识到通过修枝可以避免树木多生死节及受到风害。

二、秦汉时期林业种植技术的发展

降至秦汉，时人不仅在对树种习性的认识上有所进步，育林、护林的技术上亦多有发展。如《尔雅》一书中，记载了颇多树木的品种同属一科，但不同品种的树木名称相异，如"休"（无实李）、"痤"（今麦李）与"驳"（今赤李）；桑树亦分"女桑""檿桑"等。❹ 其分类方式与现代植物学中的"科"与"属"的分类法颇为相似。

树木抚育方面，《淮南子·俶真训》云："今夫树木者，灌以瀿水，畴以肥壤。"❺ 这说明当时人们植树时对灌溉、施肥均有一定的要求。上言《韩非子》中所述的修枝技术在汉代亦有继承与发展，《四民月令·正月》载："是月尽二月，可剥树枝。"❻ "剥"即修剪之意，而在"正月尽二月"间修剪整枝有利于通风透光，可使树木多开花、结果。

---

❶ ［战国］韩非著，陈奇猷校注，《韩非子新校注·卷六·解老》，上海古籍出版社，2000年，第398页。
❷ 许维遹，《吕氏春秋集释·卷二十四·博志》，中华书局，2009年，第652页。
❸ ［战国］韩非撰，陈奇猷校注，《韩非子新校注·卷二·扬权》，第170页。
❹ ［晋］郭璞注，［宋］邢昺疏，《尔雅注疏·卷十四·释木》，第273、277页。
❺ 何宁，《淮南子集释·卷二·俶真训》，第154页。
❻ ［汉］崔寔撰，石声汉校注，《四民月令校注》，中华书局，2013年，第15页。

在树木种植方面,《淮南子·原道训》指出:"今夫徙树者,失其阴阳之性,则莫不枯槁。"❶ 这里的"阴阳"除指树木本身的"阴阳"性质外,应当指移栽地"向阳""向阴"的方面,即需要依照树木本身的特性选地移植。此外,对果树的移植要求则更为严格,《四民月令·正月》说"自朔暨晦,可移诸树……唯有果实者,及望而止;过十五日,则果实少"❷,即果树的移栽必须要在正月十五之前进行。在时间的选择上,确如梁家勉所述:

> 春季时移植,土壤水分条件较好,当苗木地上部分开始发芽时,根系已得到初步恢复,开始吸收水分供给地上部分需要,使苗木体内能保持水平衡,苗木易成活。如果移栽晚了,就会影响树木的正常发育,对于果树来说,移栽迟了会影响其当年的产量。❸

据此来看,时人对果木的物候及生长习性方面的知识均有了清晰的认识,且移栽树木的经验也已十分丰富。

此外,王褒《僮约》亦载有关于汉代果树种植的内容,"植种桃李,梨柿柘桑,三丈一树,八尺为行,果类相似,纵横相当,果熟收敛,不得吮尝"❹。如当时人们已认识到种植果树时需保持适宜的密度,《盐铁论·非鞅》即有"夫李梅实多者,来年为之衰"❺。过密的种植果木,往往会对来年果实的结果产生不良影响。这一点,在后世贾思勰的《齐民要术》中多有承袭。

另王子今研究显示,汉代的树木扦插繁殖技术已十分成熟,用该方法植树的情况已极为普遍。❻《史记·大宛列传》载有外域的"蒲陶酒","宛左右以蒲陶为酒,富人藏酒至万余石……汉使取其实来,于是天子始种苜蓿、蒲陶肥饶地。及天马多,外国使来众,则离宫别观旁尽种蒲陶、苜蓿极望"❼。而孙云蔚等的研究显示,中国古代的葡萄繁殖则以扦插和压条为主。❽故汉代葡萄等果木的引种应

---

❶ 何宁,《淮南子集释·卷一·原道训》,第40页。
❷ [汉]崔寔,石声汉校注,《四民月令校注》,第11页。
❸ 梁家勉,《中国农业科学技术史稿》,农业出版社,1989年,第217页。
❹ [汉]王褒撰,石声汉校注,《〈僮约〉校注》,《农业考古》2010年第2期,第219-223页。
❺ 王利器校注,《盐铁论校注·卷二·非鞅》,中华书局,1992年,第102页。
❻ 参看王子今,《秦汉时期生态环境研究》,北京大学出版社,2007年,第345-346页。
❼ 《史记·卷一百二十三·大宛列传》,第3852页。
❽ 参看孙云蔚主编,《中国果树史与果树资源》,上海科学技术出版社,1983年,第31页。

多采用此种方法，从而也印证了王子今的结论。

正是因当时林木种植技术的成熟，才出现了大规模的人工植林。《史记·货殖列传》载："山居千章之材，安邑千树枣；燕、秦千树栗；蜀、汉、江陵千树橘；淮北、常山已南，河济之间千树萩；陈、夏千亩漆；齐、鲁千亩桑麻；渭川千亩竹……此其人皆与千户侯等。"❶虽然文中所记漆、桑等树的种植均以千亩计，并不完全可信，归有光甚至认为此篇"偏宕其辞，以示玩弄"❷，但秦汉时树木种植十分兴盛，是没有疑问的。

第二节　林木种植情况述论

秦汉时期，随着人们对林业需求程度的加深及种植技术的发展，人工植林的规模不断扩大，主要表现在民居周边及私人园林、皇家苑囿、道路两旁与军事区等区域的林木种植日益繁盛。

一、民居周边及园林林木

在古代，林业为人类提供了丰富的物质资源。随着树木种植技术的发展，人们常在居住地的周边种植果树林木，便于生产、生活所需。除此之外，古人对审美的需求，也是住宅周边广植林木的原因之一。

郭沫若对殷墟卜辞的考证中发现，"文字上有圃，有囿，有果，有树，有桑，有栗"❸。殷商时的公、私园囿中已开始种植生活中常需的经济林木。然而王其亨研究显示，当时的园囿主要用于粮食作物的生产。❹加之囿几种字体之象形均似围墙之内有草木之形，且如图显示，甲骨文中囿字如同将土地进行划定❺，其应与粮食作物种植有关，王其亨之说可从。这说明，殷商时园囿中虽有林木种

---

❶《史记·卷一百二十九·货殖列传》，第3969页。

❷［明］归有光，《归震川方望溪评点本〈史记〉·卷一百二十九》，光绪武昌张裕钊精刻本，第19册。

❸ 郭沫若，《中国古代社会研究》，人民出版社，1954年，第185页。

❹ 王其亨、袁守愚，《秦汉园林语境下的"囿"与"苑"考辨》，《天津大学学报》（社会科学版）2015年第3期，第257-260页。

❺ 参看徐中舒，《甲骨文字典》，四川辞书出版社，1988年，第104页。

植，但树并非种植的主要物种。

入周以后，人们对经济树种的认识逐渐加深，此类树种的种植愈加得到人们的重视。在私人园囿之中，树木已成为时人耕种的主要物种，尤以桑树为甚。如《魏风·十亩之间》所载："十亩之间兮，桑者闲闲兮……十亩之外兮，桑者泄泄兮。"❶《毛传》郑玄笺云："古者一夫百亩，今十亩之间，往来者闲闲然，削小之甚。"郑氏笺"十亩之间"所指为耕田。清代学者马瑞辰提出不同看法，他认为：

> 井田之法，一夫百亩。魏虽削小，未必仅止十亩。又古者野田不得树桑，则此诗十亩盖指公田十亩及庐舍二亩半言也。古者民各受公田十亩，又庐舍各二亩半，环庐舍种桑麻杂菜。❷

按，《春秋公羊传·宣公十六年》何休注云："是故圣人制井田之法而口分之，一夫一妇受田百亩……田中不得有树，以妨五谷。还庐舍种桑荻杂菜。"❸其文与马瑞辰所述相符。而《汉书·食货志》亦载："田中不得有树，用妨五谷。"❹据此，先秦秦汉时的"野田不得树桑"似为常制，《魏风》中所载桑树植于庐舍旁应更为合理。又《孟子·梁惠王上》"五亩之宅，树之以桑"❺的记载亦与"环庐舍种桑麻杂菜"之说相合。由此可以看出，园囿中植桑应属于较为普遍的现象。据倪根金统计，《诗经》中桑树为出现频率最高的经济树种❻，这应与其种植量大有直接的关系，此亦为上述观点的一旁证。因周以降，纺织桑麻已成为社会重要的家庭手工业，且随着生产力的进步，种植区域已划分明显，园囿中已鲜有谷物的种植，多是植以"桑荻杂菜"及果树❼等农副产品。这种园中植物的规划及选择，在后世一直为人们所沿用。可以说，在先秦，甚至延及整个中国古代，民间园囿多数是呈现出自然朴实的农家风貌。

---

❶［汉］毛亨传，［唐］孔颖达疏，《毛诗正义·卷五·魏风·十亩之间》，第368-369页。

❷［清］马瑞辰，《毛诗传笺通释·卷十·魏风·十亩之间》，中华书局，1989年，第327页。

❸［汉］公羊寿传，［汉］何休解诂，［唐］徐彦疏，《春秋公羊传注疏·卷十六·宣公十六年》，第360页。

❹《汉书·卷二十四（上）·食货志上》，第1120页。

❺［汉］赵岐注，［宋］孙奭疏，《孟子注疏·卷一（上）·梁惠王章句上》，李学勤主编，《十三经注疏（标点本）》，北京大学出版社，1999年，第10页。

❻倪根金，《由〈诗经〉探索周代森林及林业发展》，《农业考古》1999年第1期，第245-256页。

❼《诗经》中亦多载有园囿中的果树，如《魏风·园有桃》云，"园有桃，其实之肴。……园有棘，其实之食。"［汉］毛亨传，［唐］孔颖达疏，《毛诗正义·卷五·魏风·十亩之间》，第365-366页。

此外，先秦时人们已注重私人庭院及园囿的美化，如《小雅·鹤鸣》载："乐彼之园，爰有树檀，其下维萚……乐彼之园，爰有树檀，其下维穀。"关于"檀"，是否为现在的檀木，因史料语焉不详，尚难以判断。孔颖达疏云："王若置贤人於朝，则人言云：'我何以乐彼之园而欲往观之乎？'曰：'以上有善树之檀，而其下维有恶木之萚。'"❶按孔疏，檀木应为高大且材质优良的乔木。而"萚""穀"应属于小乔木或灌木。从二者名称及其为"恶木"来判断，应均非经济林木。以此推测，引文中的几类树种或均是用于美化园林的。另外，《郑风·将仲子》载："将仲子兮，无逾我里，无折我树杞……将仲子兮，无逾我墙，无折我树桑……将仲子兮，无逾我园，无折我树檀。"文中所提及的"园"位于里门之内与家舍之旁，形成了园、宅相结合的布局模式，应当是后世私家园林的雏形。❷关于"杞"，陆机《疏》云："杞，柳属也，生水傍，树如柳，叶粗而白色，理微赤，故今人以为车毂。今共北淇水傍，鲁国泰山汶水边，纯杞也。"❸"杞"为柳属，为湿生植被，古人常植于河堤或湖水旁以作为行道林或河堤林，该树种具有较高的观赏性。且依照引文，几类树种均按照一定的格局种植。如《郑风·将仲子》与前引《小雅·鹤鸣》中均有将"檀木"植于园中的记载。而将桑树植于墙边的布置则更为常见，如《孟子·尽心上》有"五亩之宅，树墙下以桑匹妇蚕之"❹，说明当时人们在私人园囿中，在种植桑树的同时，往往会选择种植其他不同类型的树种，并按一定格局布置，从而美化园囿环境。

至秦汉时，庭院及园囿中种树也益加普遍，《睡虎地秦墓竹简·封诊式》记载，某里士五（伍）有"内室皆瓦盖，木大具，门桑十木"❺。不难看出，桑树仍是民居周边种植最为普遍的树种。除受政府鼓励农桑政策的影响外，在长期的生产实践中，人们已了解到桑树所能带来的可观经济效益，成为时人广植桑树的另

---

❶ ［汉］毛亨传，［唐］孔颖达疏，《毛诗正义·卷十一·小雅·鹤鸣》，第668-669页。
❷ 《孟子注疏·卷五（上）·滕文公章句上》载赵岐注，"方一里者，九百亩之地也，为一井。八家各私得百亩，同共养其公田之苗稼。公田八十亩，其馀二十亩以为庐宅园圃，家二亩半也。"可知周代园囿与耕田不同，与"庐宅"相连，与《郑风·将仲子》所载情况相合。且"家二亩半"，虽然实际情况未必如郑注所言，但据上引《诗经》所反映的情况来看，平民家中置有"园"的情况应当是比较普遍的。［汉］赵岐注，［宋］孙奭疏，《孟子注疏·卷五（上）·滕文公章句上》，第138页。
❸ ［汉］毛亨传，［唐］孔颖达疏，《毛诗正义·卷四·郑风·将仲子》，第280-282页。
❹ ［汉］赵岐注，［宋］孙奭疏，《孟子注疏·卷十三（下）·尽心章句上》，第364页。
❺ 睡虎地秦墓竹简整理小组，《睡虎地秦墓竹简》，文物出版社，1990年，第149页。

一主要原因。例如，蚕桑丝织能直接为人们提供衣食所需。此外，《氾胜之书》载："当种麦，若天旱无雨泽，则薄渍麦种以酢浆并蚕矢，夜半渍，向晨速投之，令与白露俱下。酢浆令麦耐旱，蚕矢令麦忍寒。"❶养蚕所得的蚕粪也是常用的肥料，并可以养护所种麦谷。而桑树所结的桑椹亦可食用，甚至在荒年可用于应对饥荒。❷正因其具有多种功用，秦汉时期民家庭院及周边常种桑树，可达到"尽地力"的效果。至汉代，甚至出现"还庐树桑"❸的景象。

除桑树外，果树与榆树亦为当时庭院及私人园囿中人们常种的树种，如《汉书·王吉传》载："始吉少时学问，居长安。东家有大枣树垂吉庭中，吉妇取枣以啖吉。"❹又东汉冯衍《显志赋》云："捷六枳而为篱兮，筑蕙若而为室；播兰芷于中庭兮，列杜衡于外术。"❺显然，这些果木具有较高的经济价值，当时的士大夫阶层也极力主张在耕田之外多植桑果等木。盐铁会议上，贤良文学就曾对三辅地区的"桑榆菜果不殖，地力不尽"的情况表示不满。有汉一代，地方政府长官亦常劝导人们多植果树，如京兆尹颜裴"乃令整阡陌，树桑果；又课以闲月取材，使得转相教匠作车……一二年间，家有丁车、大牛，整顿丰足"❻；曹魏时，魏郡太守郑浑"以郡下百姓，苦乏材木，乃课树榆为篱，并益树五果；榆皆成藩，五果丰实"❼，成都曾家包东汉画像砖石墓出土的"养老图"❽（图3-1）显示，图中仓房侧旁挺立一株棕榈树，庑殿式吊脚楼房右侧为一棵曲直相济的大树，其左侧则为两棵长势良好的桑树，该图所反映的庭院树的情况与前述文献相合。

---

❶ 万国鼎辑释，《氾胜之书辑释》，中华书局，1957年，第110页。
❷ 《太平御览·卷九百五十五·木部四》引《魏略》曰，"杨沛为新郑长。兴平末，人多饥穷。沛课民益畜干椹，收萏豆；阅其有余，以补不足，积椹得千余斛。会太祖西迎天子，所将千人，皆无粮。沛谒见，乃进干椹。太祖甚喜。及太祖辅政，超为邺令，赐其生口十人，绢百匹；既欲励之，且以报干椹也。"[宋]李昉等，《太平御览·卷九百五十五·木部四》，中华书局，1960年，第4240页。
❸ 《汉书·卷二十四（上）·食货志上》第1120页。
❹ 《汉书·卷七十二·王吉传》第3066页。
❺ 《后汉书·卷二十八（下）·冯衍传》第1000页。
❻ [后魏]贾思勰撰，缪启愉校释，《齐民要术校释·序》，中国农业出版社，1998年，第9页。
❼ 《三国志·卷十六·郑浑传》，第511页。
❽ 成都市文物管理处，《四川成都曾家包东汉画像砖石墓》，《文物》1981年第10期，第25-27页。

图 3-1　养老图

图片来源：成都市文物管理处，《四川成都曾家包东汉画像砖石墓》，《文物》1981 年第 10 期

汉代庭中种植榆树的情况也十分普遍，如《全后汉文》卷一五引《新论·辩惑》载："刘子骏信方士虚言……余见其庭下有大榆树，久老剥折。"❶ 此外，河南内黄三杨庄出土的汉代聚落遗址中，第二处庭院中部东侧及第三处庭院西北处均有不少残存的树木遗迹，刘海旺根据土壤中的树叶遗迹判断，这些树应为桑树与榆树，❷ 与文献所记载的情况相同。前引郑浑"课民树榆为篱"，此外汉代渤海太守龚遂劝民农桑时，即"令口种一树榆"❸，可知汉魏时期政府对民户种榆树是极为重视的。

从上述情况来看，汉代桑、榆及果树地位相近，均受到人们极高的重视。故榆树应与桑、果树同为当时重要的经济林木。关于这一方面，《齐民要术》卷五《种榆白杨》载：

---

❶ ［清］严可均辑，《全后汉文·卷十五》，商务印书馆，1999 年，第 141 页。
❷ 河南省文物考古研究所、内黄县文物保护管理所，《河南内黄三杨庄汉代聚落遗址第二处庭院发掘简报》，《华夏考古》2010 年第 3 期，第 19—30 页；刘海旺，《首次发现的汉代农业同里遗址——中国河南内黄三杨庄汉代聚落遗址初识》，《法国汉学》第 11 辑，中华书局，2006 年，第 74—75 页。
❸ 《汉书·卷八十九·循吏列传》，第 3640 页。

凡种榆者，宜种刺、两种，利益为多；其余软弱，例非佳木也……榆、刺榆、凡榆三种，色别种之，勿令和杂。榆荚叶味苦，凡榆荚味甘。甘者，春时将煮卖，是以须别也……三年春，可将荚叶卖之。五年之后，便堪作椽。不者即可斫卖……十年之后，魁、碗、瓶、榼、器皿，无所不任。十五年后，中为车毂及蒲桃瓨……卖柴之利，已自无赀，况诸器物，其利十倍。斫后复生，不劳更种，所谓一劳永逸。能种一顷，岁收千匹。唯须一人守护、指挥、处分，既无牛、犁、种子、人功之费，不虑水、旱、风、虫之宰，比之谷田，劳逸万倍。❶

按引文，榆树材质较好，可制各类器物，无论其种植时间长短或长势如何，均有一定的用途，榆荚叶等亦有经济价值。且榆树易于耕种，亦能适应各种恶劣天气，砍斫后仍能再生，可长期用于薪炭，亦可提供大量的木材。因此，种榆不仅成本低廉，其经济效益也较大。

然而，《诗经》等先秦典籍中对园中种植榆树的记载却并不多见，这是值得注意的现象。据《诗经》所载：先秦时人们亦在庭院及周边种有可用于器物的树种"檀木"，如《魏风·伐檀》有"坎坎伐檀兮""坎坎伐辐兮""坎坎伐轮兮"❷，可知当时人们尚以檀木制车。虽同为用于制造器物的良才，但并无明文记载，两汉政府亦鼓励民众种植此类树种。此外，《太平御览》卷九五六引《管子》曰："五沃之土，其榆条长。"❸又《陈风·东门之枌》："东门之枌，宛丘之栩。"❹东门即指陈国国之东门，"枌"应为行道树，说明榆树的种植技术在先秦时应已为人们所掌握，汉代榆树的大量种植应非技术革新的原因。而前引郑浑"以郡下百姓，苦乏材木"，可知当时该郡地区材木已较为匮乏。且如前述，榆树不仅成材时间短，易于培育，且适合制作各类器物。因此，在木材匮乏处广植榆树，在短期内即能使民材木丰饶，这应当是两汉政府鼓励民众种植榆树的主要原因。此外，植榆之风的兴起，也反映了两汉时多处地区的天然林木已遭较严重的破坏。

除经济林木外，汉代庭院亦常见有椁、柳、柏等观赏型林木。曹植《柳颂》

---

❶ [后魏]贾思勰撰，缪启愉校释，《齐民要术校释·卷五·种榆》，第338-342页。
❷ [汉]毛亨传，[唐]孔颖达疏，《毛诗正义·卷五·魏风·伐檀》，第369、371、372页。
❸ [宋]李昉等，《太平御览·卷九百五十六·木部五》，第4243页。
❹ [汉]毛亨传，[唐]孔颖达疏，《毛诗正义·卷七·陈风·东门之枌》，第440页。

曰："过友人杨德祖之家，视其屋宇廖廓，庭中有一柳树。"[1] 四川德阳市黄许镇出土的汉代《甲第画像砖》（图 3-2）中，庭院右侧种有一株垂柳，树上栖有一鸟，其左侧种有一阔叶树，二者应均属观赏型植被。另外，四川省彭山县凤鸣乡与新都马家乡出土的画像砖中均见有树木与建筑组合出现，且均规划整齐，讲究对称分布[2]，这也是当时人们运用树木美化庭院的一种方式。

图 3-2 甲第画像砖

这种情况在官府的府衙之中亦有体现，如《汉书·朱博传》载："是时御史府吏舍百余区井水皆竭；又其府中列柏树，常有野乌数千栖宿其上，晨去暮来。"[3] 又《后汉书·五行志》载："灵帝熹平三年，右校别作中有两樗树，皆高四尺所。"[4] 由上可知，汉代无论"私"家与"公"家的庭院，均有植树之习，且常有观赏性的树种，这说明，汉代崇尚自然美的审美观念已较为普及了。

如上所述，自周以降，民间庭院与园圃中所植观赏型树种的比重逐渐增加且趋于多样化[5]，此类树种不仅能给人带来直观的美感，更与院中的经济树种相搭配，营造出一种错落有致、色彩和层次更加丰富的艺术效果。再通过树木植被与建筑之间格局的合理布局，形成了一幅美丽的农家田园景致。而东晋名士陶渊明在其《归园田居》中更是表达了对这种园林化的农家生活的向往与喜爱。

关于春秋战国时贵族私人园林，周维权认为"这个园林类型并非当时造园活动的主流"[6]。但从现有资料来看，周氏之说似有些绝对了。春秋时，有关各诸侯

---

[1] [宋]李昉等，《太平御览·卷九百五十七·木部六》第 4248 页。
[2] 张学涛、王健等，《四川汉画像砖中树木图像研究》，《农业考古》2014 年第 1 期，第 199-204 页。
[3] 《汉书·卷八十三·朱博传》，第 3405 页。
[4] 《后汉书·志十四·五行志二》，第 3299 页。
[5] 如除树木外，芍药、兰草、梨花等观赏型的植被在先秦时已常被人们种植于私家园圃之中。参看刘曦、董丽，《试论先秦文学作品中的园林景观》，《北京林业大学学报》（社会科学版）2008 年第 3 期，第 17-21 页。
[6] 周维权，《中国古典园林史（第一版）》，清华大学出版社，1990 年，第 36 页。

王所建的台榭、宫殿及园林已多见于诸文献。以春秋吴越之地为例,《吴地记》有"馆娃宫"与"华林园"❶,该宫、园的确切位置虽待考,但当时诸侯王拥有大规模的私人园林当无疑义。另,《太平御览》卷九五六引任昉《述异记》曰:"梧桐园,在吴夫差旧国也。一名琴川。梧园宫,在句容县。传云吴王别馆,有楸梧成林焉,其梧子可食。《古乐府》云:'梧宫秋,吴王愁'是也。"❷可见,当时的贵族私人园林应已大面积耕种"楸、梧"等观赏型林木。

战国以降,贵族阶层建设私人园林已较为普遍。据目前所见资料,当时贵族私人园林分置有高台、轩榭等园林建筑,其面积较大,湖泊池沼等元素均有具备,并广植林木,较为奢华。如卫国端木叔"子贡之世也。藉其先赀,家累万金。不治世故,放意所好。其生民之所欲为,人意之所欲玩者,无不为也,无不玩也。墙屋台榭,园囿池沼,饮食车服,声乐嫔御,拟齐、楚之君焉"❸。这类园林与王室苑囿相似,形成了建筑、理水及植被相结合的人工园林景观,说明这类具有较高娱乐及审美价值的园林艺术已为当时的贵族阶层所喜爱。这一点在河南辉县出土赵固发掘的战国墓中出土的"燕乐射猎图案刻纹铜鉴"❹中亦有体现。图案中除见有二层楼阁、池沼等情景外,亦有田猎、荡舟、众人舞乐等景象,其中铜鉴口缘一列刻有松鹤图案,约三松间一鹤,共有松三十七棵。大量松树的图案,说明当时的私人园林有大量林木等植被覆盖,这与当时人们钟爱自然景致的喜好相关,也是时人崇尚自然观的一种表达形式。

至秦汉,私人园林规模有所发展,王公贵族、富商巨贾均有广置园林之风❺,且随着树木移栽及养护技术的发展,园内人工植树繁盛。如梁孝王"好营宫室、苑囿之乐,作曜华宫,筑兔园……其诸宫观相连,延亘数十里,奇果异树,珍禽怪兽毕有"❻;又《西京杂记》载茂陵富人袁广汉"于北邙山下筑园……其中致江

---

❶ [唐]陆广微,《吴地记》,江苏古籍出版社,1999年,第46、67页。

❷ [宋]李昉等,《太平御览·卷九百五十六·木部五》,第4244页。

❸ 杨伯峻,《列子集释·卷七·杨朱篇》,中华书局,1979年,第228页。

❹ 中国科学院考古研究所,《中国田野考古报告集第一号-辉县发掘报告》,科学出版社,1956年,第116页。

❺ 如汉成帝时曾诏书中提及"方今世俗奢僭罔极,靡有厌足……或乃奢侈逸豫,务广第宅,治园池,多畜奴婢"。东汉时,随着庄园经济的发展,建置园林的风俗也益加昌盛。《汉书·卷十·成帝纪》,第324页。

❻ 何清谷,《三辅黄图校释·卷三》,第222页。

鸥海鹤，孕雏产鷇，延漫林池。奇树异草，靡不具植。屋皆徘徊连属，重阁修廊，行之，移晷不能遍也。广汉后有罪诛。没入为官园。鸟兽草木，皆移植上林苑中"❶。河南郑州南关159号汉墓出土的空心砖中的庭院的图案中，从其所刻画的车马及凤凰等形象来看，院主应具有较高的地位。另，其院围墙内外具有大量排列整齐有序的树木❷，数量远非平民家庭可比。正如张家骥所述，当时的私人园林所置内容与皇家苑囿基本相同，如域内养有珍禽野兽，并广植珍贵草木，仅规模偏小。❸汉代园林中广植"奇树异草"，与当时文化与审美的发展有关。

首先，先秦诸子中，对中华文化影响最为深远的儒家与道家均持有"悦水乐山""崇尚自然"的观点与态度。有所不同的是，儒家将山水进行道德化的比附，如《论语·雍也》称"知者乐水；仁者乐山。知者动，仁者静"❹。虽然此条记载是将"山""水"的特点比附于人，但亦可从侧面反映出儒家对"自然"的赞美。而以庄子思想为代表的道家，则更追求人与自然的交融浑化，在与"天地有大美而不言"的自然相处当中，欣赏自然美——"山林与！皋壤与！使我欣欣然而乐与！"❺为魏晋时期的山水园林及后世山水画的出现打下了理论基础。汉代思想家们在吸收、融汇先秦诸子的思想基础上，提出了"养生乐林"的隐逸思想，如《淮南子·原道训》云："处穷僻之乡，侧溪谷之间，隐于榛薄之中……逍遥于广泽之中，而仿洋于山峡之旁。"❻其主张贴近自然，但都并非完全继承庄子"独与天地精神往来而不傲倪于万物"❼的逍遥境界，而是认为这种深邃幽静的自然环境可使人"病疵瘕者，捧心抑腹，膝上叩头，踞跼而谛，通夕不寐"；且"内有以通于天机，而不以贵贱、贫富、劳逸失其志德者也"❽，所谓"乔木之下，空穴

---

❶ [晋]葛洪撰，周天游校注，《西京杂记·卷三·袁广汉园林之侈》，三秦出版社，2006年，第137页。
❷ 河南省文化局文物工作队，《郑州南关159号汉墓的发掘》，《文物》1960年Z1期，第19-24页。
❸ 张家骥，《中国造园艺术史》，山西人民出版社，2004年，第86页。
❹ [魏]何晏注，[宋]邢昺疏，《论语注疏·卷三·雍也》，李学勤主编，《十三经注疏（标点本）》，北京大学出版社，2000年，第87页。
❺ [清]郭庆藩撰，王孝鱼点校，《庄子集释·卷七（下）·外篇知北游》，第735页、765页。
❻ 何宁，《淮南子集释·卷一·原道训》，第76-77页。
❼ [清]郭庆藩撰，王孝鱼点校，《庄子集释·卷十（下）·天下》，第1098-1099页。
❽ 何宁，《淮南子集释·卷一·原道训》，第79页。

之中，足以适情"❶。熹平三年《娄寿碑》载有"甘山林之杳蔼"❷等字，关于"杳蔼"，有学者认为是"隐姓埋名"之意，王子今则释之为形容山林幽深、茂密。❸但无论其意为何，均能体现出时人乐于亲近自然的生活态度。

其次，据《淮南子·泰族训》所载：

> 凡人之所以生者，衣与食也，今囚之冥室之中，虽养之以刍豢，衣之以绮绣，不能乐也……见日月光，旷然而乐，又况登泰山，履石封，以望八荒，视天都若盖，江、河若带，又况万物在其间者乎！其为乐岂不大哉！❹

这种充分肯定自然美为人内心所带来的愉悦感，并极力追崇向未知的自然世界开拓的观念，代表了汉代士人普遍的审美观。时人将"奇树异草"植于园林之中，不仅可以满足其对珍贵植被的喜爱，更使其园充满自然风味。如东汉梁冀"广开园圃，采土筑山，十里九坂，以像二崤，深林绝涧，有若自然，奇禽驯兽，飞走其间"❺，则是以崤山风景为蓝本，植林造园，是对上述观点的一种反映。

需要说明的是，下将述及受神仙思想及神仙仙境的影响，秦汉时期皇家苑囿多为模仿海中仙山进行筑造，故在其苑内广植各类林木。而前述梁冀则以现实的自然为蓝本，不同于皇室的虚幻神仙仙境。这说明，贵族在园林内的广植林木的动因可能与皇室有极大的不同。

二、秦汉时期上林苑

先秦时期，苑囿多建址于国都附近水源丰富之处❻，因此地表及土壤泥炭层中均有巨大的蓄水空间。在这种环境下，苑囿中天然与人工植被均长势茂密。如

---

❶ 何宁，《淮南子集释·卷一·原道训》，第69页。
❷ 高文，《汉碑集释》，河南大学出版社，1997年，第414页。
❸ 王子今，《秦汉社会的山林保护意识》，《经济社会史评论》2008年第1期，第65—74页。
❹ 何宁，《淮南子集释·卷二十·泰族训》，第1418—1419页。
❺ 《后汉书·卷三十四·梁统附玄孙梁冀传》，第1182页。
❻ 王其亨经考证后认为先秦苑囿选址多亲近与湿地。此外，王晶对北京清代时期南苑的研究认为，南苑与北京城的布局关系存在类似规律，并通过与近现代建筑理论中的理想城市模型进行类比，证实了苑囿选址在物质资源供给上的合理性。参看王其亨、袁守愚，《华夏园林渊薮，基于湿地生态环境的先秦苑囿》，《中国园林》2013年第4期，第99—103页；王晶，《绿丝临池弄清荫，麇鹿野鸭相为友》，天津大学硕士学位论文，2004年，第78页。

《史记·魏世家》载:"秦七攻魏,五入囿中,边城尽拔,文台堕,垂都焚,林木伐,麋鹿尽,而国继以围。"❶ 另《左传·襄公十八年》载:"刘难、士弱率诸侯之师焚申池之竹木。"❷ 军队的"伐"与"焚"从侧面能反映出上述苑囿中林木覆盖应是比较茂盛的。

及至秦汉,天下统一,皇家苑囿的数量及规模均要远盛于前代,其中以上林苑最为重要与宏大。据《西京杂记》载,汉武帝"初修上林苑。群臣远方,各献名果异树……余就上林令虞渊得朝臣所上草木名二千余种"❸。"二千余种"草木均为"朝臣所上",应属移栽而来。加之原先覆盖的天然林木,可以想见苑中林木的茂密程度。包琰、冯广平等学者依据考古资料及史籍文献,对秦汉上林苑中的植被种类进行了详确地考释,其中已考释出的木本植被就多达 34 科 71 种。其中秦岭淮河以南的亚热带与热带木种有 27 种,占总体 38%。❹ 这种大规模的引种发生于汉武帝时期,显示出前所述及的汉代种植移栽技术的成熟与当时独特的审美观念。且武帝时汉政府"外攘夷狄",思想上亦"罢黜百家、独尊儒术",故这种大量引植外地树种的情况或与武帝"王者无外""天下一家"的政治理念有关。❺ 上林苑植被如表 3-1 所示。

表 3-1 上林苑植被情况

科属	种类	出处
槟榔科	棕榈;槟榔	《史记·司马相如列传》;《三辅黄图》
木犀科	女贞	《史记·司马相如列传》
芸香科	宜昌橙	《史记·司马相如列传》《西京杂记》
使君子科	使君子	《三辅黄图》
石榴科	石榴	《西京杂记》《史记·司马相如列传》
豆科	槐;黄檀	《西京杂记》;《史记·司马相如列传》
杨柳科	毛白杨;垂柳、杞柳	《括地志》;《两京赋》

---

❶ 《史记·卷四十四·魏世家》,第 2247 页。
❷ [周]左丘明传,[晋]杜预注,[唐]孔颖达疏,《春秋左传正义·卷三十三·襄公十八年》第 952 页。
❸ [晋]葛洪撰,周天游校注,《西京杂记·卷一·上林名果异树》,第 52-53 页。
❹ 包琰、冯广平等,《秦汉上林苑栽培树木初考》,《农业考古》2011 年第 4 期,第 273-290 页。
❺ 至东汉,上林苑建址洛阳,其造园手法沿袭于西汉,苑中植被的种类并未有所增加,故不再赘述。

续表

科属	种类	出处
壳斗科	栗；苦槠；麻栎	《汉书·东方朔传》《西京杂记》；《史记·司马相如列传》；湖北《龙岗秦简》第208简
桑科	桑	《汉书·东方朔传》《三辅黄图》
金缕梅科	枫香树	《史记·司马相如列传》
樟科	楠木	《史记·司马相如列传》《西京杂记》《两京赋》
柏科	侧柏	《两都赋》
杉科	杉木	《西京杂记》
松科	秦岭冷杉；油松	《西京杂记》；《两都赋》

资料来源：包琰、冯广平等，《秦汉上林苑栽培树木初考》，《农业考古》2011年第4期

除上述因素外，皇室苑囿林木大规模的引种与秦汉时期造园手法的改变有直接关系。王毅认为，早在商周时期，统治者就已采用模仿"昆仑之丘"的样式进行造园。❶ 但这种看法只是其依据商周时园林的基本形式，并联缀《山海经》等书中关于昆仑山的记载进行的推测，并无实据。正如黄宛峰所述，"先秦的'台'并非真山，亦非人工山体，'台'也不一定有'沼'配套"❷。先秦园林内的景致，山、水等元素仍以天然环境为主，说明虽然当时苑囿的人工创造性已逐渐凸显，但园内景观格局的布置应并未形成一种特定的模式，仅是为追求自然的美感。

至秦汉时，这一情况发生了极大变化，当时神仙思想在当时广为流传，尤其蓬莱神话，在该思想体系中占据了主导地位。❸ 秦始皇统一六国后，热衷于求仙活动，他除了将其成仙理想寄托于入海寻仙外，更在皇家苑囿之中注入"蓬莱仙岛"的元素，如《史记·秦始皇本纪》注引《秦记》云"始皇都长安，引渭水为池，筑为蓬、瀛，刻石为鲸，长二百丈"❹，以期冀自己能常处理想世界之中。为能达到此目的，这一时期包括移植草木、奇珍异兽在内的人工创作逐渐成为皇家

---

❶ 王毅，《中国园林文化史》，上海人民出版社，2004年，第14页。

❷ 黄宛峰，《秦汉园林的主要特征及其影响》，《杭州师范学院学报》（社会科学版）2007年第3期，第92-96页。

❸ 参看顾颉刚，《〈庄子〉和〈楚辞〉中昆仑和蓬莱两个神话系统的融合》，《顾颉刚全集》第6册，中华书局，2011年，第330-331页。

❹ 《史记·卷六·秦始皇本纪》，第322页。

苑囿的主要特征。至汉武帝一朝，求仙的影响和规模远甚于秦始皇。而在苑囿的营建上，汉武帝将蓬莱神话中的元素融入得更加彻底。如《汉书·扬雄传》载：

> 武帝广开上林，南至宜春、鼎胡、御宿、昆吾，旁南山而西，至长杨、五柞，北绕黄山，濒渭而东，周袤数百里，穿昆明池象滇河，营建章、凤阙、神明、馺娑、渐台、泰液象海水周流方丈、瀛洲、蓬莱。游观侈靡，穷妙极丽。❶

据此不难看出，武帝时上林苑中人工造景的规模已十分宏大了，其中仿制仙境而造的"方丈、瀛洲、蓬莱"更是开创了我国园林史上"一池三山"人工山水布局的先河，其内容应远较秦时的丰富。而在人工造景的过程中，引种植物则是不可缺少的环节。尤其是"一池三山"的营造上，因统治者视之为仙境，往往植以奇花异木。如班固《西都赋》描写建章宫太液池，"揽沧海之汤汤。扬波涛于碣石，激神岳之蒋蒋。滥瀛洲与方壶，蓬莱起乎中央。于是灵草冬荣，神木丛生。岩峻崷崪，金石峥嵘"❷，很好地说明了该处植被的特点。正如前文所述，武帝时期苑囿中的林木种植达到前所未有的繁盛，而这一时期亦为秦汉神仙思想流传的鼎盛期，说明二者应当有密切的联系。关于这一点，从文献所载当时苑内所植的树种亦可得到证实。如《史记·司马相如列传》中载有"沙棠"，《山海经·西山经》载其产于"昆仑之丘"。另《西京杂记》卷一载有"丹青树"，在当时产于"熊耳山"（即终南山）。❸ 虽然目前已难以考证以上树种为何，但其产地在汉代均为神山。据此，不难看出当时的神仙思想对苑囿内林木种植的影响。

中国园林文化的主要特点是意与境的结合，即造园者借助山水、建筑、植被等实物，通过一定方式的布局营造，进而体现出其哲学观念、审美意识的园林景致。前已述及，先秦秦汉时期影响深远的儒、道两家均崇尚融入自然观念。在此背景下，时人筑园往往以自然山水为摹本，从而达到"悦水乐山"的目的。而将"朴素自然"的审美观念融糅于现今的园林建设中去，则体现出我国独有的民族美学与生态文化。

---

❶《汉书·卷八十七（上）·扬雄传》，第3541页。
❷ 高步瀛撰，曹道衡、沈玉成点校，《文选李注义疏·卷一·西都赋》，第119-120页。
❸ [晋]郭璞注，[清]洪颐煊校，《山海经 穆天子传·卷二·西山经》，第27页。[晋]葛洪撰，周天游校注，《西京杂记·卷一·终南山草树》，第24页。

以《上林》《子虚》《羽猎》《甘泉》为代表的汉赋为汉代园林中"意"的主要表达方式。而讲求时令、顺应天时的生命本体论思想为该审美意象中的基本内容,如李善注《文选》云:"四时所观之物色而为之赋"。因此,现今的园林建设要表现出传统园林文化特色,首先要以顺应时令为基础,将自然的四时变化融入于园林之中。而植物作为传统园林的主要构景要素,对其种类的选种与搭配是体现园林"顺应四时"审美意识的重要手段。如配置植物时,不仅要注重选种植物本身所具有的文化意蕴,更要注重不同色彩植被的合理搭配及其季节性,达到"一年无日不看花"的观赏效果,从而使园林随着季节的变化呈现出不同的景色,使人们感受到大自然的变化。

另外,前揭秦汉时期不同园林配比植物的方式,亦可资现代造园者借鉴。如私人园林中的乔灌木搭配使园林更具层次感,且利用当地原产植物,结合该地区的地形地貌进行配比,使园林与城市景观互相联系,达到无限外延的空间视觉效果,可将该园林营造成当地的特色景观;此外,秦汉统治者,尤其汉武帝时期"外攘夷狄"、思想上亦"罢黜百家、独尊儒术"。在此背景下,武帝时形成了"王者无外""天下一家"的政治理念,并将该理念融入于皇家园林之中。如秦汉上林苑中已考释出的木本植被就多达34科71种,因此,在我国大型园林的建设中,除了讲求水文、地貌、光影、气流等因素外,外地植被的引种不仅可增加人体的舒适性,更能体现出不同于小型园林的豪迈、雄壮的意境。

最后在植物布局上,园林建造以先秦两汉时期"不违天时""不夺物性"的自然观念为出发点,以自然山水为蓝本,根据园内水文、土壤等自然条件,选种不同类别的植被,与园中山石、建筑、街道、水体等相结合,把握"大"与"小"的相对性,从而使自然风景中的峰峦沟壑呈现于园中,以达到"悦水乐山"、崇尚自然的旨趣。

总而言之,中国古代园林概念肇始时期,园内植被以粮食作物为主,随着生产力水平的发展,其他经济林木逐渐替代粮食作物,占据主要地位,且此类种植布局始终贯穿于秦汉时期。西周至秦汉时期,因政治体制的发展与阶层的分化,园林模式逐渐呈现出多元化趋势。随着当时儒家与道家学说的盛行,人们逐渐将各派自然观与审美观念相结合,融入于园林之中,这一点在各类园林的布局及其植被选种上已有所体现。除此之外,统治阶层笃信神仙思想,以及中央集权逐渐加强等原因,帝王园囿十分宏大,各地奇花异木耕植其中,凸显出秦汉时期园林文化的特性。而先秦两汉时期园林的多元文化也成为我国园林文化之滥觞,并为我国现代园林的建设提供了重要的借鉴意义。

三、行道树

道旁植树，起于何时，已难考知，但先秦文献对行道树已多有述及。《周礼·野庐氏》载："野庐氏掌达国道路，至于四畿。比国郊及野之道路、宿息、井、树。"可知周代已有专职官员种植及管理国道的行道树。关于植树的作用，郑玄注曰"树为蕃蔽"，孙诒让疏曰："《国语·周语》云'列树以表道，立鄙食以守路。'此野庐氏掌达道路，则树中亦兼有表道之事，不徒为庐舍之蕃蔽也。"❶可见，行道树具有蕃篱屏障及"表道"之用。

关于"表道"之意，康清莲认为，

> 汉末刘熙《释名》曰："古者列树以表道，道有夹沟以通水源，古人于官道之旁必皆种树，以记里至，以荫行旅。"❷
> ……

表，标也，用种树来"记里至"，用种树作为记录道路里程的标志，也就是类似于今日路旁的里程碑，使行人记树而知里程。陈国因为"道无列树"，单襄公于是有"不知道路远近"之叹。而要用树起到记录里程的作用，就必须使树与树的距离准确，所以前面提到的"三丈而树"就是明确地标明距离。

也就是说，"表道"应为记录里程之意，但该说并不准确。其一，康清莲所引《释名》之文转引自顾炎武《日知录》，但原文却是："《释名》曰：'古者列树以表道，道有夹沟以通水潦。'古人于官道之旁必皆种树，以记里至，以荫行旅。"❸且不说康清莲所引文字尚有讹误之处，所援引《释名》一文亦仅前半句出自顾炎武的书，以此为据是缺乏说服力的。虽然顾炎武亦言"古人于官道之旁必皆种树，以记里至"，但这是为解释东汉著作《释名》之语，当时官道行道树或有记录里程的功用，因此顾炎武所指"古人"应为某一特定时段，不能代表整个

---

❶ ［清］孙诒让撰，王文锦、陈玉霞点校，《周礼正义·卷七十·秋官司寇·野庐氏》，第 2894 页。
❷ 康清莲，《秦驰道直道考议》，《晋阳学刊》2011 年第 4 期，第 136–138 页。
❸ ［清］顾炎武撰，黄汝成集释，《日知录集释·卷十二·官树》，上海古籍出版社，2006 年，第 718 页。

先秦秦汉时期。且"记里至"为顾炎武记述古代行道树的功用，并非用来解释"表道"。

其二，康清莲认为单襄公因陈国"道无列树"而有"不知道路远近"之叹，其中"不知道路远近"未见有相关文献记载。该句应为康清莲翻译《国语·周语中》单襄公所言"今陈国，道路不可知"❶的，依据上下文意，应为"道路无法辨认"之意，而并非为"不知道路远近"的感叹，即单襄公所述"道无列树"与距离无关。

其三，诚如康清莲所述，行道树如有记录里程的功用，树与树之间需有确定的距离。但其提供的"三丈而树"的依据，乃出自秦始皇修治驰道时所下达的政令，并不能说明先秦时期的情况。且驰道为"天子道也"❷，因此"三丈而树"有一定特殊性，驰道所通区域亦有限，不能代表当时所有国道。而关于用行道树标记公路里程的记载初见于魏晋时期，《北史·韦孝宽传》载："一里种一树，十里种三树，百里种五树"。❸ 按一定距离种植行道树或在此之前就已有之，但先秦时期，人们多用"土堠"来标记里程，而非行道树。

其四，如徐元诰《国语集解》中注"古者列树以表道，且为城守之用也"❹，可知行道树在先秦时亦常用来城防守备，这与前引《周礼》所载"蕃蔽"之用相合，故当时所植行道树种植量应较大，分布也应密集，以固定距离植树可能性较小。《春秋左传》云："杞人、郳人从赵武、魏绛斩行栗。"杨伯峻注："行栗者，道路两旁所栽之栗树。《郑风·东门之墠》云：'东门之栗'，《毛传》亦以为道路上之栗，盖郑人当时喜种此。斩，伐之，或以开路，或以为器材。"❺ 杨氏释"行栗"为行道树，应当无有疑议，说明当时行道树的种植因各地风俗而异，所植树的种类差异较大。且如杨氏所注，"斩行栗"多为开路或制成器材，这也从侧面反映出"栗树"在当地的种植较广，并印证了上述结论。

其五，据东汉《桐柏庙碑》中记载南阳太守中山庐奴君修淮源庙之事，"石兽表道，灵龟十四。衢廷弘敞，宫庙嵩峻"❻。这里所用"石兽表道"显然不具有

---

❶ 徐元诰，《国语集解·卷二·周语中》，中华书局，2002年，第67页。

❷ 《史记·卷六·秦始皇本纪》第311页。

❸ [唐]李延寿撰，《北史·卷六十四·韦孝宽》，中华书局，1974年，第2262页。

❹ 徐元诰，《国语集解·卷二·周语中》，第62页。

❺ 杨伯峻，《春秋左传注》，中华书局，2009年，第967页。

❻ [汉]严可均辑，《全后汉文·卷五十八》，第592页。

记录里程的意思。另据东魏墓记铭文所载："□军将军静境太都督散骑常侍方城子祖子硕妻元氏墓铭……□日瑚琏，终成栋梁。故能诞仪凤之毛羽，附神龙之鳞翼。望东阁以表道，登□朝而爰止。"❶ 由此可知，古代殿院之内，亦常置有"表道"之物，这里"表"所指应如康氏所认为的"标"字之意，但应为"标示"的意思，而非"记录道路里程的标志"。故"列树表道"应为成列植树以标示官道之意。

如前引《周礼》所述，国道旁植树在先秦时已成为各国制度。《国语》记载单襄公言陈国"道茀不可行……道无列树，垦田若蓺"，视之为懒于政事的表现，并推论"陈国必亡"。❷ 由此可见，行道树的种植在当时颇受重视。这关乎官道的好坏，是与外界联系是否顺畅的一种体现。故单襄公能以管窥豹，得出该结论。

至秦统一天下后，秦帝国于秦始皇二十七年（前220年）修筑驰道。关于驰道形制规模，《汉书·贾山传》载："东穷燕齐，南极吴楚……道广五十步，三丈而树，厚筑其外，隐以金椎，树以青松。为驰道之丽至于此。"❸ "道广五十步"大约相当于今天69米。考古工作者曾在陕西省咸阳市窑店镇南发现一条宽50米的古道路遗迹，经学者研究，这条道路应属于驰道交通系统之中。❹ 此外，现"发现已露出地面的秦驰道原始路面余宽还有45米以上"❺，由此可知，贾山所述的驰道规模应当接近或符合事实，因此"三丈而树"也应当符合实际情况。此外，据秦都咸阳第三号宫殿建筑遗址中廊东壁第四间车马图上显示：

> 车马、道路和树木安排在同一画面。车马在道路上奔驰，道路两旁植以树木。
> ....
> 在组合上是青松两株一组，路左右轻松对称安排……至于树间的距离。在壁画上恰为一套车马之隔，根据秦始皇陵兵马俑坑出土的车马大小计算，一套车马长约6米多（马身长2米，车箱长1.2米，马前车后各余1.5

---

❶ 赵超，《汉魏南北朝墓志汇编》，天津古籍出版社，1992年，第339页。
❷ 徐元诰，《国语集解·卷二·周语中》，第62页。
❸ 《汉书·卷五十一·贾山传》，第2328页。
❹ 王子今，《秦汉交通史稿》，中国人民大学出版社，2013年，第32页。
❺ 胡德经，《两京古道考辨》，《史学月刊》1986年第2期，第1—7页。

米），与秦之三丈（折今6.6米）相近。❶

从出土壁画来看，驰道旁所设树木的种类及树间距与贾山所述相合。

关于"三丈而树"，《汉书补注》载："王先慎曰：'三丈，中央之地，惟皇帝得行，树之以为界也。'《三辅黄图》云：'汉令，诸侯有制得行驰道中者，行旁道，无得行中央三丈也。不如令，没入其车马。'盖沿秦制。"❷杨树达对此记述持有异议，其《汉书窥管》说："三丈而树，谓道之两旁每三丈植一树。"❸苏诚认为杨氏之说有误。❹而从出土壁画反映树间距长度来看，应是以皇室车马长度为标准的，即说明"青松"应种植在皇帝专行的"中道"而非臣民所走的"旁道"，与苏诚结论相合。关于"青松"的形制，前揭《发掘简报》描述其"树冠松塔形，应为松树。树褐色"❺。从描述来看，其形状与圆柏科的塔松相似，但应为松属，其种类或为刘庆柱所认为的"白皮松"。

从壁画所显示内容来看，驰道的"中道"部分应只有松树，应当不含其他树种。使用"青松"，或因其为常绿乔木。《汉书·鲍宣传》中注引如淳曰："《令》，诸使有制得行驰道中者，行旁道，无得行中央三丈也。"❻这说明汉代沿袭了秦朝的"三丈"植松的驰道制度。但据《史记·孝景本纪》所载："后九月，伐驰道树，殖兰池。"❼虽然关于"伐驰道树"的含义学者有不同见解❽，但无论其为何意，所伐的"驰道树"应不是"中道"所种植的青松。如"伐"为砍伐之意，树间距6米有余的松树分布稀疏，应当不会为所砍伐的对象。且"中道"为皇帝专行通道，在此取材可能性较小。若"伐"为砍斫枝条之意，即说明当时人们在此取材是为了扦插育苗，然而松树枝的扦插生根的成功率较低，以当时的技术水平可能

---

❶ 刘庆柱，《秦都咸阳第三号宫殿建筑遗址壁画考释》，《人文杂志》1985年第5期，85-89页。
❷ 杨树达，《汉书窥管》卷6《贾邹枚路传》，上海古籍出版社，1984年，第389页。
❸ 《汉书窥管·卷六·贾邹枚路传》，第389页。
❹ 苏诚，《"驰道"的修筑与规制》，《安徽史学》1986年第2期，第70-71页。
❺ 咸阳市文管会、咸阳市博物馆等，《秦都咸阳第三号宫殿建筑遗址发掘简报》，《考古与文物》1980年第2期，第53页。
❻ 《汉书·卷七十二·鲍宣传》，第3094页。
❼ 《史记·卷十一·孝景本纪》，第563页。
❽ 如林剑鸣、余华青等认为"伐驰道树""使三辅驰道的部分道树受到了不应有的损失"，其所指应为砍伐之意。王子今则认为"伐"仅为砍斫枝条。参看林剑鸣、余华青等，《秦汉社会文明》，西北大学出版社，1985年，第246页；王子今，《秦汉时期生态环境研究》，北京大学出版社，2007年，第347页。

不会选择松属树种进行扦插育苗。因此，"伐驰道树"所指应为"旁道"的行道树，且该行道树应不同于松属乔木。

除官道外，秦汉时期其他城乡交通道路旁亦植有行道树。《逸周书·大聚解》载："陂沟道路，藂苴丘坟，不可树谷者，树之林木。"❶ 但该文所述"陂沟道路"旁植树，并不完全为行人所用。在不能种谷物的地方植树，是为了更好地利用土地，而种植树木的主要目的，或为周边人们提供更多的木材。

据《诗经·唐风·有杕之杜》载："有杕之杜，生于道左"，"有杕之杜，生于道周"，其中道左即"道东也。日之热恒在日中之后，道东之杜，人所宜休息也"；而道周，"周，曲也。正义曰：言道周绕之，故为曲也"。❷ 从"道周"可以推断，这里所言"道"应非官道，该道旁长有"杕之杜"，罗桂环等考证"杜"为甘棠树即今之棠梨树（杜梨）❸，应当准确。野生杜梨多生长于疏林山坡、路边道旁等地，故这里的棠梨树，极有可能自然生长，且"正义曰：言有杕然特生之杜，生于道路之左，人所宜休息。今日所以人不休息者，由其孤特独生，阴凉寡薄故也"。❹ 依据文意，可知这里所指棠梨树为独自生长，并未成林，说明一般道路与官道的行道树差异极大，野生树木与人工种植树木相掺杂，种类及数量不一，并未形成一定的规制，故这类树木应当不是"表道"之用。从"道东之杜，人所宜休息也"可以看出，这类行道树主要是供行人休息、遮荫。至战国末期，随着交通的发展，人工道旁植树的情况随之增多，《吕氏春秋》中明确提到了"松柏成而途之人已荫矣"❺，反映了当时人们种植这类行道树的主要目的。

先秦秦汉时期，行道树亦常植于城市内部街道两旁。据《三辅黄图》卷一记载：汉代长安城中"树宜槐与榆，松柏茂盛焉"❻，《古诗十九首》中亦有"白杨何萧萧，松柏夹广路"❼的诗句。《太平御览》引陆机《洛阳记》"宫门及城中大道

---

❶ 黄怀信、张懋镕等，《逸周书汇校集注·卷四·大聚解》，上海古籍出版社，1995年，第428页。
❷ [汉]毛亨传，[唐]孔颖达疏，《毛诗正义·卷六·唐风·有杕之杜》，第399-400页。
❸ 罗桂环、汪子春，《略述我国古代行道树的起源和发展》，《西北大学学报（自然科学版）》1986年第1期，第115-121页。
❹ [汉]毛亨传，[唐]孔颖达疏，《毛诗正义·卷六·唐风·有杕之杜》，第399-400页。
❺ 许维遹，《吕氏春秋集释·卷三·先己》第73页。
❻ 何清谷，《三辅黄图校释·卷一》，第67页。
❼ [唐]欧阳询，《艺文类聚·卷四十一·论乐》，上海古籍出版社，1982年，第749页。

皆分作三……凡人皆行左右，左入右出，夹道种榆槐树"❶。可知自秦以降，城市中行道树种多为榆、槐、松、柏等树种。除此之外，果树亦常用来作为行道树，《太平御览》引《吕氏春秋》所载："子产相郑，桃李之垂于街者，莫之援也"❷，证明春秋时已有城市街道旁种植果树。东汉宋子侯《董娇饶》一诗云："洛阳城东路，桃李生路旁。花花自相对，叶叶自相当。"❸说明两汉时洛阳道路旁的果树生长较为繁密。而果树的选择与当时人们审美观念有一定的关系，如《召南·何彼秾矣》云："何彼秾矣，华如桃李。"❹即是对桃李之花的红白艳丽所发的赞美。此外，《韩诗外传》载有简王与子质的对话"春树桃李，夏得荫其下，秋得食其实。"❺依据文意，可以得知当时人们在城市街道旁种植桃李，除美化环境的因素外，亦有避暑及经济效用。

但需要指出的是，果树在当时并不是城内行道树的主要树种，秦以后虽仍有以果木作为行道树的记载；但已较为少见。多数情况为果树夹杂与其他树种之下，用来美化环境。如《后汉书·百官志》，将作大匠"掌修作宗庙、路寝、宫室、陵园木土之功，并树桐、梓之类列于道侧"。李贤注，"《汉官篇》曰：'树栗、漆、梓、桐。'胡广曰：'四者皆木名，治宫室并主之。'"❻当时行道树由栗木与漆、梓、桐等乔木间杂而成。从《后汉书》中仅列桐、梓树来看，栗木在其中或不占主要地位。且《隶释》卷三《张公神碑》中有，"玄碑既立双阙建兮。□□□□大路畔兮，亭长阁□□扞难兮，列种槐梓方茂烂兮。"❼"阙"即为古代宫殿建筑的一种类型，其路旁所种植的多为槐、梓等木，应为当时相关区域行道树的主要树种。

究其原因，春秋时期，各地律令法规差异极大，如前引《春秋左传》"行栗"一文可知，关于行道树各地或按其风俗来选择树种。据《诗经》所载有桃与李的篇章中推断，当时桃在召南、西周王畿等地均有分布，即今河南中西部地区至陕西一带，"子产相郑"之地亦应属于桃、李的产出地，产量较大，故以桃李作为

---

❶ [宋]李昉等，《太平御览·卷一百九十五·居处部二十三》，第941页。
❷ [宋]李昉等，《太平御览·卷九百六十八·果部五》，第4293页。
❸ [唐]欧阳询，《艺文类聚·卷八十八·木部上》，第1522页。
❹ [汉]毛亨传，[唐]孔颖达疏，《毛诗正义·卷一·召南·何彼秾矣》，第104页。
❺ [宋]李昉等，《太平御览·卷九百六十八·果部五》，第4292页。
❻ 《后汉书》志27《百官志》，第3610页。
❼ [宋]洪适，《隶释·隶续·卷三·张公神碑》，中华书局，1985年，第42页。

当地行道树的可能性极大。入秦以后，行道树工作由中央管理❶，这时行道树种由各地特有的果木转为全国均可栽培的榆、槐等木，这种转变应是与秦朝及后世王朝要求全国制度统一的政策相呼应的。如前秦王猛"整齐风俗时"即要求"自长安至于诸州，皆夹路树槐柳"❷。另外，桃、李等果木花期较短，持续时间未及一个月，乔木高度多为9~12米，而榆、槐等树，花期持续时间长达三个月，且乔木多高达20余米。故从树种特性来看，果木花期时间较短，所起到美化环境的效用不及榆、槐等乔木。且榆、槐等木高大粗壮，遮荫范围也更为广泛。至唐宋时，以果树做为行道树的情况常有出现，但这应与当时文化有一定关系，而宋代以后，果木则很少作为行道树使用了。❸

此外，柳树在古代亦常作为城内行道树。《诗经·小雅·采薇》云"昔我往矣，杨柳依依"❹。说明西周时，杨柳或已成为行道树了。至魏晋时，柳树已大量种植于各大城市街道旁，《艺文类聚》卷八九载晋成公绥柳赋曰："宅京宇之西偏，滨犊鼻之清渠，启横门於大路，临九达之通衢，愍行旅之靡休，树双柳於道隅，弥年载而成阴，纷惮援而扶疏。"❺其反映了当时洛阳一带种植柳树作为行道树的情况。据《尔雅·释木》："柽，河柳。旄，泽柳。杨，蒲柳。"❻可知，天然柳树多生长在河流、池沼等潮湿地带。先秦时期，人们已对多种喜湿的柳木有所认知了。因其属耐湿树种，故与其他行道树不同，柳树常为人种植于湖岸或堤岸旁。如郭璞所注桑柳之类"皆阿那垂条"❼，形态婀娜多姿，较为优美，种植于潮湿地段与湖水或河水相映成趣，具有很高的观赏价值。曹丕曾有过"柳垂重荫绿，向我池边生"❽的赞叹。至唐宋时，亦有大量赞美柳树的诗词。因柳树自身特性，东晋及其以后统治者在其所设御道旁常植此树。"南对朱雀门，相去五里余，

---

❶ 如秦朝由少府负责种植行道树，汉代则由将作大匠兼理。
❷ [唐]房玄龄等撰，《晋书·卷一百一十三·载记第十三》，中华书局，1974年，第2895页。
❸ 关于唐以后行道树种植及文化等内容，已有学者做过详细研究，此不赘述。参看，罗桂环、汪子春，《略述我国古代行道树的起源和发展》，《西北大学学报（自然科学版）》1986年第1期，第115-121页。阎文，《漫话我国古代的行道树》，《植物杂志》1983年第2期，第39-40页。马彦章，《行道树小史》，《农业考古》1987年第2期，第254-256页。
❹ [汉]毛亨传，[唐]孔颖达疏，《毛诗正义·卷九·小雅·采薇》第589页。
❺ [唐]欧阳询，《艺文类聚·卷八十九·木部下》，第1534页。
❻ [晋]郭璞注，[宋]邢昺疏，《尔雅注疏·卷九·释木》，第271页。
❼ [晋]郭璞注，[宋]邢昺疏，《尔雅注疏·卷九·释木》，第280页。
❽ [唐]欧阳询，《艺文类聚·卷九·水部下》，第170页。

名为御道，开御沟，植槐柳。"❶ 又萧齐诗人谢朓《入朝曲》云："飞甍夹驰道，垂杨荫御沟。"❷ 御沟为流经皇宫的河道，而在其旁大量种植柳树，除因耐湿外，与柳树有较高的观赏价值应当不无关系。

四、军事林

战国、秦汉时，林木在军事上亦具有重要价值。《淮南子·兵略训》载："山陵丘阜，林丛险阻，可以伏匿而不见形者也。"❸ 山林可以隐蔽军队，往往"隘塞山林者"可以达到"以少击众"❹ 之效。据兵书《六韬》载："大涧深谷，翳荟林木，此骑之竭地也。"❺ 可见林木是有效阻滞骑兵的绿色藩屏。因此，在林木较为稀少的北方边境地区，政府常广植人工林，形成阻塞骑兵攻击的防御工事——军事防护林。

《汉书·韩安国传》载王恢之言，秦时蒙恬曾"为秦侵胡，辟数千里，以河为竟，累石为城，树榆为塞，匈奴不敢饮马于河，置烽燧然后敢牧马"❻。史念海认为，蒙恬所植的"榆林塞"是"随着秦始皇所筑的长城而发展成为林带的"❼。据前述引文，"以河为竟，累石为城"，所指应是蒙恬在"河南"地修筑长城而言，史氏之论可从。

另据《史记·淮南衡山列传》载，武帝时"广长榆，开朔方，匈奴折翅伤翼，失援不振"，说明汉武帝沿袭秦代做法，在边境地区亦曾广植榆林，用以为塞，并且规模有所扩大。

关于秦汉时期边塞种榆的规模，史念海在《河山集》中提出，

> 论秦汉时的森林不应忘记一提榆溪塞。所谓榆溪塞乃是种植榆树，形同一道边塞。榆溪塞的培植始于战国末年，是循当时长城栽种的……西汉时这条榆溪塞再经培植扩展，散布于准格尔旗及神木、榆林诸县之北。这是当时

---

❶ [唐]许嵩，《建康实录·卷七·晋中·显宗成皇帝》，中华书局，1986年，第180页。
❷ [唐]欧阳询，《艺文类聚·卷四十三·乐部二》，第759页。
❸ 何宁，《淮南子集释·卷十五·兵略训》，第1093页。
❹ 曹胜高、安娜译注，《六韬·卷三·龙韬》，中华书局，2007年，第112页。
❺ 曹胜高、安娜译注，《六韬·卷六·犬韬》，第233页。
❻ 《汉书·卷五十二·韩安国传》，第2401页。
❼ 史念海，《河山集（第二集）》，第254页。

的长城附近复有一条绿色长城,而其纵横宽广却远超过于长城之上。❶

汉武帝时卫青"度西河至高阙……遂西定河南地,案榆溪旧塞,绝梓领,梁北河"❷。这里"北河"应是今鄂尔多斯高原北缘的一段的黄河地区。另《水经注》卷三载:"诸次之水出焉……其水东迳榆林塞,世又谓之榆林山,即《汉书》所谓榆溪旧塞者也。自溪西去,悉榆柳之薮矣。缘历沙陵,届龟兹县西北。故谓广长榆也。王恢云:树榆为塞。谓此矣。"❸ 按"诸次之水",即今陕西神木市境内的秃尾河。按前文所述,"榆林旧塞"大致位置位于"河南"地,侯仁之及艾冲均考证其地分布于今黄河南侧一线及鄂尔多斯高原北缘❹,本书从其说。《春秋左传》载宣公十五年"山之有林薮",孔颖达疏曰:"薮是草木积聚之处"❺。据此可知,"榆溪旧塞"以西应当覆有大量的榆树林。而郦道元所述,历历如绘,可知北魏时,该地区榆木覆盖情况仍然较好。

除传世文献所载:边疆地区广植榆树在简牍中亦有所反映,可以与文献相互印证。如敦煌出土汉简中见有:

> 高榆来椵榆聊蝉木有错因政为。❻(764)
> 候官谨案亭踵榆□十树主谒。❼(646)

据《中国植物志》载,榆树"均为喜光树种,根系发达,耐旱能力强,不耐水湿,对土壤要求不严",该树种生长习性十分适合西北边境地区。从榆树种植的广泛程度来看,时人对因地种树已有科学的认识,且榆树"具有韧性强,弯挠性能良好,耐磨碎等优点"❽,当时人们在西北地区多种植此类树种。榆木也是制

---

❶ 史念海,《河山集(第二集)》,第253-254页。
❷ 《汉书·卷五十五·卫青传》,第2473页。
❸ [北魏]郦道元著,陈桥驿校证,《水经注校证·卷三·河水》,第79页。
❹ 参看艾冲,《两汉上郡龟兹治城位置新探》,《陕西师范大学学报(哲学社会科学版)》2015年第5期,第6-10页。侯仁之,《从考古发现论证陕西榆林城的起源和地区开发》,《历史地理学的理论与实践》,上海人民出版社,1984年,第125-128页。
❺ [周]左丘明传,[晋]杜预注,[唐]孔颖达疏,《春秋左传正义·卷二十四·宣公十五年》,第667页。
❻ 林梅村、李均明,《疏勒河流域出土汉简》,第82页。
❼ 林梅村、李均明,《疏勒河流域出土汉简》,第73页。
❽ 中国科学院中国植物志编辑委员会,《中国植物志·卷二十二·榆科》,第334-335页。

造各类木制器物的优良木料,如前引《居延汉简》中军官私自购买榆木的记载提到"第十二燧长张宜乃十月庚戌擅去署私中部买榆木不直宿"❶(82·2),虽然这条简文并非记述人们对榆树的使用情况,但由此亦可证明当地榆树的使用应当是较为普遍的。

除榆树外,西北地区出土简牍之中亦常见有植其他树种的记载:如居延简中有,

且入将记当囗从囗长听以柳中邮累长孙即。❷(280·20)

囗囗处田中漆树下有石下入地中石与地平取诊视三偶大如小杯广三寸。❸(E.P.T40:24A)

囗七匚检部一以送若荻广三寸三囗❹(E.P.T5:88)

依据简文,这些树种似多植于垦田区,这类树种的种植应与汉代"种树畜长,室屋完安,此所以使民乐其处而有长居之心也"❺的政策相一致。

第三节　秦汉时期木材的采伐与贩运

林业是中国古代国民经济中一个重要部门,与人们的衣、食、住、行等生活诸多方面均有密切联系。秦汉时期,随着木制物品应用日益广泛,时人对木材的需求程度也随之增加,尤其宫室建筑、燃料、丧葬活动及车船器物等均为消耗木材的大宗。这也使得大规模采伐及运输木材成为当时社会的普遍现象。

一、伐木技术的发展

早在远古时期,人们已掌握了一定的伐木技巧,如浙江余姚河姆渡遗址第四文化层出土有大量的木构件及斧、凿、楔与扁铲四种石制工具,伐木所用应以石斧为主。杨鸿勋根据出土木材所遗留的加工痕迹推测:

---

❶ 谢桂华、李均明等,《居延汉简释文合校》,第144页。
❷ 谢桂华、李均明等,《居延汉简释文合校》,第471页。
❸ 甘肃省文物考古研究所等编,《居延新简》,第87页。
❹ 甘肃省文物考古研究所等编,《居延新简》,第24页。
❺ 《汉书·卷四十九·晁错传》,第2288页。

石斧伐木应是沿树木下部拟断线一周先斜劈，然后横向砍断一片，……直至沿拟断线形成大半周深槽，最后向浅槽一方拉倒树木。❶

后《诗经·小雅·小弁》中有"伐木掎矣"。郑玄笺，"掎其巅者，不欲妄蹋之"❷。依引文意，周人伐树时往往会控制其倒下方向。倪根金认为该条文献反映周人控制树木倒下方向，用以保障伐木者安全。❸但按上文杨鸿勋所述，树木砍伐至一定程度后，向浅槽方向拉倒应为伐木最后工序，可节省功力。

西周时斧仍为人们伐木所用的主要工具，如《国风·豳风·伐柯》有"伐柯如何？匪斧不克"；《国风·陈风·墓门》亦有"墓门有棘，斧以斯之"❹。而《小雅·伐木》载"伐木丁丁"，注曰："丁丁，伐木声也。"❺从"丁丁"这类伐木声推断，应当亦是用斧类工具从事的伐木活动。当时青铜斧已较殷商时普及，这在西周墓葬中有所反映，整个西周时所见铜斧数量明显多于商代，且殷商时青铜斧基本见于高等级墓葬当中，而西周则蔓延至稍低等级的墓葬中。❻前章已述，凤雏、召陈等西周建筑遗址中均曾发现大量的高大木柱，且古周原地区齐家遗址中亦发现有大规模伐木的痕迹。这些情况的出现，应与当时青铜斧的推广不无关系。斧类工具应当还有钺。目前，山东地区出土有少量夹内和有銎两类青铜钺。❼《广雅·释器》有"戉，戚斧也。"《疏正》有"戉，今作钺，《说文解字》'戉，大斧也'。"❽从目前研究情况来看，钺多用作礼仪性兵器及战争兵器，其形制应属长柄大斧一类。❾另据《六韬·虎韬》所载："大柯斧刃，长八寸，重八斤，柄长五尺以上，千二百枚，一名天钺……伐木大斧，重八斤，柄长三尺以上。"❿按柄长三

---

❶ 杨鸿勋，《河姆渡遗址早期木构工艺考察》，收入《建筑考古学论文集》，文物出版社，1987年，第45页。
❷ [汉]毛亨传，[唐]孔颖达疏，《毛诗正义·卷十二·小雅·小弁》，第752页。
❸ 倪根金，《由〈诗经〉探索周代森林及林业发展》，《农业考古》1999年第1期，第245-251页。
❹ [汉]毛亨传，[唐]孔颖达疏，《毛诗正义·卷八·豳风·伐柯》《毛诗正义·卷七·陈风·墓门》，第530、448页。
❺ [汉]毛亨传，[唐]孔颖达疏，《毛诗正义·卷九·小雅·伐木》，第576页。
❻ 李聪，《中原墓葬出土商代及西周青铜斧的类型与分期》，《河南科技大学学报》（社会科学版）2016年第1期，第11-17页。
❼ 参看杨丁，《山东地区商西周青铜兵器研究》，陕西师范大学硕士学位论文，2012年，第18页。
❽ [清]王念孙，《广雅疏证·卷八（上）·释器》，第253页下栏。
❾ 郭宝钧，《殷周的青铜武器》，《考古》1961年第2期，第111-118页。
❿ 曹胜高、安娜译注，《六韬·卷四·虎韬》，第134、139页。

尺的长度来看，要远长于普通直銎斧及管銎斧❶。前揭山东地区出土的"钺"柄长为先秦时期一尺左右，而"天钺"长达五尺，伐木大斧在二者之间，应属"钺"类。上述《广雅》引《说文解字》的内容亦可为证。

此外《小雅·伐木》有"伐木许许"❷的诗句，倪根金、李溇均认为该句为时人用锯伐木的凭证。❸然据《毛诗》注云"许许，柿貌"，竹添光鸿考证"柿"为削木皮之意。❹故该句所指为伐木时削下木皮、木片的样子，并未言明伐木所用工具为何。有学者据目前出土的殷周青铜锯锯片形制判断，当时的锯大多用于切割较薄的竹、木材料，仅有极少数可以割锯厚、硬的木料（图3-3），❺因此，殷周时锯用于大规模的伐木可能性较小。

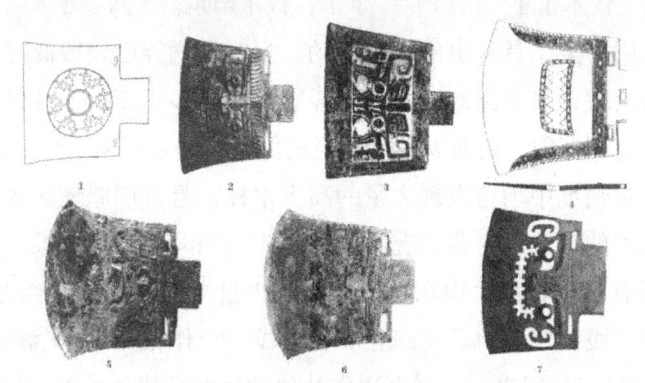

图 3-3　先秦大型方斧钺

至春秋战国时，用斤伐木也较为常见。《孟子·梁惠王上》载："斧斤以时入山林，材木不可胜用也。"❻银雀山竹简《田法篇》亦云："山有木，无大材，然而

---

❶ 如吴城三期文化遗存出土商代铜斧通长为6.5厘米。此外，鹿邑长子口及平顶山应国墓地出土青铜斧通长均不及10厘米。参看黄水根，《吴城出土商代青铜斧与青铜剑》，《南方文物》2004年第2期，第3页。李聪，《中原墓葬出土商代及西周青铜斧的类型与分期》，《河南科技大学学报》（社会科学版）2016年第1期，第11-18页。

❷ ［汉］毛亨传，［唐］孔颖达疏，《毛诗正义·卷九·小雅·伐木》，第578页。

❸ 参看倪根金，《由〈诗经〉探索周代森林及林业发展》，《农业考古》1999年第1期，第245-251页。李溇，《古代建筑实践中木材的采运工艺》，《建筑师》2009年第1期，第31-35页。

❹ ［日］竹添光鸿，《毛诗会笺》，大通书局，1975年，第987-988页。

❺ 陈振中，《殷周的青铜锯》，《考古》1984年第1期，第77-82页。

❻ ［汉］赵岐注，［宋］孙奭疏，《孟子注疏·卷一（上）·梁惠王章句上》，第9-10页。

斤斧得入焉。"❶《说文解字》注："斤，斫木斧也。"❷可知斤为另一伐木工具，与斧有别。关于二者的具体区别，清代王筠《说文句读》言："斤之刃横，斧之刃纵，其用与锄钁相似，不与刀锯相似。"❸斤的刃口摆向与斧不同，类似锄钁，与手柄并不同向。

余华青认为，秦汉时开采林木和加工木材的工具，主要有"斧、锯、凿、錾、锛、锉、削等等"❹。其说应符合实际情况。东汉刘熙《释名·释用器》："斧，甫也。甫，始也。凡将制器，始用斧伐木，已乃制之也。"❺又《淮南子·说山训》有"至伐大木，非斧不尅"❻。说明当时的斧器仍是最主要的伐木工具。此外，《淮南子·兵略训》云："夫以巨斧击桐薪，不待利时良日而后破之。"❼按文意，"巨斧"似多用于木材砍伐，应与前文所述钺并不相同。❽余华青认为，该类斧器为当时"适应砍伐大木的需要而产生的"❾，这一说法较为合理。

在考古发掘中，广西桂平市大塘城出土有汉代生铁所制的铁斧❿，说明汉代铁制斧器已较为普及。此外洛阳烧沟汉墓出土有多种形制的铁斧，如刃部外拱、两角向外延长之斧、刃部宽于背部及刃部与背部等宽的长方形斧⓫，可见当时铁斧制作工艺已较为成熟。伐木器具的改进，使秦汉伐木效率有大幅度提升，这与文献所见秦汉时常有大规模伐木的情况发生相吻合。

---

❶ 银雀山汉墓竹简整理小组，《银雀山汉墓简牍（壹）》，文物出版社，1985年，第146页。
❷ [汉]许慎撰，[清]段玉裁注，《说文解字注·卷十四（上）·斤部》，第1254页。
❸ [清]王筠，《说文句读·卷二十七》，中国书店出版社，1983年，第4册，第23页下栏。
❹ 余华青，《秦汉林业初探》，《西北大学学报（哲学社会科学版）》1983年第4期，第92-99页。
❺ [汉]刘熙，《释名·卷七·释用器》，中华书局，1985年，第103页。
❻ 何宁，《淮南子集释·卷十六·说山训》，第1155页。
❼ 何宁，《淮南子集释·卷十五·兵略训》，第1081页。
❽ 如《春秋繁露·五行顺逆》载："建立旗鼓，杖把旄钺，以诛贼残，禁暴虐，安集。"可知秦汉时钺的使用仍承袭前代，多用作礼器及兵器，极少见其用于伐木，而巨斧用途与之不同。苏舆撰，钟哲点校，《春秋繁露义证·卷三十一·五行顺逆》，中华书局，1992年，第375页。
❾ 余华青，《秦汉林业初探》，《西北大学学报（哲学社会科学版）》1983年第4期，第92-99页。
❿ 黄全胜、李延祥等，《广西战国汉代墓葬出土铁器的科学研究》，《南方文物》2016年第1期，第109-114页。
⓫ 中国社科院考古研究所，《洛阳烧沟汉墓》，科学出版社，1959年，第191页。

二、木材的贩运

关于木材的运输,《诗经·魏风·伐檀》载:"坎坎伐檀兮,寘之河之干兮,河水清且涟猗。"❶ 说明早在周代,人们已懂得利用河流浮力这种经济、便捷的方式运输木材。至秦汉时,木材水运的方式极为盛行。1986 年出土的天水放马滩秦墓中,即有七幅松木板地图,图中不仅标示了树木的分布情况,如木板地图七"大柴檃大柴相铺谿 中杦 小杦",更标记了交通便利程度和具体里程,如木板地图三"卅里相谷 杨谷材八里 松材十三里 松材十五里 七里松材刊 最到口廿五里";又,木板地图四"北谷口道最 去谷口可五里檽材 谷口可八里大楠材"。❷ 木板地图二与三均在河流两岸设有"关"❸,据此可知,在多处林区标记河道里程及设"关",均显示政府对河流航道的控制,应如王子今所说,上述情况"是水运木材交通方式的体现"❹。

此外,《淮南子·人间训》载:"以冬伐木而积之,于春浮之河而鬻之……冬间无事,以伐林而积之,负轭而浮之河。"选择冬天伐木春天运输,除"民春以力耕,暑以强耘,秋以收敛,冬间无事"❺ 的原因外,另一主要原因应是春天气候回暖后,河流上游冰雪融化,使水流更加湍急,可提高木材的运输效率。如《汉书·赵充国传》载:屯田兵士"入山,伐材木大小六万余枚,皆在水次"。直至"冰解漕下",颜师古注曰:"漕下,以水运木而下也。"关于水运木材的方式,《方言》卷九载:"泭,谓之䉬;䉬,谓之筏;筏,秦晋之通语也。"❻《说文解字》释"泭"为"编木以渡也"❼。说明当时水运木材时已用编筏的方式,这样不仅可以防止木材在运输过程中被激流冲散,亦可使人站于其上,以保障木材顺利送达目的地。如四川广汉出土的"大江行筏"的画像砖中❽,在木筏上便有二人以竹竿撑航

---

❶ [汉]毛亨传,[唐]孔颖达疏,《毛诗正义·卷五·魏风·伐檀》,第 369 页。
❷ 何双全,《天水放马滩秦墓出土地图初探》,《文物》1989 年第 2 期,第 12-22 页。
❸ 甘肃省文物考古研究所,《天水放马滩秦简》,中华书局,2009 年,第 150 页。
❹ 王子今、李斯,《放马滩秦地图林业交通史料研究》,《中国历史地理论丛》2013 年第 2 期,第 5-10 页。
❺ 何宁,《淮南子集释·卷十八·人间训》,第 1270 页。
❻ 华学诚,《扬雄方言校释汇证·卷九》,中华书局,2006 年,第 623 页。
❼ [汉]许慎撰,[清]段玉裁注,《说文解字注·卷十一(上)·水部》,第 980 页。
❽ 刘志远,《考古材料所见汉代的四川农业》,《文物》1979 年第 12 期,第 61-69 页。

在波涛江水中顺流而下的情景。该画像砖所反映木材运输的情况与文献相合。即使今日，在江河等水面丰富的地区也仍然采用这种编木成筏的水运木材的方式。❶这种运输方式虽然"颓随水流，坐致材木，功省用饶"❷，但具有较大的局限性，如只能顺河流水势单向性运输，且在水面匮乏地区不能使用此类方法。关于这一方面，王符《潜夫论·浮侈篇》有详细的记载：

> 其后京师贵戚，必欲江南檽梓豫章梗柟，边远下土，亦竞相仿效。夫檽梓豫章，所出殊远，又乃生于深山穷谷，经历山岑，立千步之高，百丈之溪，倾倚险阻，崎岖不便，求之连日然后见之，伐斫连月，然后讫，会众然后能动担，牛列然后能致水，油渍入海，连淮逆河，行数千里，然后到雒。工匠雕治，积累日月，计一棺之成，功将千万。夫既其终用，重且万斤，非大众不能举，非大车不能挽。东至乐浪，西至敦煌，万里之中，相竞用之。❸

依照引文可知，当时陆地需由人力将山林林木砍伐后抬至路途平坦之处，再由畜力、车载及人力等方式运至水边后进行水运。但由运输需由南至北，路途遥远且逆流而上等条件可以推断，这里的水运应为船运，而非上述编筏的形式。

据《盐铁论》卷一载："江南之楠梓竹箭……养生送终之具也，待商而通，待工而成。"❹当时南方优质木材常有商贾进行贸易，且该类贸易应有较大的规模，甚至当时已出现以木材为集散地的城市。如《史记·货殖列传》称："郢之后徙寿春，亦一都会也。而合肥受南北潮，皮革、鲍、木输会也。"❺合肥水路交通便利，是当时南北主要通道之一，为木材的"输会"之所。关于这些木材的种类，《汉书·地理志》颜师古注曰"木，枫柟豫章之属"❻。可见均为南方名贵木材。由此可以推测，上述木材由商贾采伐后，运至交通便利的"输会"之地，再分运至各个地区进行销售。从上引《潜夫论·浮侈篇》可知，商贾采伐这些木材时，需耗费巨大的人力、物力，成本高昂。因此，该类木商或如黄今言所言，为"林木

---

❶ 王士一、高郑生等编，《木材采运基本知识》，中国林业出版社，1983年，第19页。
❷ [晋]常璩撰，刘琳校注，《华阳国志校注·卷三·蜀志》，第202页。
❸ [汉]王符撰，[清]汪继培笺，彭铎校正，《潜夫论笺校正·卷三·浮侈篇》，中华书局，1985年，第175-176页。
❹ 王利器校注，《盐铁论校注·卷一·本议》，第3页。
❺ 《史记·卷一百二十九·货殖列传》，第3965页。
❻ 《汉书·卷二十八（下）·地理志下》，第1668页。

专业大户"❶，其消费者也多为"京师贵戚"等贵族群体。❷

汉代地方上亦多有木材市场。如《居延汉简》中即记有当地木材买卖的情况，

（1）出钱二百买木一长八尺五寸大四韦以治罢辛籍令吏护买❸（E.P.T52，277）

（2）受叩头言

子丽足下□白过客五人□不□叩头叩头谨因言子丽聿许为卖材至今未得蒙恩受聿叩头材贾三百唯子丽□□决卖之今霍回又迁去唯子丽□□□

必为急卖之子丽校□□□□必赐明教叩头聿甚聿甚谨

□□□

奉钱再拜子丽足下钱当□节□ 张君长❹（142·28A）

（3）第十二燧长张宜乃十月庚戌擅去署私中部买榆木不直宿❺（82·2）

上述简文所记，可以反映几方面内容。其一，据（1）、（3）二简所见，该地区官方事务和私人所需的木材，均为购买而来，反映了当地具有稳定的木材交易市场。《九章算术》卷二《粟米》便载有计算竹木价格的相关算题："今有出钱一万三千五百，买竹两千三百五十个，问个几何？答曰：一个五钱四十七分之三十五。"❻在张家山汉简《算数书》中亦见有三人"共材以贾"❼的记载，说明木材应是民间贸易当中常见的商品之一。因此，这类木材交易市场在汉代应有较广泛的分布。其二，简（3）中张宜所买榆木为当地广泛种植的树种❽，这也说明当地用于商品交易的木材多为人们就近取材，这应当是受当时运输条件的限制。秦汉时个体农户及小规模经营者，往往由于人力物力有限，不大可能大规模采伐林

---

❶ 黄今言，《汉代专业农户的商品生产与市场效益》，《安徽史学》2004年第4期，第30-34页。

❷ 汉代贵族特别推崇用楠、梓和樟木制棺，杨树达、彭卫、杨振红等先生均有论述。参看杨树达，《汉代婚丧礼俗考》，上海，上海古籍出版社，2000年，第55页。彭卫、杨振红，《中国风俗通史·秦汉卷》，上海文艺出版社，2002年版，第477页。

❸ 甘肃省文物考古研究所等编，《居延新简》，第247页。

❹ 谢桂华、李均明等，《居延汉简释文合校》，第235-236页。

❺ 谢桂华、李均明等，《居延汉简释文合校》，第144页。

❻ 白尚恕，《〈九章算术〉注释》，科学出版社，1983年，第72-73页。

❼ 张家山二四七号汉墓竹简整理小组，《张家山汉墓竹简（二四七号墓）》，文物出版社，2006年，第136页。

❽ 相关内容将在下文详细讨论。

木，因此无必要远距离运输增加成本，故就近取材应成为当时人们获取木材的主要途径。其三，简（2）中所言应为居民受军官子丽委托出售木材一事，说明当时参与销售木材者的身份较为复杂，除普通居民外，甚至有将官利用权力参与贩卖，牟取暴利。此外，据张家山汉简《算数书》中《共买材》记载："三人共材以贾，一人出五钱，一人出三钱，一人出二钱。今有赢四钱，欲以钱数衰分之。"❶ 可知当时存在集资合作的经营方式来做木材买卖，获利后集资者再分配利润。这类商人往往属于小本经营者，本钱微薄，仅凭自己难以维持生意，因此用合作的形式弥补这方面的不足。且这种方式在先秦时期就已常见，如《周礼》卷六八《秋官司寇·朝士》载："凡民同货财者，令以国法行之……郑司农云：'同货财者，谓合钱共贾者也。'"❷

三、影响伐木的诸因素

除运输的影响外，秦汉时期伐木时间的选择受多种因素制约。首先，当时数术之学在民间广为流传，影响极大。时人在进行一些日常活动时，往往会依照方术选择时日，以达到趋吉避凶的目的。如睡虎地秦简《日书》甲种"十二支害殃"称"毋以木〈未〉斩大木，必有大英（殃）"❸，即将伐木与灾害相联系。睡虎地秦简《日书》乙种《木日》亦详细记载了利于伐木的时间，"木日木良日，庚寅、辛卯、壬辰，利为木事。其忌，甲戌、乙巳、癸酉、丁未、癸丑。囗囗囗囗囗寅、己卯，可以伐木"。这种民间神秘主义的禁忌，对当时人们伐木活动的影响无疑是巨大的。此外，《天水放马滩秦简》中亦见有相似的记载，如"伐木忌"条下载："春三月甲乙不可伐大榆东方，父母死"，"夏三月丙丁不可伐大棘（棗）南［方］，长男死"，"戊己不可伐大桑中央，长女死之"。❹（乙一二九贰——乙一三一贰）除时间外，某一特定树种亦存在相关的伐木禁忌。睡虎地秦简《木日》篇有"木忌，甲乙榆、丙丁枣、戊己桑、庚辛李、壬辰漆（漆）。"❺ 简文中五

---

❶ 张家山二四七号汉墓竹简整理小组，《张家山汉墓竹简（二四七号墓）》，文物出版社，2006年，第136页。
❷ ［清］孙诒让撰，王文锦、陈玉霞点校，《周礼正义·卷六十八·秋官司寇·朝士》。第2828页。
❸ 睡虎地秦墓竹简整理小组，《睡虎地秦墓竹简》，第197页。
❹ 孙占宇，《天水放马滩秦简集释》，甘肃文化出版社，2013年，第155页。
❺ 睡虎地秦墓竹简整理小组，《睡虎地秦墓竹简》，第235页。

木与天干的对应关系与《放马滩秦简》相同。另据《逸周书·月令》载:"春取榆柳之火,夏取枣杏之火,季夏取桑柘之火,秋取柞楢之火,冬取槐檀之火。"❶榆、枣、桑均为先秦时"改火"所用的木种,虽然简文所载与文献并不完全相合,但因与干支相配,很可能"李"与"漆"亦具有五行属性。随州孔家坡汉简《日书》"伐木日"条下亦记载:"甲子、乙丑伐榆,父死;庚辛伐桑,妻死;丙寅、丁卯、己巳伐枣,□母死;壬癸伐□□少子死。"陈炫玮认为,"壬癸"所伐应为"漆木"❷。如按陈氏之说,则该《日书》所载伐木时间与放马滩秦简所见相异,但树木种类却是一致的,说明此类伐木禁忌在不同地域之间具有一致性,应为当时社会广泛遵从的风俗。

其次,为时令制度的限制。这主要表现在两个方面。

一是经过秦汉时期伐木经验的积累,人们总结出所伐木材的品质与季节之间的关系。如崔寔在《四民月令》中总结道:

> 自是月以终季夏,不可伐竹木——必生蠹虫。
>
> 贾注,"或曰:'其月无壬子日,以上旬伐之。虽春夏不蠹,尤有剖析间解之害,又犯时令。非急无伐。"
>
> ……
>
> 十一月,伐竹木。❸

按其说,春到季夏所伐木材会生虫或开裂。这一时间的划分是十分科学的,主要是因为春天树木生长速度开始加快,新老材所含水分差异逐渐增大,从而造成水分分布不均,使木材受干燥后破裂、翘曲的程度加大。此外,树木产生的液汁易招引害虫。可以说,当时人们对木材的性质已相当熟悉。但《齐民要术·伐木》中载:"凡伐木,四月、七月则不蠹而坚肕。"❹其与崔寔之说相悖。熊大桐考证认为此说不足信❺,本书从其论。另,《礼记·月令》载:"仲冬,日长至,则伐木取竹箭。"其伐竹时间与崔寔所载相合。贾思勰云:"此其坚成之极时也。"这

---

❶ 黄怀信、张懋镕等,《逸周书汇校集注·卷六·月令》,第658页。
❷ 陈炫玮,《孔家坡汉简日书研究》,(台湾)清华大学历史研究所硕士学位论文,2007年,第27页。
❸ [汉]崔寔撰,石声汉校注,《四民月令校注》,第17页。
❹ [后魏]贾思勰撰,缪启愉校释,《齐民要术校释·卷五·伐木》,第379页。
❺ 熊大桐,《〈齐民要术〉所记林业技术的研究》,《中国农史》1987年第1期,52-58页。

说明仲冬时节的竹木是最为坚韧的。❶

二是秦汉时，历代统治者均立有"时禁"，通过政治干预，使人们在进行包括伐木、捕猎等活动时遵循时令。关于其内容，《逸周书》的《时训》《周月》《月令》等篇，以及《礼记·月令》《吕氏春秋·十二纪》《淮南子·时则训》等，均有详细的记载。在睡虎地秦简《田律》、敦煌悬泉置汉代泥墙墨书《使者和中所督察诏书四时月令五十条》及《居延汉简》等出土文献中，亦详载了秦汉时期"时禁"的律令条文。至于探讨秦汉时期《月令》的继承与演变，以及其背后所包含的政治、经济、哲学与文化的含义的论著，更是不断涌现，兹不赘言。❷

小　结

综上所述，秦汉时期，林木的种植与生产业发展迅速，主要表现为林木分类的细分化，以及移栽、繁殖、养护、抚育、采伐等诸方面技术的进步。至秦汉时期，人们对林木的分类从不同科的大类，逐渐细化到同一类当中的不同品种，可知时人对各类林木的性质、特征与物候等方面均有了清晰的认识。林木的种植除用选种、播种等有性繁殖的方式外，更运用了扦插、嫁接等无性繁殖方式。与此同时，林木在进行种植与移栽时，人们对种植时机、地区及种植密度均进行了严格的规定。而在林木定植之后，需要进行保墒、霜冻害、病虫害的防治及整枝等护林工作，这些都反映了当时林业种植技术已趋于成熟。

---

❶ 此外，《周礼·地官司徒·山虞》载："仲冬斩阳木，仲夏斩阴木。"郑玄注："阳木，春夏生者。阴木，秋冬生者，若松柏之属。玄谓阳木，生山南者；阴木，生山北者。冬斩阳，夏斩阴，坚濡调。"郑氏认为木分阴阳，因材质不同需在不同季节砍伐。而贾思勰云："按柏之性，不生虫蠹，四时皆得，无所选焉。山中杂木，自非七月四月两时杀者，率多生虫，无山南山北之异。郑君之说，又无取。则《周官》伐木，盖以顺天道调阴阳，未必为坚肕之与虫蠹也。"其说当是。[清]孙诒让撰，王文锦、陈玉霞点校，《周礼正义·卷三十一·地官司徒·山虞》第1199页。[后魏]贾思勰撰，缪启愉校释，《齐民要术校释·卷五·伐木》，第379页。

❷ 参看谢继忠，《敦煌悬泉置〈四时月令五十条〉的生态环境保护思想渊源探析》，《农业考古》2015年第6期，第122-125页。于振波，《从悬泉置壁书看〈月令〉对汉代法律的影响》，《湖南大学学报》（社会科学版）2002年第5期，第22-27页。杨振红，《月令与秦汉政治再探讨——兼论月令源流》，《历史研究》2004年第3期，第17-38页。王利华，《〈月令〉中的自然节律与社会节奏》，《中国社会科学》2014年第2期，第185-203页。王子今，《秦汉社会的山林保护意识》，《经济社会史评论》2008年第1辑，第65-74页。等等。

正是在林木种植技术发展的基础上，人工育林日渐繁盛。其中民居周边、私人园林、皇家苑囿、道路旁及军事区域所植树木成为秦汉时期林木资源的主体部分。但不同区域种植树木的原因却并不相同，如民居庭院与园林之中种植树木主要以经济生产为目的，所种多为经济树种。时人还将自身的审美观念融于其中，在种植经济林的同时选种观赏型树种，并注重不同类型树木与建筑之间的合理搭配。而皇家苑囿中植树则主要以观赏娱乐为目的。秦汉时，随着神仙思想的盛行，皇家苑囿中开始大量引种外来植被，至汉武帝时达到高峰。此外，行道树与军事区林木的广泛种植则与政治及军事需要有关。

秦汉时期，随着铁器的普遍使用，人们所用的采伐林木效率也有所提高。而在采伐之后，则主要通过水路进行运输，其中将木编成筏顺流而下的方式比较常见。这一时期，林木买卖现象较为普遍。在林木采伐的时机上，则受到国家政策、民俗禁忌及对林木质量的考虑等多方面因素的影响。

第四章　秦汉时期林业职官考述

森林是陆地生态系统的主体，它不仅维持着生态安全，更为人类的生存与发展提供了物质基础。先秦、秦汉之际，林业资源对人们生产、生活的影响极为重要，且能为人们带来较大的经济利益。因此，秦汉时期的统治者对相关资源的管理极为重视，当时所设置的林业职官便体现了这一点。本书在已有研究基础上，拟从出土文物资料及传世文献中钩沉索隐，对秦汉之际林业职官的名称、职能及其变化作一系统考察。

第一节　夏、商、周林业职官考论

据《通典》卷十九记载，我国林业职官在传说中的虞舜时期就已存在：

> 虞舜有天下，以伯禹作司空，使宅百揆。弃作后稷，播百谷。契作司徒，敷五教。皋繇作士，正五刑。垂作共工，利器用。伯益作虞，育草木鸟兽……盖亦为六官，以主天地四时也。❶

其中，垂担任的官职"共工"职责为"利器用"，应涉及木器的制作；伯益的官职"虞"，便有培育林木之责。但这一时代距今已久，实际情况已难以考知，文献所载并不可靠。

一、夏、商时期林业职官

夏代设有各种职官，成为国家机构的重要组成部分。但在文献资料中，这方面的记载均不甚详细。如《尚书·周官》载："唐虞稽古，建官惟百……夏商官

---

❶ ［唐］杜佑撰，王文锦、王永兴等点校，《通典·卷十九·职官》，中华书局，第1册，2012年，第465—466页。

倍，亦克用乂。"❶《礼记·明堂位》，"有虞氏官五十、夏后氏官百、殷二百、周三百。"❷ 从上述记载来看，夏朝官制较虞舜时期有所发展，但由于史料阙如，还难以知晓当时职官设置的详细情况。

殷商时期，文献所载官制已较为完备，《礼记·曲礼》记载：

> 天子之六府，曰司土、司木、司水、司草、司器、司货，典司六职。
> 天子之六工，曰土工、金工、石工、木工、兽工、草工，典制六材。❸

郑玄注曰："司木，山虞也"，为当时主管林木的官员。而木工"轮、舆、弓、庐、匠、车、梓"，则专门利用木材，制作器械。但从目前所见殷商时期的甲骨文及金文的记录来看，上述文献所反映的殷商官制也许并不完全符合实际。据甲骨卜辞中的记述，商王朝设有名为"多尹"的职官：多尹垦田于西？甲午贞，其令多尹作王寝？呼多尹往胥？惟多尹飨？❹

"多尹"可以参与飨礼，应具有较高的地位。另外，"多尹"的职责较为广泛，不仅负责农事，亦要管理土建工程。由此我们认为，当时林业的相关事宜可能也是为其所兼管的。

此外，卜辞中见有"小丘臣"，郑辉认为是商代"管理山林的职官"❺。然而《周礼·地官·小司徒》载："九夫为井，四井为邑，四邑为丘，方四里。"❻ 又《汉书·刑法志》有"因井田而制军赋。地方一里为井，有税有赋。税以足食，赋以足兵。故四井为邑，方二里；四邑为丘，方四里。"❼ 依据文意，"丘"指在"邑"之上的社会基层组织。卜辞中还有"乙酉卜，自于翌日丙求耻南丘豕"❽，此处"丘"的含义很有可能与上述传世文献中的"丘"类似。故"小丘臣"应指管理社会基层组织的小臣，而非管理山林的官员，但其职能也可能涉及地方的林政。

---

❶ [汉]孔安国传，[唐]孔颖达疏，《尚书正义·卷十八·周官》，第482页。
❷ [汉]郑玄注，[唐]孔颖达疏，《礼记正义·卷三十一·明堂位》，李学勤主编，《十三经注疏（标点本）》，北京大学出版社，1999年，第952页。
❸ [汉]郑玄注，[唐]孔颖达疏，《礼记正义·卷四·曲礼下》，第129-130页。
❹ 郭沫若，《甲骨文合集》第33209、32980、31981、27894号卜辞，中国社会科学院历史研究所，1978—1982年，第9-11册，第4097、4057、3887、3439页。
❺ 郑辉，《中国古代林业政策和管理研究》，北京林业大学博士学位论文，2013年，第24页。
❻ [清]孙诒让撰，王文锦、陈玉霞点校，《周礼正义·卷二十·地官·小司徒》，第786页。
❼ 《汉书·卷二十三·刑法志》，第1081页。
❽ 赵伟，《〈殷墟花园庄东地甲骨·释文〉校勘》，郑州大学硕士学位论文，2004年，第9页。

除"多尹""小丘臣"外，卜辞中所见与林木相关的职官大致可分为三类。其一，管理农耕的官员，如卜辞中见有"小藉臣"。《礼仪·祭义》云："君子反古复始，不忘其所由生也……是故昔者天子为藉千亩，冕而朱纮，躬秉耒。"❶ 周初时，"藉田之礼"是极受统治者重视的。❷《说文解字》有"耤，帝耤千亩也。古者使民如借，故谓之藉"。段玉裁注曰："郑注周礼、诗序云：藉之言借也。借民力治之，故谓之藉田。"❸ "藉田"即借用民力以耕田。故"小藉臣"职责应与管理民众耕田有关。考古工作者在河北石家庄藁城台西村商代遗址的F6屋内及文化层中，曾发现三十余枚以桃仁为主的蔷薇科梅属植物种子。❹ 此外，在一作坊F14内亦出土有大小不同的盛器，里面装放着数量较大的植物果实与种子，经学者鉴定，其种类主要为李、枣、桃及桑科大麻属的大麻。❺ 这些植被，在当时可能已有种植。"小藉臣"的职权或已涉及这些林木的种植。

其二，从事田猎的官员。这类官员称为"犬"官，如卜辞中有言"呼多犬网鹿于麇"❻，同时亦见有"盂犬"❼ 等名称。在殷商时期，生产工具多用木、石等制成，人们难以在草木茂盛、禽兽逼人的自然环境下开垦大量的农田，故虞舜时曾"使益掌火，益烈山泽而焚之，禽兽逃匿"❽。通过采取焚烧山林这种"童山竭泽"的措施，不仅开创出大片的空地，亦驱赶了禽兽，有效地保护了人民。据卜辞显示，殷商时田猎亦常用焚山法，如：

> 翌戊午，焚擒？戊午卜，㱿贞，我狩敏，之日狩，允擒虎一，鹿四十，狐百六十四，麑五十九。❾
>
> 翌癸卯，其焚擒？癸卯，允焚，获兕十一，豕十五，麐二十。❿

---

❶ ［汉］郑玄注，［唐］孔颖达疏，《礼记正义·卷四十八·祭义》，第1329页。
❷ 王进锋，《殷商时期的小臣》，《古代文明》2014年第3期，第35-53页。
❸ ［汉］许慎撰，［清］段玉裁注，《说文解字注·卷三（上）·言部》，第184页。
❹ 河北省博物馆台西发掘小组、河北省文物处台西发掘小组，《河北藁城县台西村商代遗址1973年的重要发现》，《文物》1974年第8期，第42-49页。
❺ 河北省文物研究所编，《藁城台西商代遗址》，文物出版社，1985年，第193页。
❻ 郭沫若，《甲骨文合集》第10976正号卜辞，第4册，第1597页。
❼ 郭沫若，《甲骨文合集》第27921正号卜辞，第9册，第3442页。
❽ ［汉］赵岐注，［宋］孙奭疏，《孟子注疏·卷五（下）》，第145页。
❾ 张秉权，《殷墟文字丙编》，第284号卜辞，宋镇豪、段志宏主编，《甲骨文献集成·第四册》，四川大学出版社，2001年，第175页。
❿ 郭沫若，《甲骨文合集》第10976正号卜辞，第4册，第1538页。

焚林狩猎，显然不具有可持续性，如《吕氏春秋·义赏》称："焚薮而田，岂不获得？而明年无兽。"[1]因此，当时统治者用此方式进行狩猎，多是带有开辟可耕地的目的。孟世凯研究发现，"卜辞中农田的田、田猎的田都是用同一的田字"[2]，这也说明，殷商时农田开辟与狩猎有可能是同时进行的，故从事田猎的官员与焚林开田应当不无关系。

其三，管理手工业的官员。其职责涉及林木的利用。殷商时期，手工业均为官营，政府设有专门机构进行管理。如前揭引文所示，《礼记》中所载手工业管理者分为"六工"，分别负责六种不同材质的器物制作。然而根据卜辞所显示的内容，当时的工官并非如此。陈建敏认为，卜辞中所见的"多工""尹工"及"司工"均属工官。[3]关于"多工"，肖楠则认为"不是官，其意义与工同。卜辞的'多'字，一般谓众多之义……故'多工'，也就是指众多的工奴而言"[4]。但从部分甲骨文里所显示内容来看，"工"应当不是工奴。"甲辰卜，工其即令于祖丁大宀。"[5]依据卜辞，当时的"工"可在"祖丁"宗庙中接受任务，应当有较高的地位。此外，另有卜辞"癸未卜，有祸百工"[6]。从该卜辞来看，当时统治者关心"百工"的安危，因此"工"所指应非工奴，而为"工官"的结论应当更为准确。

关于"司工"，于省吾释"工"为"贡"，并认为"司工"主管贡纳之事。[7]"司工"之名，在商代甲骨文中虽有出现，但并未言明其职责所在。其后西周时期的金文中对"司工"多有描述，如《盠方尊》铭文云："参有司，司土、司马、司工。"[8]据《尚书·梓材》记载："汝若恒，越曰：'我有师师。'司徒、司马、司空、尹旅。"[9]"司工"应是文献中所称的"司空"。关于其职责，《尚书·周官》载："司空掌邦土，居四民，时地利。"[10]可见"司空"负责土建工程。而西周

---

[1] 许维遹，《吕氏春秋集释·卷十四·义赏》，中华书局，2009年，第329页。
[2] 孟世凯，《殷商时代田猎活动的性质与作用》，《历史研究》1996年第4期，第95-104页。
[3] 陈建敏，《甲骨文金文所见商周工官工奴考》，《学术月刊》1984年第2期，第71-75页。
[4] 肖楠，《试论卜辞中的"工"与"百工"》，《考古》1981年第3期，第266-270页。
[5] 李学勤、齐文心等，《英国所藏甲骨集》上编，第55号卜辞，中华书局，1985年，第11页。
[6] 中国社会科学院考古研究所，《小屯南地甲骨》第2525号卜辞，中华书局，1980年，第506页。
[7] 于省吾，《甲骨文字释林·释工》，中华书局，1979年，第71-73页。
[8] 中国社会科学院考古研究所，《殷周金文集成释文·卷四》，香港中文大学出版社，2001年，第6013号，第274页。
[9] [汉]孔安国传，[唐]孔颖达疏，《尚书正义·卷十四·梓材》，第384页。
[10] [汉]孔安国传，[唐]孔颖达疏，《尚书正义·卷十八·周官》，第483页。

"司工"一职极有可能是从殷商传袭而来，于氏之说应当并不准确。但据《扬簋》铭文显示，"王若曰：'扬，作司工，官司羣田甸，眔司居，眔司刍，眔司寇，眔司工司'"❶，可知当时"司工"一职，并非专事土建工程，其职责涉及田土、住宅、饲料、防盗、工程等诸事。这反映出当时官吏职权尚带有一定的随意性，殷商时"司工"所掌之事或更为庞杂。而从其职权范围的广大可以看出，其应属于较高的官位。

二、周代林业职官

及至周朝，管理林木的官员更加多元化，其职权也更加明细。据《周礼》所载，当时关于保护、管理及培养林木的官员类别颇多，且职责分明，林木管理体系已较为完善。如地官大司徒下辖有与林业相关的职官，其中山虞掌管山林的政策法令，对人们砍伐木材有严格规定；林衡负责巡视林麓，执行禁令，按时考核功绩而给予相应的赏罚；迹人掌管邦国公私畋猎地带的政令；角人负责按时向山泽之农征收野生动物的齿、角、骨；羽人掌管向山泽之农征收鸟类羽翮；掌炭负责按时征收木炭和草木灰；囿人掌管苑囿中的鸟兽饲养；场人掌管场圃，种植各种果树和瓜类，按时节收获储藏。

此外，地官大司徒下属的封人掌管修筑社稷土坛，在国家边界挖壕沟、种树以为险阻；载师根据土地所宜，负责规划利用；闾师掌管国中及四郊的人民、牲畜之数，督导人民进行农林牧等生产，按时征收赋税和贡品；委人负责征收郊野的赋税，并收集薪炭、木材、瓜果等，以供招待宾客、丧葬祭祀、途经军旅等。

夏官大司马也下辖有一批掌管山林川泽及其产物的官员：掌管修缮城郭、沟池、树渠等阻固工事的掌故；掌管九州地图、遍知山林川泽险阻以通达其道路，修筑五沟五涂、种树为藩以成阻固的司险；根据图籍管理天下土地，查清各地人口、财用、粮食、牲畜等以周知其利害的职方氏；掌管山林名物以辨其利害，使各邦国贡献珍异物产的山师等。

秋官大司寇下属职官中，也有一些与山林川泽紧密相关，如野庐氏负责道路与其旁的房屋、水井、行道树等，使国中道路畅通无阻，达于四郊；冥氏负责设置弓弩、罗网和陷阱以猎捕猛兽；穴氏负责诱捕在穴中冬蛰的野兽；翨氏负责猎

---

❶ 中国社会科学院考古研究所，《殷周金文集成释文·卷三》，第 4294 号，第 415 页。

捕猛禽；柞氏负责按时节采伐草木，掌管有关伐木的禁令。

可见，《周礼》中与林业有关的职官设置是很详备完密的，周代对山林川泽的重视程度由此亦可见一斑。其中，多数职官名称及其职能在西周时期的金文中都有所记录，以"封人"为例，该称谓在商代小屯南地的甲骨卜辞中就已出现，且"封"字为象封树于土上之形，应与《周礼》所载"封人"含义相同。另，西周晚期《散氏盘》铭文载：

> 眉，自瀗涉以南，至于大沽一封。以涉二封至于边柳，复涉瀗，陟雪罴 䁘以西，封于播城楮木，封于刍逨，封于刍道……井邑田，自根木道左至于井邑，封道以东一封，还以西一封。陟刚三封。降以南，封于同道。❶

"封"为田界、疆界之意，引文中有"根木""边柳"等乔木名称。陈梦家认为，这是以所植封树的名称作为封立田界所在位置的地名。❷这一说法应当没有异议。故《周礼》中"制其畿方千里而封树之"❸的记载应当可信，"封人"的职责亦如文献所述。

此外，金文中亦有关于"虞""林"的记载。西周逨盘铭文中有载："荣兑䩙（司）四方吴（虞）䔲（林），用宫御。赐汝赤市、幽黄。"❹"荣兑"似为人名，"司四方虞林"，指负责管理各地山虞、林衡等官员。虽然铭文中未言明"荣兑"身居何职，但据《免簋》铭文"隹三月既生霸乙卯，王才周，命免作司土，司郑还龡（林）眔虞、眔牧"❺可知，"免"职责为管理郑地一带的林衡、山虞及牧官，其所居为"司土"一职，即说明当时"虞""林"均隶属于"司土"。关于"司土"，前已述及，即为文献中所指的"司徒"，《周礼》所载的"虞""林"等职官均为地官司徒统管，与铭文相合。

有学者认为，周代所设"司烜氏""宫正"及"司爟"等从事火禁的职官具有森林防火的职能，并将此三类职官列入周朝森林保护的机构当中。❻但这种说法似乎并不准确。《周礼·秋官》载司烜氏的职责说"中春，以木铎修火禁于国

---

❶ 中国社会科学院考古研究所，《殷周金文集成释文·卷六》，第10178号，第134页。
❷ 陈梦家，《西周铜器断代》，中华书局，2004年，第346页。
❸ ［清］孙诒让撰，王文锦、陈玉霞点校，《周礼正义·卷二十二·地官·大司徒》，第890页。
❹ 刘源，《逨盘铭文考释》，《中国史研究》2015年第4期，第15—24页。
❺ 中国社会科学院考古研究所，《殷周金文集成释文·卷三》，第4240号，第360页。
❻ 王飞，《秦汉时期森林生态文明研究》，中国社会科学出版社，2015年，第57页。

中。军旅，修火禁"[1]。依据文意，"司烜氏"多是在"国中"及"军旅"之中宣传消防，以防火灾发生。从其活动地点来看，应与森林防护无太大关系。宫正则"掌王宫之戒令、纠禁……春秋以木铎修火禁"[2]，是西周专门掌管火政的官员，仅在王宫之内管理火禁，其所辖范围亦十分有限。此外，司爟"掌行火之政令。四时变国火，以救时疾"[3]，其主要职责是监督变火，根据季节的变化，适时更换钻木种类。此外，司爟有对国都中或城郊野外造成火灾的人，追究其责任并给予处罚的权力。但这种职权所起到的作用仅是对过失行为进行处罚虽然能对森林防火起到一定的积极作用，但并不足以将其列入森林保护的机构当中。

第二节 春秋战国至秦代的林业职官辨析

春秋战国时，情况有所变化，各诸侯国所设林官及其职能不尽相同，兹列于下。

一、各诸侯国所设林官情况

首先，关于林木利用机构。

土木工程方面，《晏子春秋·内篇杂下》载：

> 景公新成柏寝之台，使师开鼓琴，师开左抚宫，右弹商，曰："室夕。"公曰："何以知之？"师开对曰："东方之声薄，西方之声扬。"公召大匠曰："室何为夕？"大匠曰："立室以宫矩为之。"于是召司空曰："立宫何为夕？"司空曰："立宫以城矩为之。"[4]

可见，齐设有"司空"及"大匠"，春秋时期齐国设有负责营建宫殿等土木工程事宜的"司空"和"大匠"。

燕地出土有"萬都司工"及"氵 □都司工"的古玺印[5]，三晋地区也出土有

---

[1] ［清］孙诒让撰，王文锦、陈玉霞点校，《周礼正义·卷十七·秋官司寇·司烜氏》，第2913页。

[2] ［清］孙诒让撰，王文锦、陈玉霞点校，《周礼正义·卷一·天官冢宰·宫正》，第212页。

[3] ［清］孙诒让撰，王文锦、陈玉霞点校，《周礼正义·卷五十七·夏官司马·司爟》，第2396页。

[4] 吴则虞，《晏子春秋集释·卷六·内篇杂下》，中华书局，1982年，第380页。

[5] 罗福颐，《古玺汇编》，文物出版社，1981年，第82、5545号，第14、502页。

"司工""左司工""右司工"❶。可知燕及三晋所设掌管土木方面的官职有"都司工"与"司工",且三晋亦设有"左、右司工",应为"司工"下属官吏。楚国则称这类官员为"司城"❷。另据《左传》文公一十六年记载:宋国任命"华元为右师,公孙友为左师,华耦为司马,鳞鱼藿为司徒,荡意诸为司城";哀公八年宋公伐曹,"执曹伯及司城强以归,杀之"❸。可见春秋时期,宋、曹等国亦均设有"司城"一官。

此外,管理木制手工业产品的相关官员还有,齐国的"工师",古玺印中记有"攻赐(工)帀(师)鈢"、"左攻(工)帀(师)戠桼帀(师)鈢"❹。"左工师"疑为"工师"下属官吏。裘锡圭释"戠"为"职",并认为"戠桼帀(师)"隶属于左工师,专管漆工。这一结论应无异议。关于"工师"之责,《管子·立正》载:"论百工,审时事,辨功苦,上完利,监壹五乡,以时钩修焉,使刻镂文采毋敢造于乡,工师之事也。"❺可知其为工匠之首,掌管官营手工业。

三晋亦设有"工师",但与齐国不同,三晋"工师"之前常加"左库""右库""武库",如有铭文载:"六年,相邦(邦)司工马,左库工帀申□,冶胥明所为,级事笈髙报齐";"四年,相邦(邦)皃平侯,邦(邦)左库工帀长色,冶胥□报齐"❻。其职能似以制造兵器为主,与文献记载并不相同。且三晋地区设有"库啬夫",吴晓懿认为其主管兵器制造及收藏❼,《睡虎地秦简·秦律杂抄》有载:"稟卒兵,不完善,丞、库啬夫、吏赀二甲,法。"❽当时秦国库啬夫需负责军卒兵器的发给,吴氏之说应当可从。故工官前冠以"库"字,或指其职责与兵器制造相关。"库工师"一职是否掌管木制器具的营造,则仍需待考。

三晋亦有"导工"一职。陶正刚释"导"为"目",并认为"目"与"木"可互借,故"导工"即为"木工"。❾但据铭文所见,"四年,昌国导工帀翟狄,冶

---

❶ 罗福颐,《古玺汇编》,第80-81、87-88、90号,第14、15页。
❷ 罗福颐,《古玺汇编》,第197号,第33页。
❸ [周]左丘明传,[晋]杜预注,[唐]孔颖达正义,《春秋左传正义·卷二十·文公十六年》、卷58·哀公八年》,第567、1646页。
❹ 罗福颐,《古玺汇编》,第147、157号,第25页、27页。
❺ 黎翔凤,《管子校注·卷一·立政》,第73-74页。
❻ 许慜慧,《古文字资料中的战国职官研究》,复旦大学博士学位论文,2014年,第241页。
❼ 吴晓懿,《战国官名新探》,安徽师范大学出版社,2013年,111页。
❽ 睡虎地秦墓竹简整理小组,《睡虎地秦墓竹简》,第82页。
❾ 陶正刚,《山西临县窑头古城出土铜戈铭文考释》,《文物》,1994年第4期,第82-85页。

更所为"❶，从"冶"字判断，"寽工"一职似多与金属冶炼相关，故陶正刚之论不确。且从目前的资料来看，尚难以判断"寽工"是否与木器制作有关。

楚、燕均设有"工尹"，《左传》文公十年，"王使为工尹。"杜预注曰："掌百工之官。"❷ 工尹即为百工之长。

关于林木管理的机构，齐国古玺印有"虞之鉨"❸。许慜慧释"虞"为"虞"❹，为掌管齐国苑囿、山泽之官，应无异议。另有关于"桁"的玺印，《古玺汇考》载有"左桁正木""右桁正木"❺。关于"桁"之意，学术界尚有不同意见。朱德熙释"桁"为"衡"，"左桁"即"左衡"，为掌管山林的职司❻，曹锦炎、许慜慧等皆从此说。1973年山东青州市谭坊镇出土了一方铜印，上有大篆体阳文"左桁廪木"字样❼，石志廉释为"左廪桁（横）木"，认为该印是打烙在左廪公用木横上的烙印。❽ 但孙敬明等在山东五莲盘古城所见带"桁木"字样得铜玺，并无烟熏火烧的痕迹，且玺之木柄很短，并不适宜作为火烙印。❾ 依此，"左廪桁（横）木"之意不通，石志廉之释应为误读。另《礼记·杂记》中有载："瓮、甒、筲、衡，实见间而后折入。"郑玄注曰："衡当为桁"❿，即当时"桁""衡"可互通。黄盛璋认为"桁"在齐称"衡"，为齐国管理衡器的机构，"廪木"及"正木"均为其下属机构，分管"廪"及"廪"以外的衡器。⓫ 但这一看法，恐不准确。据传世战国时期齐国的子禾子铜釜的器壁铭文：

---

❶ 中国社会科学院考古研究所，《殷周金文集成释文·卷二》，第2482号，第245页。
❷ ［周］左丘明传，［晋］杜预注，［唐］孔颖达正义，《春秋左传正义·卷十九（上）·文公十年》，第530页。
❸ 罗福颐，《古玺汇编》，第208号，第35页。
❹ 许慜慧，《古文字资料中的战国职官研究》，第120页。
❺ 施谢捷，《古玺汇考》，安徽大学硕士论文，2006年，第298、299号，第46页。
❻ 朱德熙，《释桁》，《古文字研究》第12辑，中华书局，1985年，第328页。
❼ 孙新生，《山东青州发现二方先秦古玺》，《考古与文物》1999年第5期，第55页。
❽ 石志廉，《战国古玺考释十种》，《中国历史博物馆刊》总2期1980年，109页。
❾ 孙敬明、高关和、王学良，《山东五莲盘古城发现战国齐兵器和玺印》，《文物》1986年第3期，34页。
❿ ［汉］郑玄注，［唐］孔颖达疏，《礼记正义·卷四十一·杂记上》，第1182页。
⓫ 黄盛璋，《齐玺"左桁廪木""左（右）桁正木"与"桁"即秦文"衡"字对应，决疑解难——秦统一后，六国被罢废文字与对应的秦文字研究，为试解战国失传、难认文字提出一条新途径》，《古文字研究》第22辑，北京，中华书局，2000年，第166-175页。

□□立事岁，稷月，丙午，子禾子□□内者□☒□命谓陈得，左关釜节于廪釜，关铜节于廪𥾝，关人筑杆灭釜，闭□，又□外洗釜，而车人制之，而以□□遝。如关人不用命，则寅□御。关人□□其事，中（刑）选（徒），赎以□半钧。□□其赇，𢎻辟□徒，赎以□犀。□命者，于亓事区杀。丘关之釜。❶

"左关"指齐国关卡。依据文意，从关"釜"须与仓廪"釜"器进行对比来看，仓廪"釜"器属于标准容器，其管理机构应与关"釜"不同。但"左关"衡器"釜"，则由"关人"管理制造，"关人"即为守关之人，其职责应当不止于此。另，《岳麓书院藏秦简·为吏之道及黔首》，"升篙不正　主吏留难　实官出入"，整理小组释"升""篙"为量器。❷可知，"主吏"具有管理衡器是否精准的职责。《史记·高祖本纪》载："萧何为主吏，主进。"❸主吏为秦时郡县地方官的属吏。据此可知，当时的衡器应由地方行政官吏分管，另《睡虎地秦墓竹简·内史杂》中载："有实官县料者，各有衡石羸、斗甬"❹。按整理小组所译，"实官"即贮藏谷物的官府，而衡器亦由其所管理。黄盛璋结论中专管衡器的机构"正木""廪木"应当不存在。且战国秦汉时衡器均为金属所制，以"正木""廪木"等作为管理衡器机构的名称似不合理。

综上所述，应如朱德熙所言，"桁"为古代山林之官"衡"。另外，朱氏认为"廪木"及"正木"为"衡"的下属机构，裘锡圭则认为"廪"与"正"均为动词，分别训为"给"与"征"，"廪木"即指"左衡"将木材发给其他官吏；"正木"或指征收木材税。❺依据《周礼·天官·大宰》"三曰虞衡，作山泽之材"❻，虞衡为掌管山林的主要官员，材木配给应在其职权范围之内。另有均人"掌均地政……地征谓地守、地职之税也。地守，衡虞之属"❼，可知除管理林木采伐等事宜之外，衡虞亦有征税之权。故裘锡圭所释似更加合理。

---

❶ 中国社会科学院考古研究所，《殷周金文集成释文·卷六，10374号，第206页。
❷ 朱汉民、陈松长，《岳麓书院藏秦简（壹）》上海，上海辞书出版社，2010年，第139页。
❸ 《史记·卷八·高祖本纪》，中华书局，2014年，第439页。
❹ 睡虎地秦墓竹简整理小组，《睡虎地秦墓竹简》，第63页。
❺ 裘锡圭，《战国文字释读二则》，《于省吾教授百年诞辰纪念文集》，吉林大学出版社，1996年，158页。
❻ [清]孙诒让撰，王文锦、陈玉霞点校，《周礼正义·卷二·天官冢宰·大宰》，第78页。
❼ [清]孙诒让撰，王文锦、陈玉霞点校，《周礼正义·卷二十五·地官司徒·均人》，第992页。

三晋及燕国均有"左吴"一官[1]，前已述及，西周逨盘铭文中"吴"即为"虞"，故此处"吴"应为三晋及燕国的虞官。而"左吴"中的"左"所指为何，尚难以判断；"左吴"具体所掌何事，也仍须待考。

楚国古玺印有"鄂閒憙大夫鈢"[2]。"鄂閒"为地名，应无异议。鲁鑫、许憨慧均将"憙"释为"委"[3]，这一看法较为合理。如按此释，则楚国应设有委大夫一职，其职能或与《周礼》所载"委人"相似，掌管"敛野之赋，敛薪刍，凡疏材木材，凡畜聚之物，以稍聚待宾客，以甸聚待羁旅"[4]，即征收山泽赋税及收集木材、薪柴等。

二、秦林业职官述略

战国时期秦国管理国家林木的官员主要有"少府"和"吴人"。"少府"，为九卿之一，《汉书·百官公卿表》有"少府，秦官，掌山海池泽之税，以给供养，有六丞……均官三长丞，又上林中十池监"[5]。少府掌管国君的私奉养，包含山林川泽的物产、皇室苑囿的林木和人工蔬果园的赋税收入等。秦铭文及封泥中亦有与少府相关的记录——"十三年，少府工儋，西成，武库受属邦，八一"；"少府，武库受属邦"；"少府工丞"。[6]据此可知，秦时少府下设有"工丞"，为掌管宫室手工业的工官。

秦石刻《石鼓文》载有"吴人"[7]一职。郭沫若及马衡释之为"虞人"[8]，徐畅则认为石刻中"吴人"与《左传》所记述的"吴人"之意相同，指吴国人或吴国军队。[9]但西周逨盘铭文中"吴"即为"虞"，且战国时燕及三晋均设有"左吴"，

---

[1] 罗福颐，《古玺汇编》，第1650号，第171页。
[2] 罗福颐，《古玺汇编》，第183号，第31页。
[3] 鲁鑫，《新发现的几则有关楚县的战国文字资料》，武汉大学简帛网，2013年9月18日。许憨慧，《古文字资料中的战国职官研究》，第189页。
[4] [清]孙诒让撰，王文锦、陈玉霞点校，《周礼正义·卷三十·地官司徒·委人》，第1173页。
[5] 《汉书》卷十九上《百官公卿表》，1962年，第731页。
[6] 见于1966年易县燕下都出土的秦始皇少府矛。河北省博物馆等，《河北省出土文物选集》，文物出版社，1980年。
[7] 见徐书钟，《石鼓文音义集释》，载于《石鼓文书法》，黑龙江美术出版社，2000年，第115页。
[8] 徐书钟，《石鼓文音义集释》，载于《石鼓文书法》，黑龙江美术出版社，2000年，第115页。
[9] 徐畅，《石鼓文刻年新考》，《考古与文物》2003年第4期，第75–82页。

其职能与"山虞"同,说明西周至战国时,在很多地区"吴"与"虞"都存在互通现象。上海博物馆藏战国竹书《景公瘧》有"今新登思吴守之",整理小组释"新"为"薪",等为"蒸"❶,应无疑议。《左传》昭公二十年,"薮之薪蒸,虞候守之"❷,此为"吴"可释为"虞"的另一力证。另《石鼓文·吴人》篇中载有"中囿孔□"❸,所载"吴人"之职应与苑囿有关。《孟子·滕文公下》载:"昔齐景公田,招虞人以旌,不至将杀之。"赵岐注,"虞人,守苑囿之吏也。"❹据此可知,"虞人"有管理苑囿之责,与石刻文字相印证;秦石刻中"吴人"应为"虞人",郭沫若及马衡所释无误。

据郑注《仪礼注疏》云:"虞人,主林麓之官也。"❺其为管理山泽之官。关于其具体职掌,《周礼·地官》载:"山虞,掌山林之政令,物为之厉而为之守禁。仲冬斩阳木,仲夏斩阴木,凡服耜,斩季材,以时入之。令万民时斩材,有期日。凡邦工入山林而抡材,不禁。春秋之斩木不入禁,凡窃木者,有刑罚";"泽虞,掌国泽之政令,为之厉禁,使其地之人守其财物,以时入之于玉府,颁其余于万民。"❻依据文意,周代"山虞"与"泽虞"应为"虞人"的属官,分别管理山林和川泽,且其所掌之地的部分收入归属政府。另据《礼记·丧大记》载:"君丧,虞人出木、角,狄人出壶,雍人出鼎,司马县之,乃官代哭。"孔颖达疏曰:"虞人,主山泽之官,故出木与角。"《左传》昭公二十年,"齐侯田于沛,招虞人以弓,不进"。杜预注曰:"虞人,掌山泽之官。"❼可见,先秦时政府所需木材由"虞人"负责。说明先秦时,"虞人"除时禁外,尚需管理山林物产的产出。但其职责在秦汉时已发生变化。

罗桂环认为,秦统一六国后,"过去的自然资源管理机构并未撤销,而是归

---

❶ 马承源主编,《上海博物馆藏战国楚竹书(六)》,上海古籍出版社,2007年,第181页。

❷ [周]左丘明传,[晋]杜预注,[唐]孔颖达正义,《春秋左传正义·卷四十九·昭公二十年》,第1398页。

❸ 徐书钟,《石鼓文音义集释》,载于《石鼓文书法》,第116页。

❹ [汉]赵岐注,[宋]孙奭疏,《孟子注疏·卷六(上)·滕文公章句下》,第159页。

❺ [汉]郑玄注,[唐]贾公彦疏,《仪礼注疏·卷三十五·士丧礼》,李学勤主编,《十三经注疏(标点本)》,北京大学出版社,1999年,第659页。

❻ [清]孙诒让撰,王文锦、陈玉霞点校,《周礼正义·卷三·地官司徒·山虞、泽虞》,第1198-1202、1206页。

❼ [周]左丘明传,[晋]杜预注,[唐]孔颖达正义,《春秋左传正义·卷四十九·昭公二十年》,第1400页。

于少府管辖……一切无主荒地及山林、川泽、苑囿等，全部归于国家所有"❶。据《吕氏春秋·仲冬纪》"山林薮泽，有能取疏食、田猎禽兽者，野虞教导之。其有侵夺者，罪之不赦"❷，则秦国时期的时禁规定，亦由"虞人"来执行。汉承秦制，《淮南子·时则训》中载："仲冬之月……山林薮泽，有能取疏食、田猎禽兽者，野虞教导之。其有相侵夺，罪之不赦。"❸另张衡《东京赋》有，"岁惟仲冬，大阅西园。虞人掌焉，先期戒事"❹，可知"虞人"在秦汉仍掌管山林及苑囿时禁。据《后汉书·百官志三》，东汉时"上林苑令"仍为"少府"属官❺，故苑中"虞人"为"少府"属官无疑。当时域内的"虞人"或如罗氏所说，均归属"少府"管辖。但值得注意的是，"少府"及"上林苑令"条下均未见有"虞人"，这可能是当时"虞人"秩次较低的一种反映。此外，下文将述及，汉时山林物产税收均由地方政府管辖而非"少府"，说明先秦时"虞人"管理山林物产之权在汉代已被分割，且当时因政治需要设有颇多的山泽职官，在这种情况下，"虞人"职责很可能被其他职官所取代。除上述文献外，无论史籍或考古材料，关于秦汉时期"虞人"一职，所载极少，这或许反映出当时的"虞人"已不常设置。

第三节　汉代林业职官述论

汉代林业职官较之前代有一定的变化。随着两汉林业管理政策的发展，林业职官的设置亦有所变动。

一、山林川泽的管理官员

《汉书》卷二四《食货志上》载："山川园池市肆租税之入，自天子以至封君汤沐邑，皆各为私奉养，不领于天子之经费。"颜师古注曰："言各收其所赋税以自供，不入国朝之仓廪府库也。"❻西汉山泽之税已不属于国家财政收入范畴，而

---

❶ 罗桂环、王耀先等，《中国环境保护史稿》，中国环境科学出版社，1995 年，第 84 页。
❷ 许维遹，《吕氏春秋集释·卷十一·仲冬纪》，第 241 页。
❸ 何宁，《淮南子集释·卷五·时则训》，第 427 页。
❹ 高步瀛，《文选李注义疏·卷三·赋乙·东京赋》，第 680-681 页。
❺ 《后汉书·志二十六·百官志三》，第 3592-3593 页。
❻ 《汉书·卷二十四·食货志上》，第 1127 页。

全部归于各级贵族的私奉养，由少府管理。由此可知，少府在汉代应为管理山泽之长官。关于其属官的设置，出土封泥见有"菑川府丞"❶，《封泥考略》一书考释"府"为"少府"，吴幼潜从其论。❷《盐铁论·忧边》有"故少府丞令请建酒榷"❸，可知汉代设有"少府丞令"，吴氏之论应当准确。"菑川府丞"或指王国少府属官，其官秩西汉时为"千石"，东汉降至"比千石"❹，按此来看，"府丞"为管理山泽等事务的较高级官员。

此外，汉代政府在具有丰富自然资源的地区，均另设职官以负责相关物产的开发与利用。如《汉书》卷二八《地理志上》载蜀郡严道设有"木官"——"邛来山，邛水所出，东入青衣。有木官。"❺可见，严道木材资源应当十分丰富，朝廷在此专设木官负责相关事宜。巧合的是，《封泥考略》还见有"严道橘丞"的封泥印，"右封泥四字，印文曰严道橘丞……橘丞即橘官，其止曰橘园而无官号，疑守园掾吏之印。……户有橘柚之园，当时所置园吏，必不少贡"❻。如此，则是严道多橘园，为方便橘园的管理和橘柚的上贡，而专门设置橘官。其秩次大致与"掾吏"相当，属低级官吏。

《汉书·地理志》中还见有"云梦官""橘官"及"盐官"❼等职官。关于此类官员的职权，《后汉书》志二八《百官五》记载：

> 凡郡县出盐多者置盐官，主盐税。出铁多者置铁官，主鼓铸。有工多者置工官，主工税物。有水池及鱼利多者置水官，主平水收渔税。在所诸县均差吏更给之，置吏随事，不具县员。❽

可见，上述职官均因事而设，主管盐、铁、鱼等自然资源的加工、税收、上贡等事宜。显然，上述蜀郡严道的"木官""橘丞"等林木职官，也是属于此种类型的。安作璋认为，这些官吏西汉时分属中央有关机构直接管辖，至东汉改属

---

❶ [清]吴式芬、陈介祺，《封泥考略·卷二》，中国书店，1990年，第22页。
❷ 吴幼潜，《封泥汇编》，上海古籍书店，1964年，第30页。
❸ 王利器校注，《盐铁论校注·卷二·忧边》，第178页。
❹ [唐]杜佑，《通典·卷三十六》，第985—986页。
❺ 《汉书·卷二十八·地理志上》，第1598页。
❻ [清]吴式芬、陈介祺，《封泥考略·卷六》，第37页。
❼ 《汉书·卷二十八（上）·地理志上》，第1569页。
❽ 《后汉书·志二十八·百官志五》，第3625页。

地方。❶ 以水官为例，《汉书·百官公卿表》所记郡国水官均列入大司农条下❷，可知其直属于中央大司农管辖，又上引《后汉书》材料可知，东汉时相关吏员均由县级政府派遣调用，安氏之说应当可信。

另外，据张家山汉简《二年律令·金布律》所载，地方所收山泽园池租税亦上交于地方政府，而并非如文献所载归于"少府"：

> 官为作务、市及受租、质钱，皆为缿，封以令、丞印而入，与参辨券之，辄入钱缿中，上中辨其廷。质者勿与券。租、质、户赋、园池入钱县道官，勿敢擅用，三月壹上见金、钱数二千石官，二千石官上丞相、御史。❸

关于此方面问题，李伟认为地方政府负责征收的税收包含皇室财政收入，而这一部分皇室收入的管理，则由少府负责。❹ 李氏考证翔实，当可信从。如此，则山林川泽赋税的征收均由地方政府负责，而不受少府管制。

此外，《尹湾汉简》中见有"小府啬夫"，"太守吏员廿七人。太守一人，秩□□□□。太守丞一人，秩六百石。吏史九人，属五人，书佐九人，用算佐一人，小府啬夫一人。凡二十七人"。❺ 关于"小府"，《汉官仪》言其即为少府：

> 少府掌山泽陂池之税，名曰禁钱，以给私养，自别为藏。少者，小也，故称少府。秩中二千石。大用由司农，小用由少府，故曰小藏。少者，小也，小故称少府。王者以租税为公用，山泽陂池之税以供王之私用。古皆作小府。❻

显然，简文中的"小府啬夫"不属于"少府"的职官体系，而是隶属于作为郡级地方长官的太守。且据学者研究，只有县及县以下地方行政机构的主要负责人，即该机关的第一把手才可以称啬夫。❼ 即便如此，从其排列顺序上看，"小府

---

❶ 安作璋、熊铁基，《秦汉官制史稿》下册，齐鲁书社，1985年，第138页。
❷ 《汉书·卷十九（上）·百官公卿表第七上》，第731页。
❸ 张家山二四七号汉墓竹简整理小组，《张家山汉墓竹简〔二四七号汉墓〕》，文物出版社，第67页。
❹ 李伟，《西汉财政政策研究》，南京师范大学博士学位论文，2012年，第40页。
❺ 中国简牍集成编辑委员会，《中国简牍集成》第19册《东海尹湾汉墓出土简牍》，甘肃敦煌文艺出版社，2005年，第1915页。
❻ ［汉］应劭撰，［清］孙星衍校集，《汉官仪》卷上，［清］孙星衍等辑，《汉官六种》，中华书局，1990年，第135页。
❼ 栗劲，《〈睡虎地秦简〉译注斟补》，《吉林大学社会科学学报》1984年第5期，第90-96页。

啬夫"的秩次也是相当低下的。因此，此处"小府"与作为九卿之一的"少府"是很不同的。而《汉书·文翁传》有"减省少府用度"，师古注曰："少府，郡掌财务之府以供太守者也。"❶ 据此，郡级地方机构中亦设有"少府"，为掌管财务供给太守的机构。从这个角度看，它在性质上又与中央政府的"少府"有很大的相似之处。

至东汉时，"少府"职能发生变化，《后汉书》志二六《百官四》记载：

> 少府，卿一人，中二千石。本注曰：掌中服御诸物，衣服宝货珍膳之属。丞一人，比千石……职属少府者，自太医、上林凡四官。自侍中至御史，皆以文属焉。承秦，凡山泽陂池之税，名曰禁钱，属少府。世祖改属司农，考工转属太仆，都水属郡国。❷

可见，东汉初年，少府的部分职权被分置于其他机构。这也从一个侧面说明，东汉皇室财政的独立性有所降低，少府成为专门管理皇室生活的服务机构。在这种调整下，管理山林川泽之权改属大司农，山林中的材木亦应由国家行政机构统一调配。

关于当时管理山林的基层官吏，传世文献鲜有记载，东汉碑刻《南安长王君平乡道碑》则见有"主泊山史"，"（阙八字）掾桥义尉曹史任政、杨莫，丞汁邡王卿江元尉绵竹杨卿，掾杨弘，主泊山史□易"❸。秦汉出土简牍中见有大量的"史"职官吏，一般多为地方行政系统的基层官吏。如睡虎地秦简《法律答问》载："空仓中有荐，荐下有稼一石以上，廷行事赀一甲，令史者一盾。"❹ 依文意，令史有监管仓库粮食之责。《秦律十八种·仓律》云："其毋（无）故吏者，令有秩之吏、令史主，与仓□杂出之，索（索）而论不备。"❺ 高恒认为，"令史"列在"有秩之吏"后，说明令史属于"斗食佐史之秩"。❻ 而《汉书·百官公卿表》云："百石以下有斗食、佐史之秩，是为少吏。"❼ 县廷吏员"佐史"秩次也在百石以

---

❶ 《汉书·卷八十九·文翁传》，第3624页。
❷ 《后汉书·志二十六·百官三》，第3592、3600页。
❸ ［宋］洪适，《隶释·隶续·卷十一·南安长王君平乡道碑》，第395页。
❹ 睡虎地秦墓竹简整理小组，《睡虎地秦墓竹简》，第128页。
❺ 睡虎地秦墓竹简整理小组，《睡虎地秦墓竹简》，第27页。
❻ 高恒，《秦汉法制论考》，厦门大学出版社，1994年，第17—18页。
❼ 《汉书·卷十九（上）·百官公卿表上》，第742页。

下，故"主泊山史"应为东汉时期负责"山泽"事务的基层官吏。

另外，根据《汉书》卷二九《沟洫志》记载："今濒河堤吏卒郡数千人，伐买薪石之费岁数千万，足以通渠成水门。"❶可知掌管水利的职官亦常采伐山林用于修治河渠。东汉碑刻《河激颂》中有"往大河冲塞侵齿金堤，以竹笼石，葺土而为竭，坏隤无已，功消亿万。请以滨河郡徒疏山采石，垒以为障"❷。汉代取山林中木石来修筑河堤似为常用方法。现出土西汉印章中见有"张掖水章长"，孙慰祖认为"水章长"为地方掌管水利及材木的官员。❸据《史记·货值列传》载："木千章，竹竿万个。"《集解》注引《汉书音义》曰："章，材也。旧将作大匠掌材曰章曹掾。"❹又《汉书·百官公卿表》载"将作大匠"属官有"东园主章"，颜师古注引如淳曰："章，谓大材也。旧将作大匠主材吏名章曹掾。"且自注曰："今所谓木钟者，盖章声之转耳。东园主章掌大材，以供东园大匠也。"另有"主章长丞，武帝太初元年更名东园主章为木工"，颜师古注曰："掌凡大木也。"❺由此可见，"章"所指为"掌管材木"无疑，而"水章长"或为水利职官中掌管木材的官吏，孙慰祖之说应当准确。

二、林木种植的管理官员

关于汉代以前桑树种植的管理情况，史籍鲜有记载。但在传统小农经济模式下，人们对桑树的种植及保护，早已成为农业的重要组成部分。

据《礼记·祭义》所载，早在周代，统治阶层就有"蚕室"及"公桑"❻，且当时周天子及诸侯夫人需要举行"亲蚕"的祭典。❼此外，尚需"亲东乡躬桑……以劝蚕事"❽。显而易见，统治阶层"亲蚕""劝蚕"等行为，旨在劝化广大的劳动人民积极桑植养蚕。从这个角度上看，桑树的栽植培育在当时应已受到统治者的

---

❶《汉书·卷二十九·沟洫志》，第1695页。
❷［清］严可均辑，《全后汉文·卷六十二》，第633页。
❸ 孙慰祖，《两汉官印汇考》，大业公司，1993年，第131页。
❹《史记·卷一百二十九·货值列传》，第3972—3973页。
❺《汉书·卷十九（上）·百官公卿表上》，第734页。
❻［汉］郑玄注，［唐］孔颖达疏，《礼记正义·卷四十八·祭义》，第1329页。
❼［晋］范宁集解，［唐］杨士勋疏，《春秋谷梁传注疏·卷四·桓公十四年》，第54页。
❽［汉］郑玄注，［唐］孔颖达疏，《礼记正义·卷十五·月令》，第485页。

重视。其中，贵族阶层养蚕植桑的规模可能还比较有限，但当时蚕桑业已成为普通民户的重要家庭副业是可想而知的。这种情行在《诗经》中有所反映，如《鄘风·桑中》中有"期我乎桑中"；《魏风·十亩之间》有"十亩之间兮，桑者闲闲兮"❶，说明当时桑树种植已较为普遍，很多地区确实已有成片的桑林存在。正如杨宽所指出的，"春秋前期以前，蚕桑事业的分布已很广泛"❷。而植桑业的快速发展，应与当时政府的鼓励及管理有极大的关系。

中国古代农桑一体，民间的蚕桑业事宜均由农官兼掌。西周时期，涉及管理桑树种植的高级政务官员为大司徒，《周礼·地官司徒·大司徒》载其职为"周知九州之地域广轮之数，辨其山林、川泽、丘陵、坟衍、原隰之名物"。"名物"即包含"山林""川泽"等五种土地类型在内。"大司徒"须依据土地特点，适宜地安排农林牧各业，并在此基础上"辨十有二壤之物，而知其种，以教稼穑、树艺"❸，即"大司徒"负责对农夫的种植生产给予技术指导，其中应包含桑树的种植。但由于史料阙如，其他农官是否与植桑业有所关联，尚不明晰。

降至秦代，从中央至地方均设有相应的农官，形成了一套卓有成效的农官体系。当时诸郡县中，除地方政府所设的专职农官外，亦有中央列卿设置于地方的分支机构——"都官"及"中都官"，如秦封泥中所见"小厩南田""郎中西田"❹等均属"都官"系统。但从现有资料来看，当时民间植桑事务主要由地方政府监督管理，中央职官应未有涉及。需要说明的是，秦时地方均设有田官，管理该地农事，如田官系统中有"田官守""田官佐""都田啬夫""田啬夫""田守""田部史"及"田典"等职。吴晓懿认为"田典"辅佐田啬夫管理农桑。❺从目前出土简牍所反映"田部"及"田典"的职责来看，此二者均虽以管理田事为主，尚未参与管理林木的相关事宜。❻吴晓懿对"田典"管理"桑"的说法并未

---

❶ [汉]毛亨传，[唐]孔颖达疏，《毛诗正义·卷三·鄘风·桑中》，卷五《魏风·十亩之间》，第191、368页。

❷ 杨宽，《战国史》，上海人民出版社，2003年，第74页。

❸ [清]孙诒让撰，王文锦、陈玉霞点校，《周礼正义·卷十八·地官司徒·大司徒》，第712页。

❹ 徐畅，《先秦玺印图说》，文物出版社，2009年，第103-104页。

❺ 吴晓懿，《战国官名新探》，安徽师范大学出版社，2013年，第82页。

❻ 关于"田啬夫""田典"等田系统职官从属问题学界尚有争论，如有"都官说""乡吏说"及"县吏说"等。但无论事实如何，田系统的官吏主要职责为管理农田以及督促农耕确是无有异议的，即此类职官主要职掌"农"一方面，并兼有其他行政职务，而并未涉及"林"木产业。

提出相关根据，其说或为习惯之辞。

而涉及地方林木管理的则应由与"田部"职权不同的"乡部"负责。据《里耶秦简》8-455号简，"貳春乡枳枸志。枳枸三木，□下广一亩，格广半亩，高丈二尺，去乡七。卅四年不实。"关于"枳枸"，胡平生详确地考证其为"枳椇"，即今之"木蜜"❶。这条简文很可能是乡部职官对所辖地界果树情况所做的调查记录。此外8-1527号简载"貳春乡守平敢言之，貳春乡树枳枸卅四年不实。敢言之。平手"❷。从上引两条简文内容来看，民间果树情况均须由乡部进行调查登记，而后由"乡守"将调查情况向县廷汇报。据此可以推论，桑木的种植、生产管理应当也在乡部的职掌范围之内。

此外，《里耶秦简》（8-1454-8-1629）中有"都乡柀不以五月敛之，不应律。都乡守宵谢曰：乡征敛之，黔首未肎入"❸。"柀"，《尔雅·释木》载："柀，煔"，邢昺疏曰："柀，一名煔。俗作杉。"❹ "柀"应为今之杉木。这条简文所述为"乡守宵"向上级解释为何违反五月收缴赋税的原因，说明当地"乡守"每年五月，需向县廷上缴一定量的木材作为赋税的一部分。除木材外，据《里耶秦简》8-518号简文所载："见户廿八户，当出茧十斤八两。□"❺ 当时蚕茧属于政府所征收户赋中的一项，这点已是比较明确的。综上可知，关于林木的调查登记、汇报，以及与之相关的赋税的征收均由"乡部"来完成的，可以推测，"乡部"职官应是民间林业的主要管理者。

睡虎地秦墓竹简《法律问答》云："或盗采人桑叶，臧（赃）不盈一钱，可（何）论？赀繇三旬。"❻ 盗采不足一钱的桑叶，即要受到三十天徭役的严厉处罚，这也从一个侧面反映了秦政府对于蚕桑业的重视，凸显出秦代蚕桑业在当时社会经济中的重要地位。除出土相关简牍的今湖南、湖北等地界外，春秋战国时的齐鲁地区植桑养蚕亦非常有名，曾出现"冠带衣履天下"❼的情形。故当时桑树的种

---

❶ 胡平生，《读〈里耶秦简（壹）〉笔记（一）》，简帛网2012年4月20日。
❷ 陈伟主编，《里耶秦简牍校释（第一卷）》，武汉大学出版社，2012年，第350页。
❸ 陈伟主编，《里耶秦简牍校释（第一卷）》，第331页。
❹ [汉]郭璞注，[唐]邢昺疏，《尔雅注疏·卷九·释木》，李学勤主编，《十三经注疏（标点本）》，北京大学出版社，1999年，第268页。
❺ 陈伟主编，《里耶秦简牍校释（第一卷）》，第172页。
❻ 睡虎地秦墓竹简整理小组，《睡虎地秦墓竹简》，第95页。
❼ 《汉书·卷二十八（下）·地理志下》，第1661页。

植在全国应有广泛的普及，而"茧税"作为户赋的重要一项，在全国范围内征收应当是没有疑义的。从这个角度出发，我们似乎可以做出这样一种推论，即《里耶秦简》所见"乡部"管理"桑林"事宜的现象，应属于全国性质的。

与秦代相比，汉代政府中央职官系统中即设有管理农桑的官吏。如《汉书·元后传》云："春幸茧馆，率皇后，列侯夫人桑，遵霸水而被除。"颜师古注引《汉宫阁疏》云："上林苑有茧观，盖蚕茧之所也。"❶ 可知当时上林苑中有"茧观"，为皇室植桑养蚕之所。另见西安汉城遗址出土刘军山藏瓦文"监桑"❷，郭俊然认为是管理"茧馆"桑叶生产的官员。❸ 郭氏之说较为合理。因"茧馆"属"上林苑"，故"监桑"一职应属"少府"。

关于另一重要的中央职官——大司农，王希亮及郑辉均将其列入汉代的林官系统当中❹，其中郑辉更认为：

> 汉景帝时设大司农管理农林，汉平帝始（公元1年）置大司农桑丞十三人，以劝农桑并教民植树。……农林业是基础产业，农林业主管机构属于政府的重要生产部门和掌管着国家经济收入主要来源，对政权稳定起着重要作用。大司农正是管理农林业的管理机构，掌管着农田、土地、林业等多种资源和相关的各种事务……大司农职掌国家或政策林业事务。❺

依郑氏所论，农业及林业均属汉代的基础产业，都由中央政府把控，此二者在汉代经济中的地位应当相近或相等。但据《汉书·百官公卿表》载：

> 治粟内史，秦官，掌谷货，有两丞。景帝后元年更名大农令，武帝太初元年更名大司农。属官有太仓、均输、平准、都内、籍田五令丞。斡官、铁市两长丞。又郡国诸仓、农监、都水六十五官长丞皆属焉。搜粟都尉，武帝军官，不常置。❻

汉代"大司农"为继承秦"治粟内史"而来，其主要职责为管理国家的农政

---

❶ 《汉书·卷九十八·元后传》，第4030页。
❷ 陈直，《关中秦汉陶录提要》，中华书局，2006年，第270页。
❸ 郭俊然，《汉官丛考——以实物资料为中心》，华中师范大学博士学位论文，2013年，第75页。
❹ 王希亮，《中国古代林业职官考述》，《中国农史》1983年第4期，第49-60页。
❺ 郑辉，《中国古代林业政策和管理研究》，北京林业大学博士学位论文，2013年，第38页。
❻ 《汉书·卷十九（上）·百官公卿表上》，第731页。

及财政。从所载属官的职掌来看，大司农职官系统中似未有掌管林业的官吏。

而史籍中却常见有地方官员"劝课农桑"、鼓励民众种树养殖等的记载：如《汉书·循吏传》载黄霸为颍川太守，"劝以为善防奸之义，及务耕桑，节用殖财，种树畜养"；龚遂为渤海太守，"劝民务农桑，令口种一树榆"；❶东汉茨充为桂阳令，"教民益种桑、柘，养蚕，织履"❷。在传统农耕社会中，衣食为生民之本，而地方官员为提升自身政绩，也必然会"劝课农桑"，使人民更好地从事农业生产和养蚕纺绩，劝民种植桑树也应是其中的应有之义。从这个角度看，编户齐民种植桑树似乎都是由自己负责，政府官员可能充当一种督导劝化的角色而已。从文献记载的情况来看，汉代植桑、种树等林业事务应主要由地方政府负责，而非"大司农"的职责。

此外，郑辉认为"大司农"有主管林业之职的另一重要依据为"大司农桑丞十三人，以劝农桑并教民植树"，据《汉书·平帝纪》所载："大司农部丞十三人，人部一州，劝农桑。"❸《后汉书·卓茂传》亦载："王莽秉正，置大司农六部丞，劝课农桑。"❹后者所记"大司农部丞"人数较前者少七人，对此问题，周天游认为平帝时所设的部丞制度并未完全施行，后至"新莽"时也仅达到六人。❺无论如何，"大司农"所辖"劝课农桑"的职官，最早设置也在西汉晚期了，且处于王莽当政时期，其实施程度未达到统治阶层的预期，也是可想而知的。

至东汉，"大司农"职权有所削减，《后汉书·百官志》载：

> 大司农，卿一人，中两千石。本注曰：掌诸钱谷金帛诸货币。……丞一人，比千石。部丞一人，六百石。注曰：部丞主帑藏……郡国盐官、铁官本属司农，中兴皆属郡县。又有廪牺令，六百石，掌祭祀牺牲雁鹜之属。及雒阳市长、荥阳敖仓官，中兴皆属河南尹。❻

东汉初，大司农下属"籍田令""搜粟都尉"等均被撤销，且原职掌"劝课

---

❶ 《汉书·卷八十九·循吏列传》，第3629、3640页。
❷ ［汉］刘珍撰，吴树平校注，《东观汉记·卷十八·茨充传》，中州古籍出版社，1987年，第770页。
❸ 《汉书·卷十二·平帝纪》，第351页。
❹ 《后汉书·卷二十五·卓鲁魏刘列传》，第871页。
❺ ［晋］袁宏撰，周天游校注，《后汉纪·卷三·光武帝纪》，天津古籍出版社，1987年，第77页。
❻ 《后汉书·志二十六·百官志三》，第3590页。

农桑"的部丞,改为"主帑藏"的国库主管,即其职能基本与林业脱钩。这也说明,有汉一代,"大司农"的职权也仅在个别时期与林业中的"桑树"种植有所关涉,故其应不属于林官之列。而郑氏的"大司农职掌国家或政策林业事务"之说,恐不准确。

汉代郡府诸曹中见有户曹。《后汉书·百官志》载"户曹主民户、祠祀、农桑"❶,即地方政府中管理"农桑"的职能部门。如前所述,秦时直接参与林业管理的部门为乡部,汉从秦制,亦设有乡部,其长官为"乡啬夫"。《汉书·百官公卿表》载:"乡有三老、有秩、啬夫、游徼……啬夫职听诉讼,收赋税……乡亭亦如之。皆秦制也。"❷可知汉代乡部职责应与秦代并无太大差异,基层林业事宜亦由其掌管。

涉及林木种植的另一重要职官即前述的"将作大匠"。《后汉书·百官志》载:"将作大匠一人,二千石。本注曰:承秦,曰将作少府,景帝改为将作大匠。掌修作宗庙、路寝、宫室、陵园木土之功,并树桐梓之类列于道侧。"李贤注引《汉官篇》曰"树栗、漆、梓、桐",胡广曰"古者列树以表道,并以为林囿。四者皆木名,治宫室并主之"❸。依照文意,汉代"将作大匠"有管理行道树之责,且"宗庙""路寝""宫室""陵园"等地区的林木种植及养护或均由其负责。《汉书·百官公卿表》载:"将作少府,秦官,掌治宫室,有两丞、左右中候。景帝中六年更名将作大匠。属官有石库、东园主章、左右前后中校七令丞,又主章长丞。武帝太初元年更名东园主章为木工。"❹按引文,秦时"将作少府"下属机构较少,而其职掌仅见"掌治宫室",可知秦时"将作少府"职权相较汉代"将作大匠"要小。《后汉书》中所言"将作大匠"须掌管一些地区的林木之责,应为汉代所增设。秦时未知其是否掌管宫室中的林木。

三、苑囿中的林木职官

秦汉时期苑囿众多,分布广泛,上林苑事务,除西汉武帝元鼎二年(公元

---

❶《后汉书·志二十四·百官志一》,第3559页。
❷《汉书·卷十九(上)·百官公卿表上》,第742页。
❸《后汉书·志二十七·百官志四》,第3610页。
❹《汉书·卷十九(上)·百官公卿表上》,第733页。

前115年）至新莽政权成立前由"水衡都尉"负责外，其他时期均归"少府"管理。出土秦封泥见有"坼禁丞印""杜南苑丞""白水苑丞"❶等多地苑囿的丞官，汉代印章亦多见有此类职官❷，其职责应是总管苑囿的各类事务，为"少府"及"水衡都尉"属官。除丞官外，秦代苑囿中亦常见有"苑啬夫""苑吏""虎圈啬夫""弋丞"❸等职官。汉代在承袭秦制基础上，设有"右苑泉监"❹，分管苑囿治安、鸟兽、泉水等。可知当时苑囿职官分工已然细化，各种官吏专管苑中某一方面的事务。

其中，涉及林木的官员有"桑林丞"❺。前文已述，上林苑有专供皇室植桑养蚕之地——"茧馆"，并置"监桑"管理。陈直《关中秦汉陶录提要》云："汉城出土'临桑'残瓦，瓦有'桑'字，皆为茧馆或蚕室之物。'监'者官名，次于令丞之下。"❻故"监桑"或为"桑林丞"之属官，而"桑林丞"应为统管上林苑中桑树林之长官。上林苑中还设有"禁圃"一职，《汉书·百官公卿表》载："水衡都尉……有五丞。属官有上林、均输、御羞、禁圃、辑濯……九官令丞。"❼关于"禁圃"的职责，史籍未见明确记载：《说文解字》云："种菜曰圃。"❽张天恩研究认为，"禁圃"官署间距离长约12.5千米，故除蔬菜外，苑中林木果树应均由其负责。❾其说当为是。

除苑囿外，汉代陵园之中的树木亦设有官吏管理，《长安志》引《关中记》载："汉诸陵，皆高十二丈，……守陵、溉树、扫除，凡五千人，陵令属官五人，寝庙令一人，园长一人，门吏三十三人，候四人。"❿可知汉代陵园长官为陵令，树种的种植及养护为其兼管。

---

❶ 参见傅嘉仪，《新出土秦代封泥印集》，西泠印社，第61、68、72页。
❷ 如"宜春禁丞"印章，见罗福颐，《秦汉南北朝官印征存》，文物出版社，1987年，第9页。
❸ 参看王辉，《出土文字所见之秦苑囿》，《秦都咸阳与秦文化研究——秦文化学术研讨会论文集》，2001年，第76-92页。
❹ 罗福颐，《秦汉南北朝官印征存》，第39页。
❺ 傅嘉仪，《新出土秦代封泥印集》，第74页。
❻ 陈直，《关中秦汉陶录提要》，第270页。
❼ 《汉书·卷十九（上）·百官公卿表上》，第735页。
❽ ［汉］许慎撰，［清］段玉裁注，《说文解字注·卷六（下）·口部》，第510页。
❾ 张天恩，《"禁圃"瓦当及禁圃有关的问题》，《考古与文物》2001年第5期，第55-59页。
❿ ［宋］宋敏求撰，［清］毕沅校正，《长安志·卷十四》，成文出版社有限公司，1970年，第336页。

四、管理林木利用的官员

如前引《汉书》所示，秦汉时期皇室的各类土建工程，先后由"将作少府"及"将作大匠"掌管。此外，汉代皇室近臣的宅邸及坟冢有时亦归"将作大匠"管理建造。如《汉书·孔光传》载："将作穿复土……起坟如大将军王凤制度。"❶又《汉书·董贤传》载："诏将作大匠为贤起大第北阙下。"❷此外，参与京城陵墓建造的还有"少府"属官"左、右司空"，已有学者研究发现，其主职为烧造砖瓦❸，应与木材使用无关。

现今考古发现有众多关于秦时"大匠"的封泥。❹此外，秦遗址中亦见有"大匠"字样的砖瓦❺。张家山汉墓竹简《二年律令·秩律》中有"大匠官司空"❻，可知该职官在汉代亦被承袭。关于"大匠"职掌，《中国古代官制词典》一书认为是"木工的官长"❼。刘庆柱则认为"大匠"掌管砖瓦建筑材料的烧造，与"木工"无关。❽我们认为，"大匠"及"大"字的秦汉陶文均刻于砖瓦之上，这一现象应与"大匠"职掌相关，刘庆柱之说应更合理。❾

---

❶ 《汉书·卷八十一·孔光传》，第3364页。

❷ 《汉书·卷九十三·佞幸传》，第3733页。

❸ 如西安秦汉遗址附近出土多有"左司空"的铭文。按《汉书·百官公卿表》所载：少府属下有"左右司空令丞"。吴镇烽及孙慰祖均认为其主职皇家陵墓中的砖瓦的烧造。参看吴镇烽，《陕西历史博物馆馆藏封泥考（下）》，《考古与文物》1996年第6期，第54—62页。孙慰祖，《新见秦官印封泥考略》，《珍秦斋藏印，秦印篇》，临时澳门市政局，2000年，第54页。

❹ 如现见有"大匠丞印"；"□作□匠"；"秦匠丞印"等封泥。参看刘庆柱、李毓芳，《西安相家巷遗址秦封泥考略》，《考古学报》2001年第4期，第427—452页；[清]吴式芬、陈介祺，《封泥考略·卷一》，第46页。

❺ 袁仲一，《秦代陶文》，三秦出版社，1987年，第42页。

❻ 整理小组认为其"似亦属少府令"，郭俊然则认为其为"将作大匠"属官。按前文所述，少府属下"左司空"与"大匠官司空"均主烧造砖瓦，如二者同属少府，则机构重叠，并不合理。故本书从郭氏之说。参看张家山二四七号汉墓竹简整理小组，《张家山汉墓竹简（二四七号墓）》，第78页。郭俊然，《汉官丛考》，第22页注释。

❼ 《中国古代官制词典》，北京出版社，1994年，第36页。

❽ 刘庆柱、李毓芳，《西安相家巷遗址秦封泥考略》，《考古学报》2001年第4期，第427—449页。

❾ 且因"大匠"司职为掌管砖瓦等一种建筑材料，故其在秦时应为"将作少府"的属官，至汉时应隶属"将作大匠"，故出土文献所载此职或可补史料之缺。

秦时，掌治土建工程的另一重要官员为司空。睡虎地秦简《秦律杂抄》中载有"邦司空"，整理小组认为其为"朝廷的司空"❶，宋杰、于豪亮均认为"邦司空"即《商君书》中所载的"国司空"。西汉初因避刘邦讳，古籍中"邦"多改为"国"字。❷邹水杰提出不同看法，他以《里耶秦简》中的"邦司马为郡司马"为依据，认为"邦司空"即指"郡司空"。❸因出土秦印中有"南郡司空"及"南海司空"❹可知秦时郡一级设有"司空"，另上引睡虎地秦简"县司空、司空佐史、士吏将者弗得，赀一甲；邦司空一盾"，从处罚内容来看，"县司空"与"邦司空"为上下级关系，如"邦司空"为中央职官，则"县司空"直属中央，不归郡级管制，似不合理，故邹氏"邦司空"即"郡司空"的说法应当可从，而"国司空"或属中央，与前者并不相同。这种情况表明，秦时从中央至郡县一级均设有"司空"，管理土木工程及水利等事务。

睡虎地秦简《秦律十八种·司空律》记载"县司空"负责登记管理造器所用的木材，如属下刑徒将木器损毁，亦由其负责进行相应的惩罚。另见有"今县及都官取柳及木柔（柔）可用书者，方之以书；毋（无）方者乃用版"❺。因文书与"司空"无关，而制作木料则须由"司空"提供，可以推测地方政府平常所用木材亦多为"司空"所提供。

至汉代，"司空"❻职权有所变化。对此，宋杰已有过详细可信的论述，他认为，中央职官中，秦至西汉初期时，除"中司空"外，九卿之下均设有"司空"。但自西汉中期起，九卿的下属"司空"部门均遭裁撤，且不再管理组织罪犯劳动，而"中司空"则在新莽及东汉被改置成为三公，总掌国家水土工程之事，以及"掌名山川，众殖鸟兽，蕃茂草木"。郡县的"司空"一职亦在东汉中后期被撤销，土木工程及道桥修建等事务均分由"将作吏"（一称"将作掾"）及"道桥

---

❶ 睡虎地秦墓竹简整理小组，《睡虎地秦墓竹简》，第82页。
❷ 参看于豪亮，《云梦秦简所见职官述略》，收入《于豪亮学术文存》，中华书局，1985年，第95—96页；宋杰，《秦汉国家机构中的"司空"》，《历史研究》2011年第4期，第15—34页。
❸ 邹水杰，《也论里耶秦简之"司空"》，《南都学坛》2014年第5期，第1—7页。
❹ 周晓陆、路东之，《秦封泥集》，三秦出版社，2000年，第253页。罗福颐主编，《秦汉南北朝官印征存》卷一《秦官印》，第4页。
❺ 参看睡虎地秦墓竹简整理小组，《睡虎地秦墓竹简》，分见第49、53、51页。
❻ 此处"司空"所指为"中司空"及众官所辖的"司空"。

二掾"负责。❶

　　需要补充说明的是，上已述及，秦及西汉初期乡级设有"乡部"与"田部"，据张家山汉简《田律》"恒以秋七月除千（阡）佰（陌）之大草；九月大除道□阪险；十月为桥，脩波（陂）堤，利津梁"❷，可知当时"田部"亦有管理"道桥"之责。但"田部"并不隶属于"县司空"，其主责为地方农事，而道路工程的事宜主要还是由"司空"掌管，故二者在管理"道桥"工作方面，应该是各自有所侧重的。至西汉中后期，"田部"并职于"乡部"，该职能转由"乡部"掌管。

　　此外，秦汉时期中央及地方均设有诸多的工官，其中多有负责木制器具制造的官吏，如秦时"少府"下属即有"少府工丞""寺工"❸。其中，后者主造兵器、车马配件、水壶等，经学者研究应为直属皇室的工官。❹另有"邯造工丞"❺的秦封泥，属郡之工官，其职或涉及木器的制作。至汉代，中央与地方均设有大量工官❻，其中涉及木器制作的手工业，多由九卿属下的各种工官负责管理，如少府所辖考工、尚方令丞主造器具及车辆；都船和船司空主造船只；中尉下属寺工主造用具及兵器等。而汉代官府所用木器，陈直认为是由"将作大匠"的属官"木工令丞"主管。❼此外，今见有汉代印章"木工司马"❽。《后汉书·百官志》云："长史、司马皆一人，千石。本注曰：司马主兵，如太尉。"❾可知"司马"为军职，故"木工司马"应指部队中管理木器维修、制造的官吏。

---

❶ 参看宋杰，《秦汉国家机构中的"司空"》，《历史研究》2011年第4期，第15-34页。

❷ 张家山二四七号汉墓竹简整理小组，《张家山汉墓竹简（二四七号墓）》，第42页。

❸ 傅嘉仪，《新出土秦代封泥印集》，西泠印社，2002年，第33、50页。

❹ 如陈平认为"寺工"属皇帝的掖庭机构；陆德富认为"寺工"专办皇室所需器物的手工业机构。参看陈平，《〈"寺工"小考〉补议》，《人文杂志》1983年第2期，第122-123页。陆德富，《寺工续考》，《考古》2012年第9期，第53-57页。

❺ 傅嘉仪，《新出土秦代封泥印集》，第91页。

❻ 相关方面郭俊然已做过详细的考证及论述，故不赘述。参看郭俊然，《汉官丛考》，华中师范大学博士学位论文，第16-28页。

❼ 参看陈直，《两汉经济史料论丛》，陕西人民出版社，第175页。

❽ 戴山青，《古玺汉官印集萃》，广西美术出版社，2001年，第235页。

❾ 《后汉书》志24《百官志一》，第3564页。

小　结

如前所述，至战国时，各诸侯国对西周的林木职官制度有所继承，如各国均置有"虞""衡"等职，楚国亦存有"委人"等官吏，专管山林川泽以及苑囿中的林木。但与西周时隶属于中央政府且只掌管山林川泽政令、使百姓按时渔猎的生态职官[1]不同，这些职官已逐渐转型为管理君王私人财务的下属官吏。如《孟子·梁惠王》云："文王之囿，方七十里，刍荛者往焉，雉兔者往焉，与民同之……臣闻郊关之内，有囿方四十里，杀其麋鹿者，如杀人之罪。"[2]依引文可知，当时苑囿之利已从西周时的"与民共利"转化为国君私人财产。且前引《孟子·滕文公下》中赵岐注"虞人，守苑囿之吏也"，"虞人"即为当时管理国君苑囿中的官员。从上引两条记载即可窥见战国时"虞"官性质，已与周代时存在一定的差异。

据史籍记载：林木职官的这种性质转变在春秋后期就已经发生了。如《管子·轻重甲》"为人君而不能谨守其山林、菹泽、草莱，不可以立为天下王"[3]，认为人君掌握山林川泽资源是成为霸王的必要条件。而在实际管理操作上，各国也均设有严刑峻法，如齐国"有动封山者，罪死而不赦。有犯令者，左足入，左足断，右足入，右足断"[4]。可想而知，当时国君对山林川泽资源的垄断，必然会促使山林管理的职官体系向"国君私人化"的方向转变。因此，我们认为，后来秦设立"少府"一职，某种程度上即是这种转变所形成的结果。

尽管目前尚无材料表明秦国"少府"始置于何时，但《春秋穀梁传》卷七载晋国大夫荀息之言"如受吾币而借吾道，则是我取之中府，而藏之外府，取之中厩，而置之外厩也"[5]。此处"中府"的职能，似乎与后来秦国"少府"有很大的相似之处，都是管理国君私人财物的机构。可见，这类机构很有可能在春秋中期就已存在。而关于秦国"少府"，前述秦兵器铭文中见有秦始皇"十三年，少府

---

[1] 如《盐铁论·力耕》载古者"泽梁以时入而无禁"；《礼记·王制》中亦载"林麓川泽，以时入而不禁"。王利器校注，《盐铁论校注·卷一·力耕》，第27页；[汉]郑玄注，[唐]孔颖达疏，《礼记正义·卷十二·王制》，第394页。

[2] [汉]赵岐注，[宋]孙奭疏，《孟子注疏·卷六（上）·滕文公章句下》，第159页。

[3] 黎翔凤，《管子校注·卷二十三·轻重甲》，第1426页。

[4] 黎翔凤，《管子校注·卷二十三·地数》，第1360页。

[5] [晋]范宁集解，[唐]杨士勋疏，《春秋穀梁传注疏·卷七·僖公二年》，第109页。

工儓,西成,武库受属邦,八一"的记录,可知至迟至战国末期,"少府"就已经存在了。而据《韩非子·外储说右下》载:"秦大饥,应侯请曰:'五苑之草著,蔬菜橡果枣栗足以活民,请发之。'昭襄王曰:'吾秦法使民有功而受赏……今发五苑之蔬草者,使民有功异无功俱赏之。夫使民有功与无功俱赏,此乱之道也。'"[1]说明秦昭襄王时,苑囿之利已全归于国君,故"少府"设置时间应比铭文所见仍要靠前。

此外,前文已述,降至汉代,"虞人"职能已被分割,且其极少见诸记载:很有可能在当时已非常置职官。

确如李欣所言:

> 降至秦汉大一统政治体制的建立,先秦完善的山林职官体系已然消失。先秦"大司徒"及其所属职官构成的管理山林川泽的完善体系,在秦汉时期被彻底打散,由少府、水衡都尉、将作大匠等负责山林赋税、木材调用等具体事务,而且这部分官职的设置还带有一定的临时性,并非常置。

汉代山泽资源的管理权已不单为某一个机构所掌控,而是散置于多个机构当中。除地方政府及李氏所述的少府、水衡都尉、将作大匠三类官职外,还有前文所论及的汉代政府在各地所设的木官及地方的水利官吏。

李欣又言:

> 秦汉时期虞、衡一类职官被代之以"少府"以及后来的"水衡都尉",且其主要职责都是在于为皇帝敛财,而非国家事务范围内的保护山林川泽,实现有续利用。结果是,整个两汉期间都没有"虞、衡"类职官设置。[2]

这一说法,却有值得商榷之处。首先,上文已述,"少府"及"虞人"在秦汉时期同时并存,至汉代"虞人"职能被分散至多种掌管山泽资源的机构当中,故言其被"少府"及"水衡都尉"取代似并不恰当。其次,李氏所述"少府"及"水衡都尉"并非在国家事务范围内保护山泽,旨在说明汉代山林保护体系有所弱化。但据前文所述,汉代无论政府收入或皇室财产,均由地方政府收取

---

[1] [战国]韩非著,陈奇猷校注,《韩非子新校注·卷十四·外储说右下》,第818-819页。
[2] 李欣,《由"律"、"令"到"时令"——秦汉林业立法及森林保护体系变迁》,《北京林业大学学报》(社会科学版) 2015年第4期,第1-8页。

后再行上缴至各部门。即开采及保护山泽资源本非"少府"之责,而是在地方政府的职权范围内。且据张家山汉简《二年律令·田律》所载:"禁诸民吏徒隶,春夏毋敢伐材木山林,及壅隄水泉,燔草为灰,取产麛卵;毋杀其孕重者,毋毒鱼。"❶可知西汉初年,"春夏毋敢伐材木山林"的时禁仍是作为法律规定而仍在执行的。在当时"虞""衡"极少设置的情况下,全国范围内掌管时禁之责的必然是地方政府。因此,我们认为,取代"虞""衡"的并非"少府",而是地方政府。❷

但前引汉初"山川园池市井租税之入,自天子以至于封君汤沐邑,皆各为私奉养焉,不领于天下之经费"这一政策的施行,使全国范围内"王侯"所辖地区的山泽资源均纳入自己财政收入内,而"不领于天下之经费",亦可说明此类群体对山泽资源的管理应当与政府相别,自成体系。如景帝时期,吴王领地山泽"吴有豫章郡铜山,濞则招致天下亡命者盗铸钱,煮海水为盐,以故无赋,国用富饶"❸。显然,其所辖范围内的山泽资源并不归地方管制,而是具有独立于政府的山泽管理体系——王国所设"少府"。此外,前文所言的"小府啬夫"是管理地方政府长官私奉养的职官,亦不在"少府"的职官体系当中。

综上,西汉时山泽物产的管理权可以划归为三个部分。一为中央政府因地所置的各类生态职官,如"木官""云梦官"等,这类职官直接管理地方山泽中的物资产出;二为地方政府管理,收取山泽之税,将其利分缴于少府及地方长官;

---

❶ 该律文说明汉初时虽承袭秦代,将时禁列入法律条例中,但与秦代不同,汉代执行时禁政策的应当并非"虞人"。首先,前已述及,先秦"虞人"具有掌管山泽税收之权,而同书《金布律》却载该职权已归属地方政府。其次,"虞人"主管山林时禁,但汉代却常有违禁现象出现,如汉成帝阳朔二年(前23年)曾下诏曰,"今公卿大夫或不信阴阳,薄而小之,所奏请多违时政。傅以不知周行天下,而欲望阴阳和调,岂不谬哉,其务顺四时月令。";汉哀帝时黄门李寻亦言,"今朝廷忽于时月之令,诸侍中尚书近臣,宜皆令通知月令之意。"凡此种种,说明汉初关于时禁的律令并未有效施行,这也从侧面说明"虞人"一职在汉代已有所衰落。

❷ 这里需要说明的是,山泽资源虽归地方政府管理,但其中包含林木在内的物产所有权仍归属"少府",如民众采猎其中资源时,须缴纳一定的税收,而这部分税收《后汉书》载汉和帝永元十一年(99年)二月"遣使循行郡国,禀贷被灾害不能自存者,令得渔采山林池泽,不收假税";永元十五年(103)六月诏"令百姓鳏、寡渔采陂池,勿收假税二岁。"《后汉书》卷四《孝和帝纪》,频繁下诏则可反映出收取"假税"应为汉代的定制。而"假税",应如陈明光所述,即为"资源税"。因此,"少府"仍属山泽的最高管理者。参看陈明光《析汉代的"假税"与"八月算民"》,《中国社会经济史研究》1992年第2期,第19—23页。

❸ 《史记·卷一百零六·吴王濞列传》,第3416—3417页。

三为各地"王""侯"下亦设有"少府"。至东汉时期,"皇帝财政"与"中央财政"趋于统一,"少府"职权大为削减,原中央政府在各地所设山泽职官亦归属于地方,可以说,当时山泽税收已基本纳入国家财政体系。

秦汉时期苑囿先后由少府及水衡都尉掌管,其下各禁苑中均设有禁丞及啬夫等管理苑中各类事务。当时苑囿多设于林木葱茏之处,苑中天然林木似由禁苑之长官禁丞负责管理。此外,苑囿中亦多设有种植及养护人工林木的职官,如前文所述的"橘丞",即为管理地方橘园中果木的官吏。上林苑中,情况则有所不同。班固《西都赋》曾云上林苑中"离宫别馆,三十六所"[1],宋敏求《长安志》引《关中记》中,实举多个以"林木"为名观,如"柘""涿木""樛木"等观[2],此外亦包含前文述及的"茧"观。通过上述"茧"观为上林苑中专为皇室植桑养蚕之处可以推测,此类"观"应均因大片种植某一种树木而名,其长官均设有丞,如"茧"观即由"桑林丞"管理。关于"樛木",《诗经·周南·樛木》载有"南有樛木"[3],大致可以判定"樛木"为南方树种,而"柘"亦为南方树种,可知这类观中的树木很可能均由他处移植而来,并设观专养,成为观赏型林木。

此外,上亦述有"禁圃",负责种植瓜果林木。"禁圃"设有专有官署,应与"观"相别,且其所种林木较为繁杂,与"观"中的单一树种差异较大。至东汉,上林苑移至洛阳,据《后汉书·和帝纪》所载"二月戊戌,诏有司省减外厩及凉州诸苑马。自京师离宫果园上林广成囿悉以假贫民,恣得采捕,不收其税"[4],可知东汉苑囿中应亦设有专种果木的果园,应当是继承了西汉制度,也置有专职官吏进行管理。

前已述及,秦汉时期林木种植并非由中央政府管理,而归地方政府管制。如秦时将地方木材纳入郡县所需缴纳赋税的项目之中。此外,当时户赋中的"茧税"均是定量征收[5],意味着民间桑树的种植具有一定的强制性。该政策使当时植桑业有一定成效,如睡虎地秦简《封诊式》载有某鞫者家前种有"门桑十

---

[1] 高步瀛撰,曹道衡、沈玉成点校,《文选李注义疏·卷一·西都赋》,第73页。
[2] [宋]宋敏求撰,[清]毕沅校正,《长安志·卷四》,第97—100页。
[3] [汉]毛亨传,[汉]郑玄笺,[唐]孔颖达疏,《毛诗正义·卷一·周南·樛木》,第41页。
[4] 《后汉书·卷四·孝和孝殇帝纪》,第175页。
[5] 如上引《里耶秦简》中启乡二十八户出茧十斤八两,即相当于每户当出户赋茧六两。另,《里耶秦简》简8-96及8-447亦载有"茧六两",可知秦时每户所出"茧税"应为定量六两。

木"❶。至汉代，郡级亦增设户曹，管理劝课农桑等事宜。总之，秦汉时期林木的种植，并不是像一些学者所认为的由中央政府的机构管理，而是由地方政府负责。且当时林政相对独立，并不属于农政系统，即使林木中对国民经济最重要的桑木，中央政府也仅行劝勉、鼓励之责，具体管理仍归地方郡县。

关于材木利用的机构，秦汉时期主要为"司空"。该职有较大的变动，已有学者做过详尽可信的论述❷，这里不再讨论。

---

❶ 睡虎地秦墓竹简整理小组,《睡虎地秦墓竹简》, 第 149 页。

❷ 如宋杰认为"司空"机构的萎缩主因为其所驱使的劳动力——刑徒的减少，即汉代"刑徒制度"的衰败。参看宋杰,《秦汉国家机构中的"司空"》,《历史研究》2011 年第 4 期, 第 15-34 页。

第五章　秦汉时期社树制度的嬗变
——兼谈立树于社的原因

中国古代的"社"，是一种极为普遍的文化存在。秦汉时期，社已趋于私人化、自愿化。正如宁可所述，"汉时，里普遍立社，穷乡僻壤乃至边远地区，都有里社，即以里名为社名，称某某里社。里的全体居民不论贫富都参加"❶。可见，社在当时社会的生活中起着相当重要的作用。而树木，在古代社祭当中占有极其重要的地位。本章拟就文献与考古资料，对秦汉时期社树的情况及相关问题试作蠡测，以求正于诸方家。

第一节　社主考辨

古人祭祀社神时，为便于祈祷祭祀，往往会选择真实存在的物体代表社神，这种物体就是社神所依凭的社主，即社神的标志。但这里"社主"却并不如一些学者所认为的"古时国必立社，社必树木"❷。据《淮南子·齐俗训》云："有虞氏之祀，其社用土；夏后氏，其社用松；殷人之祀，其社用石；周礼之礼，其社用栗。"❸由此可知，古代社主除木外，尚有用土与石的可能。但社主的种类并不如《淮南子》所述的因朝代而异，而是因各地风俗不同，具有一定的差异性。

一、以石为社主

史志龙详论了先秦时期以"石"为社的情况❹，本章不再赘述。俞伟超推定

---

❶ 宁可，《汉代的社》，收入《宁可史学论集》，中国社会科学出版社，1999年，第460-461页。
❷ 吴郁芳，《楚社树及荆、楚国名考》，《求索》1987年第3期，第118-120页。
❸ 何宁，《淮南子集释·卷十一·齐俗训》，第788-789页。
❹ 参看史志龙，《先秦社祭研究》，武汉大学博士学位论文，2010年，第39页。

江苏铜山丘湾商末遗址所见的天然大石为社祭所用的社主[1]，证实了文献所载以"石"社祭情况的真实性。王子今认为，"社石"与"社树"是有一定关联的，并举例，"羌族最初以白石作为天神的象征，不仅供奉在每家的屋顶上，而且也供奉在每一村寨附近的'神林'里。""屋顶的白石石家祭的地方，而神林则是全寨公祭的场所"。[2]但这一情况并不具有普遍性。有研究认为，近代一些少数民族仍将石视为社神或土地神的象征，但这一习俗与树木无关。[3]

二、关于"以土为社"的论析

上引《淮南子》载有"有虞氏之祀，其社用土"。据此，常玉芝、史志龙均认为先秦时有立土为社之俗。[4]据考古所见，磁山遗址F1房址内有巨大石块，并见有人牲、"组合器"群和卵石铺设的祭坛。另外，西安半坡亦发现有祭祀遗迹，遗迹包括一个直立栽于土内的石柱、5组陶器坑和4处红烧土圆硬面。此外，东山嘴、莎木佳、黑麻板等祭祀遗址中均见有石砌建筑遗址。魏建震认为上述几处遗址中的石块与石柱应当与社祭所用社主有关。[5]这说明，用石作社主的情况早在新石器时代就已存在，且具有一定的普遍性。因此，《淮南子》所载未必符合事实。且因土堆易受风雨侵蚀，难以保存，在更易保存且具有标志意义的石制社主较为流行的情况下，用土为社主的可能性较小。但"其社用土"究竟为何意？高诱注"其社用土"之意为"封土为社"。但引文之后所载："夏后氏，其社用松；殷人之祀，其社用石；周礼之礼，其社用栗。""松""石""栗"应指社祭所用社主，而"有虞氏之祀，其社用土"与其后文句为并列关系，应亦指社主，故高氏所注有误。"土"应指社主无疑，从目前所见的甲骨卜辞中可知，"土"字上

---

[1] 俞伟超，《连云港将军崖东夷社祀遗迹的推定》，收入《秦汉考古学论文集》，文物出版社，1985年，第60页。

[2] 王子今，《秦汉时期生态环境研究》，第360页。

[3] 何星亮，《土地神及其崇拜》，《社会科学战线》1992年第4期，第323-331页。

[4] 史志龙，《先秦社祭研究》，第38-39页；常玉芝，《郑州出土的商代牛肋骨刻辞与社祀遗迹》，《中原文物》2007年第5期，第96-103页。

[5] 魏建震，《先秦社祀研究》，人民出版社，2008年，71-79页。

半部分似象"石"之形❶，故仅从文献来看，"其社用土"似亦可以解释为用"石"为社主。

三、以树为社主的情况

除上述情况外，古代以"树"为社主是最为常见的。《说文·示部》引《周礼》曰："廿五家为社，各树其土所宜之木。"❷由此可知周时基层的社，社主均用木。这一方面，在考古资料中亦有体现。在山东莒县陵阳河发掘的新石器时代

---

❶ 史志龙用甲骨卜辞中社的象形来佐证"立土为社"情况的存在。他认为，"甲骨卜辞中，土字之形象多为土堆、土丘之形……陈梦家认为，武丁卜辞'土'作 Ω 或 ❀，象土块之形。后世之社于地上立圜丘象之。祭土即祭社，典籍中亦有记载：《公羊传·僖公三十一年》，'诸侯祭土。'何休注，'土，谓社也。'封有聚土之意，《礼记·檀弓》，'于是封之，崇四尺。'郑注，'筑（聚）土曰封。'聚起来的土堆就是社，社神自然以土堆为社主。……《管子·轻重戊》亦曰，'有虞之王，烧兽薮，斩群害，以为民利，封土为社，置木为闾，始民知礼也。'由此可知，社主用土在有虞氏时期，这个时期先民直接以土地作为崇拜对象，把土堆、土丘作为社主，当是一种较为朴素的认识，尚保留有原始社会的遗风。"

但其说却有值得商榷之处，首先，甲骨卜辞中均用"土"字表"社"，已成定论。但如果仅以文字象形来判断当时社祭以"土"为社主，便难以解释当时大量出现以木与石为社主的情况。其次，史氏认为文献所载的"封土"即为以"土"为社的看法较为片面。据《孝经纬·援神契》载："社者，土地之神也。土地阔不可尽祭，故封土为社，以报功也。"古代对社神的祭祀，并非面对广袤土地的本身。而是封土为坛，以某一块的土地作为实体象征物，立社祭祀。故这里的"封土"应指筑社之意。如《韩非子·外储说左上》见有"筑社之谚""谚曰，'筑社者，攐撅而置之，端冕而祀之。'"可见传统"社"的设立，有"筑"的工程要求。另《后汉书·祭祀志上》云："封，封土筑也。"又《礼记》卷四十六《祭法》孔颖达疏曰"封土曰坛。"可知"封土"应指建造土筑的高台，又称为坛，即举行社祭的地点，而非指立土为社主。最后，甲骨文 Ω 是否如陈梦家所述，为象土块之形，尚值得怀疑。甲骨文中"土"除有上述字形外，尚有一种类三角形的字体，土块多为劳作之中产生，三角形的土块似难以寻思。因甲骨文中"土"字未见有表示物质土之用例，其本意应指"地"，包括西周金文所载之"土"亦均指"地"，如《召卣》载："王自毂吏（使）赏（赏）毕土方五十里"等等。而时人常立社祭祀土地，因此，以社主之形指代"土"较为合理。此外指"土"的字形尚有 ⊥ 与 ⓘ，从几种"土"字象形来看，似释为象"石"形更加合理。

参看史志龙，《先秦社祭研究》，第38—39页；[日]居香山、中村璋八辑，《纬书集成》（中册），河北人民出版社，1994年，第970页；[战国]韩非著，陈奇猷校注，《韩非子新校注·卷十一·外储说左上》，第690页。《后汉书》志8《祭祀上》，第3160页。[汉]郑玄注，[唐]孔颖达疏，《礼记正义·卷四十六·祭法》，第1300页。郭沫若，《甲骨文合集》第21103、33049号卜辞，中国社会科学院历史研究所，1978—1982年，第7、11册，第2720、4070页。中国社会科学院考古研究所，《殷周金文集成释文·卷四》，第5416号，第160页。

❷ [汉]许慎撰，[清]段玉裁注，《说文解字注·卷一（上）·示部》，第34—35页。

晚期墓葬中，在出土的陶器之上，发现有刻画的社树形象。❶这说明立树为社主的传统在远古时期就已存在了。此外，俞伟超曾经发现商代记有"东、西、南、北"方位的"单"与"土"的卜辞。而"甲骨文中的"土"字，在绝大部分场合，可断为"社"字。而"单"字的本义，显然与聚居无涉。近四川广汉三星堆相当于商代的早期蜀国的祭祀坑中所出铜树，顶上分权树枝作丫形。这种铜树，大概就是社树的模拟物。那时的农业公社中，每个公社大抵把土地崇拜的场所叫"社"，而以树作为社神。"单"的字形，也许就是社树的象形。❷俞氏的观点，应当是合理的。这也反映出殷商时以"树"为社主的情况。

至战国秦汉时，这一传统得以沿袭。《韩非子·外储说右上》载："君树木而涂之，鼠穿其间。燻之则恐焚木，灌之则恐涂陁，此亦见夫为社乎？社鼠之所以不得也。"❸当时的人们须在社树周边加以"涂之"的建造工序。此外，《汉书·眭弘传》载："是时昌邑有枯社木卧复生。"颜注："社木，社主之树也。"❹另《汉书·五行志中下》载："建昭五年，兖州刺史浩赏禁民所自立社。山阳橐茅乡社有大槐树，吏伐断之，其夜树复立其故处。"张晏注："民间三月九日又社，号曰'私社'。"臣瓒曰："旧制二十五家为一社，而民或十家五家共为田社，是'私社'。"颜师古以为"瓒说是"❺。这里的私社与当时的民社不同，属于"非法"，虽为官方禁止，但极为盛行。又《全后汉文》卷九七《邴原诵》载："邴君行仁，落邑无虎。邴君行廉，路树成社。"❻如引文所述，有汉一代无论诸侯"国社"，抑或官方禁止的"私社"，多以树木作为社主。这一情况在汉代画像资料中亦有反映，山东诸城大徐洞出土画像石即有一树立于方形坛台上的内容（见图5-1）❼；而在河南郑州出土的汉代空心砖上，亦见有树立于方形坛台上的图形（见图5-2）。❽

---

❶ 王树明，《莒县陵阳河墓廿五与陶器刻画社树文字》，（台湾）《故宫学术季刊》待刊。此转引自郑同修《汉画像中"长青树"类刻画与汉代社祭》，《东南文化》1997年第4期，第56-62页。

❷ 参看俞伟超，《中国古代公社组织的考察——论秦汉的"单—俾—弹"》，文物出版社，1988年，第53页。

❸ [战国] 韩非著，陈奇猷校注，《韩非子新校注·卷十三·外储说右上》，第784页。

❹ 《汉书·卷二十七（中之下）·五行志中之下》，第1412页。

❺ 《汉书·卷二十七（中之下）·五行志中之下》，第1413页。

❻ [清] 严可均辑，《全后汉文·卷九十七》，第982页。

❼ 山东省博物馆、山东省文物考古研究所，《山东汉画像石选集》，齐鲁书社，1982年，第52页。

❽ 郑州市博物馆，《郑州汉画像砖》，河南美术出版社，1988年，第172页。

图 5-1　山东诸城大徐洞画像　　　　图 5-2　郑州画像砖社树图

郑同修研究认为，汉画像中常见有此类立于坛台上的树木刻画图像，说明台上树木与普通树木并不相同，且文献所载我国古代立社常有筑坛台之习，故汉画中的树应为社树。❶这一观点合理有据，可以信从。另刘向《五经通义》载："社皆有坛也，饰也。有木者，土当生万物，莫善于木。"❷所述情况与文献及郑氏所述相合。有汉一代立"树"为社主之盛，由此可见一斑。

第二节　社树制度的嬗变

从目前关于"社树"的著述来看，诸多学者将"社树"视为社主，这应属于概念上的混淆。且"社树"的设立情况，自先秦至两汉，发生了极大的变化。因此，有必要对"社树"进行详细的说明。

关于社树形式，凌纯声认为存在"树社"与"丛社"，"前者为人植的或天生的独木即成为社，后者多以天生的丛林为社"❸。从现有资料来看，还需要作补充说明。凌氏所指"树社"应为以树为社主的社。然而后文将述及，自周以降，官

---

❶ 此外，郑氏亦言，"汉画像中又有中央植树、周围环绕以建筑的物象，树木高大其中，此类树木纹之下虽无明显土台一类刻画，但树纹的形状与立于土台之上树木形状基本一致，又由其建筑物为树木附属物象情况来看，这类周围环绕以建筑物的树木或亦属社树之类。"参看郑同修《汉画像中"长青树"类刻画与汉代社祭》，《东南文化》1997 年第 4 期，第 56—62 页。

❷ ［汉］刘向，《五经通义》，［清］王谟辑，《汉魏遗书钞》，嘉庆三年刻本。

❸ 凌纯声，《中国古代社之源流》，《中国边疆民族与环太平洋文化》，联经出版事业公司，1979 年，第 1434 页。

方立社，周边常植以大量树木，亦属社树，但社主或用石、或用木，并无一定。因这种立社方式难以准确划定其是否为"树社"，但为便于叙述，本章将官方立社亦归于"树社"❶。

一、"丛社"地位的变迁

我国早期的社祭应以"丛社"为主，"树社"应为后起的祭祀方式。《论语·八佾》载："哀公问社于宰我。宰我对曰：'夏后氏以松，殷人以柏，周人以栗，曰：使民战栗。'"❷石声淮认为这一记载表明"夏后氏"时，人们已植树作为社主。且凡建国立社必须树木，所立的社均以树为名。如此说来，《淮南子·齐俗训》所载"殷人之祀，其社用石"应为"柏"字之误。❸按其说，"树社"之俗在夏朝就已存在，且后世一直延续。此外，刘宝楠亦有相同的观点：

> 《大司徒》，"设其社稷之壝而树之田主，各以其野之所宜木，遂以名其社与其野"。注，"所宜木谓若松、柏、栗也。若以松为社者，则名松社之野，以别方面"。如彼注所言，是夏后氏社树、社主皆用松。殷人社树、社主皆用柏，周人社树、社主皆用栗也……若《淮南子》"殷人以石"，与《论语》文异，此自传闻之误。

夏、商、周时的社主均植某一特定树种，但《周礼·大司徒》上述所载为周及以后的制度，以此来判定夏、商的社祭制度似有不妥。另《礼记·郊特牲》孔颖达疏引《尚书·无逸》载："大社唯松，东社唯柏，南社唯梓，西社为栗，北社唯槐。"❹按引文所载，社树的种类多因方位不同而异，而与朝代更迭无关。且《五经异义》载："夏后氏都河东，宜松也；殷人都亳，宜柏也；周人都豐鎬，宜栗也。"❺其文与《尚书·无逸》所载相合。这说明，夏、商、周三代曾因地处不同，以当地常见的树木立社，因此并不能判定当时所立社主是否为人工所植。加

---

❶ 换言之，"树社"即指通过人工种植树木或以天然的独木而立的社。
❷ [魏]何晏注，[宋]邢昺疏，《论语注疏·卷三·八佾》，第45页。
❸ 参看石声淮、傅道彬，《木的祭祀与木的崇拜》，《华中师院学报》1984年第4期，第88-95页。刘宝楠，《论语正义·卷四·八佾》，中华书局，1990年，第119-122页。
❹ [汉]郑玄注，[唐]孔颖达疏，《礼记正义·卷二十五·郊特牲》，第792页。
❺ [汉]许慎，《五经异义》，[清]王谟辑，《汉魏遗书钞》，嘉庆三年刻本。

之《墨子·明鬼下》所载："且惟昔者虞夏商周三代之圣王……必择木之修茂者，立以为丛位（社）。"❶ 三代所立的"松""柏""栗"等社极有可能为依天然丛林所立的"丛社"，其社树应非人工所种植。且春秋以降，植树立社之风日渐兴盛，文献所载很有可能为时人依照当时情况所附会而成，如《春秋公羊传·文公元年》何休注云："夏后氏以松，殷人以柏，周人以栗。松犹容也，想见其容貌而事之，主人正之意也。柏犹迫也，亲而不远，主地正之意也。栗犹战栗，谨敬貌，主天正之意也。"又《白虎通·宗庙》："夏后氏以松，松者，所以自竦动。殷人以柏，柏者，所以自迫促。周人以栗，栗者，所以自战栗。"❷ 此皆为其证，即石、刘二人所依靠的文献本身并不可靠。

据目前考古资料显示，《淮南子》所载较《论语·八佾》更接近于实际情况。从甲骨卜辞及出土的商代社祭遗址来看，目前尚无证据表明商代已使用"树社"。郑同修认为"商周以来这一习俗的大体情况，即封土为坛，周围筑以矮墙，中间栽植树木，对其进行祭祀，此盖即为我国古代立社、祭社的实际情况"。其依据为《管子·轻重戊篇》"有虞之王……封土为社"，以及《淮南子·齐俗训》载："有虞之祀，其社用土。"高诱注，"封土为社"。但从现有考古资料所见，郑氏所述较为片面。目前发现的商代社祭遗址有两处，除前述江苏铜山丘湾遗址外，另一处为1955年发掘的郑州商城社祭遗址❸，说明商代中央与地方均有立社之习。但两处均未发现封土立坛与立木为社的痕迹，与郑氏所援引的文献记载并不相符。因文献所载多有讹误之处，而甲骨卜辞中并未见有关于"树社"的记载。前述三星堆的推论亦难判断该社树是否属于"丛社"，因此郑氏之论恐不能成立。虽然尚不能排除当时有部分地区以独木为社的可能，但可以确定，这一时期"树社"并非为立社的主流形式。

但当时的"丛社"却常见诸记载。如《左传·襄公十年》有"《桑林》，殷天子之乐名"。孔颖达疏曰："唯《书传》言，汤伐桀之后，大旱七年，史卜曰：'当以人为祷。'汤乃剪发断爪，自以为牲，而祷於桑林之社，而雨大至，方数千

---

❶ 吴毓江撰，孙启治点校，《墨子校注·卷八·明鬼下》第340页。
❷ 参看[汉]公羊寿传，[汉]何休解诂，[唐]徐彦疏，《春秋公羊传·卷十三·文公元年》，第277—278页。[清]陈立撰，吴则虞点校，《白虎通疏证》，中华书局1994年，第576页。
❸ 河南省文物考古研究所，《郑州商城，1953—1985年考古发掘报告》，文物出版社，2001年，第496页。

里。或可祷桑林以得雨，遂以《桑林》名其乐也。"❶按文意，殷商时曾以"桑林"为社。类似记载亦见于《吕氏春秋·顺民》，"昔者汤克夏而正天下，天大旱，五年不收。汤乃以身祷于桑林。"❷文中并未言明"桑林"即"桑林"之社，但该记载与孔氏注疏均记载均说明"桑林"有祈雨之用。据甲骨卜辞所载：

1. 辛巳贞，雨不既，其燎于亳土，弜燎启。辛巳贞，雨不既，其燎于亳土，弜燎启，其雨。

2. ……于……燎土，不其介，惟有雨。

3. 己酉卜，庚戌雨。允雨。乙卯其昭目雨。癸丑卜，甲寅又宅土燎牢，雨。乙卯卜，……岳。乙卯卜，其归……有雨。己未卜，今日雨。至于夕雨。

4. 乙卯卜，祟雨于土。❸

殷商时人们祭祀社的目的之一即是求雨，这与文献所载的桑林之用相合。且卜辞中亦见有人们祭祀桑林的记载——"其燎于桑，隹大牢"❹。而上揭孔颖达疏史卜曰"当以人为祷"的记载，与郑州商城出土的社祭遗址中见有"人牲"的情况相合❺。说明文献所载殷商时以"桑林"为社是可信的。

而《墨子·明鬼下》载："昔者虞、夏、商、周三代之圣王，其始建国营都日，必择国之正坛置以为宗庙，必择木之修茂者立以为丛位。"❻所说虽并非完全符合事实，但"必择木之修茂者，立以为丛位（社）"之说与"桑林之社"亦可相互印证，而"必择木之修茂者"之辞说明所立"丛社"应是依靠现有树木建立而成的，这与"树社"先立社后植社树的方式有极大的不同。据《吕氏春秋·诚廉》载："世为长侯，守殷常祀，相奉桑林。"❼殷商之后，桑林之社仍然存在，且

---

❶ [周]左丘明传，[晋]杜预注，[唐]孔颖达正义，《春秋左传正义·卷三十一·襄公十年》，第884页。

❷ 许维遹，《吕氏春秋集释·卷九·顺民》，第200页。

❸ 中国社会科学院考古研究所，《小屯南地甲骨》第665、4400号卜辞，中华书局，1980年，第124、781页。郭沫若，《甲骨文合集》第14393、34493号卜辞，第5、11册，第2005、4300页。

❹ 郭沫若，《殷契粹编》第470号卜辞，科学出版社，1965年，第102页。

❺ 河南省文物考古研究所，《郑州商城，1953—1985年考古发掘报告》，第495页。

❻ 王念孙认为，"位"为"社"字之误。[清]王念孙，《读书杂志》，江苏古籍出版社，1985年，第587页。

❼ 许维遹，《吕氏春秋集释·卷十二·诚廉》，第268页。

被后世奉为"常祀"。即此类"丛社"均为依当地传统、风俗所立，社祀场所具有继承性。如《吕氏春秋·慎大览》，"立成汤之后于宋，以奉桑林。"高诱注，"桑山之林汤所祷也，故使奉之。"❶按高氏所注，宋国所奉的"桑林之社"为商汤祈雨之所，该社似处于野外的山林之中。

另外，《墨子·明鬼下》记载了燕、楚等地亦有与宋之"桑林之社"类似的社祀之地，"燕之有祖，当齐之社稷，宋之有桑林，楚之有云梦也，此男女之所属而观也。"❷关于"祖"的含义，清人王念孙认为，"《法苑珠林·君臣篇》作'燕之有祖泽，犹宋之有桑林，国之大祀也。'据此则祖是泽名，故又以云梦比之。"❸孙诒让从其论❹。依引文意，燕、楚均有社祭之地位于泽畔丛林之中，齐国社稷应亦如此。说明"丛社"的存在并非个案，而是流行于各大诸侯国之中。然而据《礼记·郊特牲》中孔颖达疏，"其社稷制度，《白虎通》云：'天子之社，坛方五丈，诸侯半之。'说者又云：'天子之社，封五色土为之，若诸侯受封，各割其方色土与之，则东方青，南方赤之类是也。'上皆以黄土也。"❺可知周代诸侯国立社已有制度，显然"丛社"与之并不相符。关于此，《白虎通·社稷》云："王者诸侯所以有两社何？俱有土之君也。故《礼记三正记》曰：'王者二社。为天下立社曰太社，自立为社曰王社。诸侯为百姓立社曰国社，自为立社曰侯社。'"❻周以降，天子及诸侯立社应有两社，但所为不同，"国社"为诸侯为百姓所立，而前引《墨子·明鬼下》载此类社"此男女之所属而观也"多为百姓祭祀之所，王念孙称之为"国之大祀"，又"当齐之社稷"亦可反映该社的等级。因此，此类丛社极有可能为文献所述的"国社"，说明当时制度为"树社"与"丛社"并存，前者依礼制人工建成，后者则依传统立于天然丛林之中。而当时"丛社"为"国之大祀"，说明此类丛社在诸侯国与其民众之中尚具有较高的影响力，且使用普遍。如《墨子·耕柱》载："季孙绍与孟伯常治鲁国之政，不能相信，而祝于丛社。"❼亦可反映丛社在当时统治阶层中的地位。

---

❶ 许维遹，《吕氏春秋集释·卷十五·慎大览》，第357页。
❷ 吴毓江撰，孙启治点校，《墨子校注·卷八·明鬼下》，中华书局，1993年，第338页。
❸ 王念孙，《读书杂志·墨子杂志·卷三》，第586页。
❹ [清]孙诒让撰，孙启治点校，《墨子间诂·卷八·明鬼下》，中华书局，2001年，第228-229页。
❺ [汉]郑玄注，[唐]孔颖达疏，《礼记正义·卷二十五·郊特牲》，第791页。
❻ [清]陈立撰，吴则虞点校，《白虎通疏证·卷三·社稷》，第85页。
❼ 吴毓江撰，孙启治点校，《墨子校注·卷十一·耕柱》，第661页。

可以说，人周后的长期时间内，"丛社"仍为社祭的主流。这主要是因为人们视社祭之所为圣地❶，往往代代奉祀，不会轻易迁移。

直至后世，"丛社"一直是人们立社的一种主要形式。❷但从相关的文献记载来看，人汉以后，"丛社"多为民间的社祭地点，其影响力大不如前。这也反映出，我国早期立树木为社应起端于"丛社"，正是受传统影响，"丛社"在先秦时期一直占有重要的地位。但随着历代统治者政策需要，以及民间立社之风兴起，传统的"丛社"地位日减，而人工设立的"树社"地位益增。❸

这里需要提及的是，有的学者认为"丛社"的社主即为树❹，尚值得商榷。闻

---

❶ 正如宁可所述，"先秦祠祭多有阶级或等级的区别。除去家门内的祭祀如祖、灶、户等以外，许多公共的祭祀只限于政府和贵族，一般人民不能参与。但社神是农村公社的保护神，农村公社的传统使得社祭表面上泯没了阶级或等级的区分，成为邑、里全体居民都能参加也必须参加的最重要的社会性的祭祀和娱乐活动"。先秦时社神在人们的信仰体系中占有极为重要的地位，其影响已渗入各个阶层之中。而社亦非普通的祭祀场所，其对人们的社会生活的影响亦十分重要。参看宁可，《汉代的社》，《宁可史学论集》，第459页。

❷ 如扬雄《太玄·聚》，"牵羊示于丛社。"梁元帝《赴荆州泊三江口》云，"丛林多古社。"陆游《社日》，"百谷登场满庾，神林箫鼓晚清悲。"元刘埙《隐居通议·鬼神》，"遥望前途有社林焉，拟造树下避雨。"等等记载表明中国古代"丛社"一直盛行。

[汉]扬雄撰，[宋]司马光集注，刘韶军点校，《太玄集注·卷五·聚》，中华书局，1988年，第124页。[宋]李昉等，《文苑英华·卷二百八十九·赴荆州泊三江口》，中华书局，1966年，第1472页。[宋]陆游著，钱仲联校注，《剑南诗稿校注·卷四·社日》，上海古籍出版社，1985年，第338页。[元]刘埙，《隐居通议·卷三十·鬼神》，中华书局，1985年，第311页。

❸ 杨琳认为，"《说文解字》中社的古文作（脱字），从示从木从土，从木即是社立于林中的反映。省木则为社，省示则为杜，社、杜本互为异体。晋常璩《华阳国志·蜀志》云：'迄今巴蜀民农时先祀杜主君开明位，号曰丛帝。''杜主'即社主，社主依于丛林，故曰丛帝。"许慎《说文解字》云，"社，地主也，从示土"。"社"字由"示""土"构成，与《包山楚简》《上博竹简》所见"社"字相合，并不如杨氏所见的"从示从木从土"。且据《华阳国志·蜀志》载："蜀之为国，肇于人皇……历夏、商、周，武王伐纣，蜀与焉。""周失纲纪，蜀先称王。有蜀侯蚕丛，其目纵，始称王……后有王曰杜宇，教民务农，一号杜主。"如引文所载："杜主"所指为蜀王杜宇，而与"社主"无涉。此外，杨氏认为"古人的神社往往设在丛林之中"，这一结论与前述郑同修"商周以来这一习俗的大体情况，即封土为坛"之说均失之偏颇。

参看杨琳，《社神与树林之关系探秘》，《民族艺术》1999年第3期，第90-98页。[汉]许慎撰，[清]段玉裁注，《说文解字注》，上海古籍出版社，1988年，第34页；滕壬生，《楚系简帛文字（增订本）》，湖北教育出版社，2008年，第28-29页。

❹ 参看杨琳，《社神与树林之关系探秘》，《民族艺术》1999年第3期，第90-98页。赵沛霖，《树木兴象的起源于社树崇拜》，《河北学刊》1984年第3期，第82-86页。石声淮、傅道彬，《木的祭祀与木的崇拜》，《华中师院学报（人文社会科学版）》1984年第4期，第88-95页。

一多认为，古时的"丛社"的设立"想必是在高山上一座茂密的林子里立上神主，设上祭坛而已。社一名丛，便是很好的证据"❶。闻氏所述的祭祀方式并非无据可寻，今天我国仍有少数民族在丛林之中祭祀他们的神祇，了解其祭祀仪式，可帮助我们理解先秦时的丛林之社：

> 每年农历二月，哈尼族人都要祭寨神"艾玛"。在建寨初的安寨仪式上，哈尼族人首先就要选定寨头必有一山林的位置供祭寨神。他们先在选好的神林、神树下，隆重地安放好象征村寨的神石，这些神石多为从古代老寨带来的长方石板；然后在寨脚平地上盖一座茅屋作为寨神的神屋，供祭祀使用。每年农历六月初伏第一天，纳西族要举行东巴教信仰中的祭村寨神的仪式。举行这种仪式的祭坛设在村寨的高坡上，树两棵代表神灵的黄栗树，树下安放神石，杀一只猫和一头猪为供牲。❷

其祭祀的方式正如闻氏所述，而先秦的丛社或与此类似，其社主用树外，亦有用石的可能。

此外，据《通典》卷四五载：

> 《春秋文义》曰："天子社坛，博五丈，诸侯半之。天子大社，东方青，南方赤，西方白，北方黑，冒以黄土。"诸侯则但用当方之色为坛。皆立树以表其处，又别为主以象其神。《礼记大传》说牧野之事云"既事而退，柴于上帝，祈社"。又《尚书·甘誓》云"不用命戮于社"，则天子诸侯军行皆载社主也。其主，郑注但云"盖用石为之"，以石为土类故也。大夫以下，但各以地所宜之木而立之。《司徒职》云："设其社稷之壝而树之田主。各以其野所宜之木，遂以名其社。"❸

依文意，当时诸侯所树的"社树"均植于社之周边，其社主并非用木。然从其援引《礼记大传》及《尚书·甘誓》等来看，此处所述"社"应为军社。清人孙诒让认为周代的军社即源于大社，而非王社。❹这说明周时天子与诸侯为百姓

---

❶ 闻一多，《闻一多全集》第1册，三联书店，1982年，第103页。
❷ 乌丙安，《中国民间信仰》，上海人民出版社1996年，第117页。
❸ ［唐］杜佑撰，王文锦、王永兴等点校，《通典·卷四十五·社稷》，第1264-1265页。
❹ 史志龙考证结论与孙氏相同，本书从其说。参看［清］孙诒让撰，王文锦、陈玉霞等点校，《周礼正义·卷三十六·小宗伯》，1448页。史志龙，《先秦社祭研究》，第74-75页。

所立之社亦常用于军社。如按前述当时"丛社"或亦属诸侯"国社"的推论，则"丛社"的社主应当亦被用于军社。❶

先秦时会盟、田猎与征伐均须立社，即为"军社"。据《周礼·大司寇》文载："大军旅，莅戮于社。"郑玄注，"社，谓社主在军者也。"军中立社，除祭祀外，主要用于严明军纪。然而军旅行军地点并不固定，因此军社往往须随军而行。如《周礼·小宗伯》云："若大师，则帅有司而立军社，奉主车。"郑玄注，"社主曰军社，迁主曰祖。《春秋传》曰：'军行祓社衅鼓，祝奉以从。'《曾子问》曰：'天子巡守，以迁庙主行，载于齐车，言必有尊也。'"可知时人行军时常置社主与"迁庙之主"于车上，使其随军而行，而在军事行动之后，该社主须放回原处。❷ 关于军社社主，《周礼·小宗伯》曰："若大师，则帅有司而立军社。"郑玄注云："社之主盖用石为之。"❸ 明指社主为石。然而清儒秦蕙田提出不同看法：

> 社主用石，本《周礼》郑注之说，非有明证。且已埋其半于土中，如何复载之拥之也？诸子虽云各树其土之所宜木以为主，然《语录》又云非是将木来作主，则又非以木为主也，是石主木主两皆无据，不如古之树木以依神者为当。❹

但正如前述，军社社主往往随军而立，树木应难以做到此点。且古时人们对社树极为重视，往往禁止砍伐，如《诗经·召南·甘棠》云："蔽芾甘棠，勿翦勿伐"❺，甚至在汉晋之时，人们认为社树为社存在与否的标志，如《晋书》卷四九载："后遂伐社树，或止之，修曰：'若社而为树，伐树则社移；树而为社，

---

❶《通典》，"皆立树以表其处"所指并非丛社，此或因当时各诸侯国风俗各异，并非均以丛社为其国社。

❷ 关于此，宋儒郑锷有过详细论述，"古者大师，则先有事于社与庙，然后载社主与迁庙之主以行。不用命戮于社，故载社主将以行戮。用命赏于祖，故载庙之主将以行赏。小宗伯掌社稷宗庙之礼，宜载以行，乃言'立'者，盖社本不在军，因用师始立之。立者，出于一时之故。庙主为尊，载之以行，不敢忽也，故言奉，奉以言其肃钦之至，帅有司者，盖帅太祝也。"[清] 秦蕙田，《五礼通考·卷四十二，文渊阁四库全书影印版，第135册，第1057页。

❸ [清] 孙诒让撰，王文锦、陈玉霞等点校，《周礼正义·卷三十六·小宗伯》，第1447页。

❹ [清] 秦蕙田，《五礼通考·卷四十二》，文渊阁四库全书影印版，第135册，第1060页。

❺ 上博楚竹书《诗论》载有"甘棠"等树，罗新慧详证"甘棠"为周代的一种社树。罗新慧，《上博简〈诗论〉"甘棠"与上古风俗》，《陕西师范大学学报（哲学社会科学版）》2006年第2期，第21-24页。

伐树则社亡矣。'"❶ 在这一观念影响下，以社树作为军社社主的可能性不大。综上所述，先秦各诸侯国所立"丛社"社主很可能为石。

二、"树社"的流变与传播

关于"树社"肇始于何时，已难以判断。但降至周代，这一制度已确立。如《周礼·大司徒》载："制其畿疆而沟封之，设其社稷之壝而树之田主，各以其野之所宜木，遂以名其社与其野。"郑玄注，"田主，田神。后土，田正之所依也。"贾公彦疏，"此田主当在藉田之中，依树木而为之，故云各以其野之所宜木。"❷ 又《左传·昭公二十九年》载："后土为社；稷，田正也。"❸ "田主"即为"社神"与"稷神"的依凭。《白虎通·社稷》载："人非土不立，非谷不食。土地广博，不可徧敬也。五谷众多，不可一一祭也。故封土立社，示有土也。稷，五谷之长，故立稷而祭之也。"❹ "社""稷"虽为不同神祇，但古时常以二者并祭，周代已然如此。❺ 这说明周代因地植以不同的树种作为社主已成为制度。另刘向《五经通义》，"天子太社、王社，诸侯国社、侯社，制度奈何？曰：社皆有垣无屋，树其中以木，有木者，土主生万物，万物莫善于木，故树木也。"此记载与前引《周礼·大司徒》可相互参证。但文献所载社主与前述"石主"相矛盾，这可能因时间及区域不同，二者互有使用。另据《周礼·地官司徒》所载：当时掌管社壝及社树由大司徒下属官员"封人"掌管，"封人掌设王之社壝。为畿封而树之。凡封国，设其社稷之壝，封其四疆。"❻ 而"封人"一职在前章所引西周晚期《散氏盘》铭文有明确记载。《周礼》中"封人"的职责确如文献所述，而该典籍所载

---

❶ 《晋书·卷四十九·阮籍列传》，第1366页。

❷ [清]孙诒让撰，王文锦、陈玉霞等点校，《周礼正义·卷十八·大司徒》第692、696-697页。

❸ [周]左丘明传，[晋]杜预注，[唐]孔颖达疏，《春秋左传正义·卷五十三·昭公二十九年》，第1511页。

❹ [清]陈立撰，吴则虞点校，《白虎通疏证·卷三·社稷》，第83页。

❺ 如《周礼·丧祝》载："掌胜国邑之社稷之祝号，以祭祀祷祠焉"；《新蔡简》载有，"□□社稷奏，山犧□"（新蔡简零163）皆为其证。[清]孙诒让撰，王文锦、陈玉霞等点校，《周礼正义·卷五十·春官宗伯·丧祝》，第2053页。陈伟等，《葛陵1号墓简册》，《楚地出土战国简册（十四种）》，经济科学出版社，2009年，第417页。

❻ [清]孙诒让撰，王文锦、陈玉霞等点校，《周礼正义·卷二十二·地官司徒·封人》，第890-891页。

的"社稷"制度亦当属实。

此外，周初，天子分封诸侯国时，往往同立社相结合。《周礼·小司徒》云："凡建邦国，立其社稷，正其畿疆之封。"❶ 当时诸侯立国，必立其社，并常以社稷作为该国的代称。《逸周书·作雒篇》云："诸侯受命于周，乃建大社于国中。"❷ 当时诸侯亦不能随意立社，须按礼制，遵从"左祖右社"❸的格局设置，使之成为各诸侯所辖地区保护神崇拜的中心，说明诸侯立社地点往往是较为固定的，均须设于"国中"，而山野之中的"丛社"显然与择址的要求不符，更与礼制不合。可以说"树社"的兴起，应与礼制的发展有极大的关系。此外，正如一些学者所述，周时社的设置已较普遍。❹但政府对各级别社的把控十分严格，如《礼记·月令》载："仲春之月……养幼少，存诸孤。择元日，命民社。"❺这说明当时民间的祭社活动亦需遵循国家规定，并不具有随意性。正是在这种干预之下，"树社"制度由统治阶层向民间渗入，如前引《周礼》"廿五家为社，各树其土所宜之木"，即印证了上述结论。基于此，周以降"树社"的使用已逐渐普遍化。这一点在文献中有所反映，如前揭《韩非子》"君树木而涂之，鼠穿其间。燻之则恐焚木，灌之则恐涂阤"。《晏子春秋·问上》亦载："夫社，束木而涂之，鼠因往托焉，熏之则恐烧其木，灌之则恐败其涂，此鼠所以不可得杀者，以社故也。"孙星衍注云："《韩非》'束'作'树'。'塗'当为'涂'""一本作'途'，是。《韩非》作'恐塗阤'，《韩非外传》作'恐坏墙'，'塗'即'墙'也。"❻按，引文"树木"与"束木"二词中的"树"与"束"均为动词无疑，又《汉书·眭弘传》，"枯社木卧复生。"颜师古注云："社木，社主之树也。"❼加之其外设有护墙，故前引文献"木"应为所植社主。此外尚有"涂之"

---

❶ [清]孙诒让撰，王文锦、陈玉霞等点校，《周礼正义·卷二十·地官司徒·小司徒》，第814页。
❷ 黄怀信，《逸周书汇校集注·卷五·作雒篇》，第570页。
❸ 《周礼·考工记》，"国中九经九纬，经涂九轨。左祖右社，面朝后市，市朝一夫。"[清]孙诒让撰，王文锦、陈玉霞等点校，《周礼正义·卷八十三·冬官考工记·匠人》第3425-3428页。
❹ 张鹤泉，《周代祭社问题试探》，《汕头大学学报（人文科学版）》1989年第4期，第13-18页。
❺ [汉]郑玄注，[清]孔颖达疏，《礼记正义·卷十五·月令》，第470-472页。
❻ 杜正乾认为"社木"指人为的木牌。但古代的社主，除亡国之社外，均需置于自然之中，若"社木"为"木牌"，则很难经受长期的风雨侵蚀，故"社木"所指"社树"应更为合理。吴则虞，《晏子春秋集释·卷三·内篇问上》，中华书局，1982年，第196-197页。杜正乾，《中国古代土地信仰研究》，四川大学博士学位论文，2005年，第83页。
❼ 《汉书·卷七十五·眭弘传》，第3153-3154页。

的工序，《后汉书·百官志》李贤注云："官寺乡亭漏败，墙垣陁坏不治。"❶ "陁"即为崩塌之意，孙氏之说当是，说明文献所述的社为人工种植树木作为社主，并在周围砌以墙壁，这与前引《周礼》中的立社之法极为相近，且这一情况在《晏子春秋》及《韩非子》中均有记述，可见"树社"制度得到了较好的贯彻，并一直为人们所沿用。此外，《庄子·人间世》载："见栎社匠石之齐，至于曲辕，见栎社树，其大蔽数千牛，絜之百围，其高临山十仞而后有枝，其可以为舟者旁十数。"❷ 此栎社当为"树社"无疑，亦可为一证。

入汉以后，"社树"的使用情况有所变化。如前所述，"丛社"在汉代地位已大不如前，在当时统治阶层的祭祀礼仪制度中，已不见有关于其的记载。而"丛社"地位的下降，在先秦时似已见端倪。如《吕氏春秋·怀宠》载："问其丛社大祠，民之所不欲废者而复兴之，曲加其祀礼。"❸ 如前述，"丛社"多因传统而立，而从文献"不欲废"及"复兴"等词句来看，战国时的"丛社"日趋衰落，几近废止，已达不到"国之大祀"的层次了。降至汉代，仅在下层民众之中流行。据《史记·陈涉世家》载："……又间令吴广之次所旁丛祠中，夜篝火，狐鸣呼曰'大楚兴，陈胜王'，卒皆夜惊恐。旦日，卒中往往语，皆指目陈胜。"关于"丛祠"，裴骃《集解》，"张晏曰：'……丛，鬼所凭焉。'"司马贞《索隐》，"《墨子》云：'建国必择木之修茂者以为丛位。'高诱注《战国策》曰：'丛祠，神祠也。丛，树也。"❹ 据此，王子今认为"丛祠"所指"丛社"❺，但《墨子》中"位"为"社"为清代学者所考释的结论，司马贞引《墨子》之意，或未必指此。因此，仅从注解，尚不能判定"丛祠"即为"丛社"。但当时称"社"为"神祠"亦非无案可稽。如《急就篇》载："祠祀社稷丛腊奉。"颜师古注，"丛谓草木岑蔚之所，因立神祠"❻ 即为一例。且上文裴注引张晏之说"丛，鬼所凭焉。"因汉时人们认为社中有"社鬼"存在，其普遍存在于社中，如《汉书·王莽传》有，"有不为新室者，社鬼记之！"❼ 而"丛"字本身却与"鬼"无

---

❶《后汉书·志二十四·百官志一》，第3561页。
❷ [清] 郭庆藩撰，王孝鱼点校，《庄子集释·卷四·内篇人间世》，第170页。
❸ 许维遹，《吕氏春秋集释·卷七·怀宠》，第173页。
❹《史记·卷五十八·陈涉世家》，第2366、2368页。
❺ 王子今，《秦汉时期生态环境研究》，北京大学出版社，2007年，第360页。
❻ [汉] 史游，《急就篇》，第22页。
❼《汉书·卷九十九（下）·王莽传》，第4190页。

涉。综上所述，视"丛祠"为"丛社"应当是准确的。且从该"丛祠"所在地点来看，显然并不属于较高等级的社。此外，前引扬雄《太玄·聚》中载："牵羊示于丛社，执圭信其左股，野。《测》曰：'牵羊于丛，不足荣也。'"司马光注云："羊，中牲也。依丛林而为社，鬼之微者也。执圭，重礼也。拜当伸右股。四当日之夜，虽有福禄，不能用之，如牵羊但示于丛社而已，不足荣也。执圭而拜，乃伸其左股，不免于鄙野也。"❶汉代"社"均有"社鬼"，而从"鬼之微者也"大致亦可判断"丛社"并不具有较高的地位。且据司马氏所注，文中祭社者显然亦不属于上层阶层。此亦可为前述观点的一个旁证。

与"丛社"不同，"树社"在汉代的官方或民间祭祀中均已成为主流。虽然关于汉代立社所用的社主，寻绎典籍，大多语焉不详。但当时社内皆植有社树，应当是可以确认的。前文已述，先秦时社内植树已成制度，而前引《晋书》阮修之语，证实这一制度的传承性。另《白虎通·社稷》载："社稷所以有树何？尊而识之，使民人望见师敬之，又所以表功也。"❷在社内植树有宗教方面的意义，说明这项制度在当时应当是为人们所重视的，尤其官方立社，使用应更为普遍。关于植树为社主，魏建震认为，"以树为社主，与先秦时期民间广泛存在的神树崇拜有关，它只见于先秦社祀的民间形态"❸。前已述及，先秦时政府立社亦有以树为社主，但当时这种形式主要存在于民间应当是可信的，如前引《通典》即载有，"大夫以下，但各以地所宜之木而立之。"而前述汉代私社亦使用树为社主，此应当是继承前代之俗。且从前述汉画像多刻画有社树形象看，以木为社主的情况在当时应并不少见。此外，汉代的军社与先秦时有很大差异。据汪桂海研究显示，汉代居延地区所立的军社与里社几无差别。❹此类军社在汉代已从国家社稷中分离出来，成为边境的定制，行军时社主亦无须随军而行。这一制度的改变使得中央与诸侯王所立社主更加固定，因此增加了使用树为社主的可能。

而形成这一变化的原因，主要与汉代的社祭制度有关。在统治阶层中，汉代

---

❶ ［汉］扬雄撰，［宋］司马光集注，刘韶军点校，《太玄集注·卷五·聚》，第124页。
❷ ［清］陈立撰，吴则虞点校，《白虎通疏证·卷三·社稷》，第89页。
❸ 魏建震，《先秦社祀研究》，第245页。
❹ 汪桂海，《汉简所见社与社祭》，《中国国家博物馆刊》2005年第2期，第72—76页。

承袭前朝，仍视"社"为土地与政权的象征物。❶ 刘邦统一前，就已极为重视宗庙与社稷的设立，如《史记·萧相国世家》有，"汉二年，汉王与诸侯击楚，何守关中，侍太子，治栎阳。为法令约束，立宗庙社稷宫室县邑。"❷ 正是在此基础上，汉政府在统一战争的过程中，在其占领区域内"令除秦社稷，更立汉社稷"❸ 以作为其政权确立的标志。简言之，汉初，"社稷"对于统治者来说，其政治意义要远大于宗教意义。至汉一统后，统治者便依行政等级逐层设立"社"，而此类社均由政府统管。正如宁可所述：

> 汉代中央、郡国、县、乡、里等各级行政机构都立有社，分别称为帝社、郡社、国社、县社、乡社、里社等。县和县以上的社由政府设置，官府致祭，作为封建国家政权管辖土地的象征，与人民生活关系不大。❹

汉代与西周不同，其性质属于中央集权政治体制，统治者依行政等级立社，一改周时依爵位立社的方式，正是为推行国家行政统一而制定的一项措施。而在封君系统之中，诸王以下均不得立社。据《后汉书·祭祀志下》刘昭注引蔡邕《独断》，"天子太社，封诸侯者取其土，苞以白茅授之，以立社其国，故谓之受茅土。汉兴，唯皇子封为王者得茅土，其他功臣以户数租入为节，不受茅土，不立社也。"❺ 列侯已无立社的资格，在其之下的爵位就更谈不上了。诸王虽可立社，但必须进行受土命社的仪式，如《史记·三王世家》载："所谓'受此土'者，诸侯王始封者必受土於天子之社，归立之以为国社，以岁时祠之。"❻ 通过这种仪式，强化诸侯王对汉中央的从属关系，具有较强的政治意味。而这种"命社"制度，在东汉亦被继承，如《后汉书·百官志五》载："诸王封者受茅土，归以立社稷，礼也。"刘昭注引胡广曰："诸王受封，皆受茅土，归立社稷。

---

❶ 如《尚书·召诰》载有周成王营建东都时"乃社于新邑"在周代，都邑旁立社为建立政权的标志。另《白虎通·社稷》载："封土立社，示有土也。""社"的含义已不仅仅限于宗教，其往往亦标示着土地所有权。[汉]孔安国传，[唐]孔颖达疏，《尚书正义·卷十五·召诰》，第392页。[清]陈立撰，吴则虞点校，《白虎通疏证·卷三·社稷》，第83页。
❷《史记·卷五十四·萧相国世家》第2447页。
❸《史记·卷八·高祖本纪》第468页。
❹ 宁可，《汉代的社》，《宁可史学论集》，第460页。
❺《后汉书·志九·祭祀志下》，第3201页。
❻《史记·卷六十·三王世家》，第2572页。

本朝为宫室，自有制度。"❶ 依文意，当时诸侯王立社的方式、大小等均有相关的制度规定。

由此可以看出，两汉立社，其主要意图并非在于宗教层面，而是通过这种方式，宣扬中央政权的权威性，以确保中央集权政治体制的稳定。在封君系统下，仅有与皇帝有血统关系的诸王方可立社，多靠功劳受封的列侯等已被排除在外，这正是统治者主权观念强化的一种反映，而官府严格控制县及县以上的社应当同样是基于此目的。甚至在东汉初期，在并非严格的行政机构，代天子行使监察的州一级亦立有社，如《后汉书·祭祀志》载："建武二年……唯州所治有社无稷，以其使官。"❷ 州社的设立，充分体现了"社"对皇权的代表性。因此，依靠地方传统而立且不合礼制的"丛社"，与中央集权的观念相悖，更与统治者统一社稷制度的要求不符。此应是"丛社"从官方社稷制度中消退的主要原因。❸

另外，秦汉时期私社林立，如周家台 30 号秦墓《日书》中简 301 壹、简 302 壹分别提到"田社"与"里社"。❹ 而在江苏邗江胡场五号汉墓出土一件载有"石里神社"与"宫司空社"的《神灵名位牍》。❺ 杨华考证认为，前者的"田社"与后者的"宫司空社"均为私社。❻ 即是说，私社在秦汉时期长期存在。前文已述，私社为秦汉政府所禁止的，但却未能得到有效控制，可侧面说明当时私社盛行。

---

❶ 《后汉书·志二十八·百官志五》，第 3630 页。

❷ 《后汉书·志九·祭祀志》，第 3200 页。

❸ 此外，前引《礼记·祭法》载先秦时"王与诸侯两社"说，前文推测当时诸侯所立"国社"或多与"丛社"有关。关于汉代的立社制度，《汉书·郊祀志下》颜注引臣瓒曰："高帝除秦社稷，立汉社稷，《礼》所谓太社也。时又立官社，配以夏禹，所谓王社也。见《汉祀令》。而未立官稷，至此始立也。世祖中兴，不立官稷，相承至今也。"按此说，汉时天子仍有两社。关于此，王柏中做了详细的考辨，并认为汉时施行"一社一稷"的制度，"二社"之说应为讹误。据《续汉书·祭祀志下》刘昭注引孔晁说，"周祀一社一稷，汉及魏初亦一社一稷，至景初中，既立帝社二社，二社到于今是祀，而后诸儒论之，其文众矣。"其文亦指汉时制度仅立"一社"，"二社"为曹魏时所立。王氏之说颇具道理。即说明汉代社稷体系并不存在立有"丛社"的可能，此亦为前述所论提供一旁证。王柏中，《两汉国家祭祀制度研究》，吉林大学博士学位论文，2004 年，第 83-84 页。

❹ 陈伟主编，《秦简牍合集（叁）》（释文注释修订本），武汉大学出版社，2016 年，第 216-217 页。

❺ 扬州博物馆、邗江县图书馆，《江苏邗江胡场五号汉墓》，《文物》1981 年第 11 期，第 12-20 页。

❻ 杨华，《战国秦汉时期的里社与私社》，《天津师范大学学报》（社会科学版）2006 年第 1 期，第 21-28 页。

大面积人工立社，使"树社"在民间日趋广泛。

第三节 立树于社的原因探析

关于种植社树的原因，前引《白虎通·社稷》载："社稷所以有树何？尊而识之，使民人望见师敬之，又所以表功也。"指出树木可用于标识，从而引起人们的敬畏。又蔡邕《独断》云："帝颛顼之世举以为土正，天下赖其功。尧祠以为社。凡树社者，欲令万民加肃敬也。"❶指立社使民敬仰。前揭刘向《五经通义》所载："树其中以木，有木者，土主生万物，万物莫善于木，故树木也。"指出了种植社树的另一原因。

一、关于立树于社的几种观点

除此之外，现代学者亦就此提出自己的观点。如戴家祥认为，"为了避免社主受风雨侵蚀，在它的周围种植树木，或者选择有树木的地方，立起社主，显示了令人敬畏的阴森气氛。"❷姜亮夫认为，"深山丛林实为先人居息之所。于是在林薄之地，建一族（氏族）群生活动之所，有长老司掌其指挥与发号施令之权，故丛林遂为初民会集之主要地区。既有群集，有长老，而丛林自有之神秘色彩，遂发生宗教性之建置，此即所谓社，此建置为大酋所在，亦即社神之所由起。"❸

关于以上几种观点，杨琳在其文章中均予以驳斥，并提出以下四点理由，

（1）先民最早居息在丛林之中大约是符合历史真实的。但社神是土地神，社神崇拜应该出现在农业文明兴起之后，其时之民生活在平原旷野，早已摆脱了对森林的依赖，所以社跟早先的林居生活没有什么直接关系。

（2）《白虎通·社稷》，"社稷所以有树何？尊而识之，使民人望见师敬之，又所以表功也。"蔡邕《独断》，"凡树社者，欲令万民加肃静也。"引起

---

❶ ［汉］蔡邕，《独断》，文渊阁四库全书影印版，第850册，第82页。
❷ 戴家祥，《社、杜、土古本一字考》，《古文字研究》第15辑，中华书局，1986年，第191页。
❸ 姜亮夫，《哀公问社辨》，载《姜亮夫全集》第20册《史学论文集》，昆明，云南人民出版社，2002年，第307页。

肃静之情的的办法很多，只要有个标志让人们看见后知道是社神所在即可达到目的，何必要跑到郊野的林中去立社呢？

（3）万物为什么莫善于树好像也讲不出多少道理。对捕鱼为生的人来说，恐怕是万物莫善于鱼。对种田为生的人来说，应该是万物莫善于谷。善不善是人们根据一物对自己的利害关系来确定的，不存在超越时空限制的好坏。

（4）我们知道，按照古人的观念，社主必须接受大自然的霜露风雨，只有亡国之社才被遮掩起来，使之不受天地之气。如《礼记·郊特牲》云："天子大社必受霜露风雨，以达天地之气也。是故丧国之社屋之，不受天阳也。"可见"避免社主受风雨侵蚀"的说法与古人的思想认识不符。❶

二、对各类观点的分析与考辨

关于戴家祥的观点，杨氏不赞同的理由比较充分。《礼记·郊特牲》孔颖达疏，"'天子大社必受霜露风雨，以达天地之气也者'，是解社不屋义也。达，通也。风雨至，则万物生；霜露降，则万物成。故不为屋，以受霜露风雨。霜露风雨至，是天地气通也。故云'达天地之气也'"，很好地说明了社主须受霜露风雨的原因。且按戴氏说法，则无法解释社内仅有石的情况，如前述殷商时期的两处祭祀遗址，周原凤雏三号建筑基址出土的殷移民所建的亳社❷，均未见有立树的痕迹。而前引《庄子·人间世》载："见栎社匠石之齐，至于曲辕，见栎社树，其大蔽数千牛，絜之百围，其高临山，十仞而后有枝，其可以为舟者旁十数。"从社主生长情况来看，显然亦不具备"免受风雨侵蚀"的条件。

然而除此条外，杨氏所述的其他观点，尚有值得商榷之处。

首先，正如姜亮夫所述，古时先民往往生活于丛林之中。这主要是因为当时人们抵御自然灾害的能力十分有限，选择在丛林之中可便于其生存。另据《墨子·辞过》载："古之民，未知为宫室时，就陵阜而居。""下润湿伤民，故圣王

---

❶ 杨琳，《社神与树林之关系探秘》，《民族艺术》1999 年第 3 期，第 90-98 页。

❷ 周原考古队，《周原遗址凤雏三号基址 2014 年发掘简报》，《中国国家博物馆馆刊》2015 年第 7 期，6—24 页。

作为宫室。"❶ 远古先民除生活于丛林之中，亦往往在选择地势较高的丘陵地区安居，这应当是为避免洪水与潮湿的侵袭。魏建震研究发现，目前发现的远古至殷商时期的社祭遗址亦多建在丘陵山冈之上。❷ 据此，可以说明当时社的选址与人们的选择聚居地的习俗应当有很大关系，因而"丛林之社"的起源与早先人们生活于"丛林"之中应当是有关联的。另，新蔡葛陵简甲三，387 与 405 分载："☐寺二袾（社），二豕。卿于高寺，一豬，祷一豕。☐"；"☐袾（社）一豢、一猜、一豕。卿于麓☐"❸ 简文所载的社亦建于高丘与林麓之中，可以看出春秋战国时期的郊野之社的设立应是继承远古遗俗。因此，杨氏"社跟早先的林居生活没有什么直接关系"的说法不确。

而"社神崇拜应该出现在农业文明兴起之后"的观点，则明显是将"社神崇拜"与农业生产相联系。

远古时期，人们在面对神秘的自然环境时，往往会产生恐惧及依附感。于是人们凭借想象比附自然物，认为自然物均具有灵魂，并支配着各类自然现象，从而形成了"万物皆有灵"的自然崇拜。《论衡·祭意》载："群神谓风伯、雨师、雷公之属。风以摇之，雨以润之，雷以动之，四时生成，寒暑变化。日月星辰，人所瞻仰。"❹ 这便是对古代先民自然崇拜的说明，原始的土地崇拜即包含其中。据唐代丘光庭《兼明书·社始》载："或问社之始。答曰：'始于上古穴居之时也'，故《礼记》云'家主中霤而国主社'者。古人掘地而居，开中取明，雨水霤入，谓之中霤。言土神所在。皆得祭之，在家为中霤，在国为社也。由此而论，社之所始其来久矣。"❺ 史前时代就已有祭拜土地神之俗。关于此，考古资料中亦有反映。如前述山东莒县陵阳河发掘的新石器时代晚期墓葬中，在出土的陶器之上，发现有刻画的社树形象。此外，在东山嘴红山文化晚期祭坛亦被学者认定为社坛。❻ 这些可证《兼明书·社始》所载应具有一定的可信性，

---

❶ 吴毓江撰，孙启治点校，《墨子校注·卷一·辞过》，第 45–46 页。
❷ 魏建震，《先秦社祀研究》，第 208 页。
❸ 陈伟等，《楚地出土战国简册（十四种）》，452 页。
❹ 黄晖，《论衡校释·卷二十五·祭意》，中华书局，1990 年，第 1065 页。
❺ [唐] 丘光庭撰，《兼明书·卷一·社始》，文渊阁四库全书影印版，第 850 册，第 219 页。
❻ 参看王震中，《东山嘴原始祭坛与中国古代的社崇拜》，《世界宗教研究》1988 年第 4 期，第 76 页。田广林，《论东山嘴祭坛与中国古代的郊社之礼》，《辽宁师范大学学报》（社会科学版）2008 年第 1 期，第 115–119 页。

即土地神崇拜早在"上古穴居之时"可能就已存在了。而这一时期，人们应仍以渔猎为主。

《周易·系辞》载："天地絪缊，万物化醇，男女构精，万物化生。"又《周易·咸卦》云："天地感而万物化生。"❶可知在古人的观念里，往往天地相呼应，万物皆生于其中。而人们对于"土地神"的崇拜正是基于此。《礼记·郊特牲》载："社，所以神地之道也，地载万物，天垂象，取财于地，取法于天，是以尊天而亲地也，故教民美报焉。"❷原始的社祭，是为土地上生长万物，供给人们生活资料的报恩报德，并非仅指农业。但随着后世农耕的发展，五谷成为人们生活之基础，人们社祭多与之相关，社与农业逐渐趋于等同。

此外，从"家主中霤而国主社"可知，"中霤"与"社"均祭祀"土神"。这一点在《礼记·郊特牲》中亦有记载："家主中霤而国主社。"郑玄注，"中霤，亦土神也。"❸此"土神"是居室所占的土地之神，属于家神，其与国之社仅大小的差别。降至战国，"中霤"与"户""灶""门""行"成为民居家中的"五祀"，可知其与农业生产无关，而是人们多期冀得到神明的护佑。这应当亦是古人祭祀社神的原因之一，如《左传·昭公十八年》载："七月，郑子产为火故，大为社，祓禳于四方，振除火灾，礼也"；又《左传·庄公二十五年》载："'秋，大水。鼓，用牲于社、于门'，亦非常也。凡天灾，有币，无牲。非日月之眚，不鼓。"❹人们在遇到灾祸时，往往亦祷于社，以求祓除不详。

综上所述，社神崇拜在农业文明兴起之前应当就已存在了，但人们立社祭祀的目的则并不完全与农业生产有关。

其次，杨氏反对肃静之说的理由亦不充分。从其"只要有个标志让人们看见后知道是社神所在即可达到目的，何必要跑到郊野的林中去立社呢？"的论述可以判断，杨氏认为《白虎通·社稷》与《独断》二文所指的"社"均为"丛社"，

---

❶ [魏]王弼注，[清]孔颖达疏，《周易正义·卷八·系辞》，4《咸》，李学勤主编，《十三经注疏》，北京大学出版社，1999年，第310页、第139页。

❷ [汉]郑玄注，[清]孔颖达疏，《礼记正义·卷二十五·郊特牲》，第788页。

❸ [汉]郑玄注，[清]孔颖达疏，《礼记正义·卷二十五·郊特牲》，第788页。

❹ [周]左丘明传，[晋]杜预注，[清]孔颖达正义，《春秋左传正义·卷四十八·昭公十八年》，卷10·庄公二十五年》，第1377、283-284页。

而之所以引起"肃静之情"是因"丛社"中立树为社主。前已述及，秦汉时期"社树"制度可分为丛社、官方所立树社及民间所立树社。而其说并未考虑"树社"的情况。但前引《白虎通·社稷》之句其后载："故《周官》曰：'司社而树之，各以土地所生。'"可知其文所指的社，应为"树社"，且引文中的"树"亦未必指社主。此外，杨氏所引《独断》文中的"肃静"应为"肃敬"的讹误，且引文中"树"应指树立之意，而并非为名词，即引起人们肃敬的并非树，而是社本身。

但秦汉时期人们常广植社树，有其宗教方面的原因。

俞方洁认为，在人类原始宗教中，树代表着一种独特的力量。"人们对圣树的崇拜是通过它本身形式背后所隐藏的某些象征的精神性存在。枣椰树之所以能够被古美索不达米亚人挑选出来作为圣树，并绘制在亚述阿舒尔纳斯尔帕尔宫殿墙上，表现神的授粉仪式，恰恰就在于椰枣树本身的特点。枣椰在美索不达米亚是一种重要的食物，富含卡路里，且易于保存。椰枣树果实累累，一棵椰枣树通常每年能结百斤以上的果实。因此枣椰树在阿卡德语中的同义词为"富足之树"和"财富之树"，它被赋予了自然农业丰产的象征。"[1]

另外，弗雷泽在《金枝》一书中对树木在宗教上的运用，亦有过精辟的论述：

> 在宗教思想上，人们对树木的看法，由最初认为是树神的身体，到认为不过是树神可以随意来往居住的处所，这本身是一重大的进步，即由泛神论进到多神论。换言之，过去人们把每株树看作活的有意识的生命，现在则看作仅仅是无生命无行动能力的物体，是一种可以在树木中自由来去、具有占有或支配树木权力的超自然的生命在一定时间内的寄居处所。这种超自然的生命已不再是树种，而成了森林之神。一旦树神在一定程度上脱离了每株具体的树木，于是，按照人类思想给一切抽象的神都披上具体人形的总倾向，它就立即改换了形态而披上了人形。所以在古典艺术中，树神总是按人的形态来描绘的，它们的森林特性则以树枝或某种同等明显的标志来表明。不过这种形体的改变并不影响树神的基本特性。作为树的精灵所能运用的能力都

---

[1] 俞方洁，李勉，《圣树崇拜在世界范围内的显现及意义》，《世界林业研究》2022年第4期，第59-63页。

在树身上体现出来，他继续具有树神的能力。❶

上追其溯，我国远古时期的树木崇拜正源于先民的"万物有灵"的泛神论观念。树木春夏荣华、秋冬落叶，往复循环，有的树木四季常青。其生命力并非人类所能企及。而树木本身亦为初民提供了大量的生产、生活资料。于是，人们便认为树木拥有超乎寻常的神秘力量存在。

树之所以进入早期人类的宗教领域，与它所拥有的宇宙学意义有关。伊利亚德认为如果树充满神圣的力量，那是因为它挺拔、生长、树叶落而复萌，因而无数次再生（它"死"而"复生"），还因为它生产树脂等等。就是因为树内在的力量，以及自然生长的规律（"再生"），在原始人的认识中，树再现了整个宇宙。❷

正如弗雷泽所述，随着人格化神灵的出现，人们极少将树木本身视为神灵，而往往认为其是神灵的栖身之所，或树木与神灵存在着某种内在联系。但有所不同的是，这一神灵并非森林之神。据《山海经·中山经》载："又东五十里曰少室之山，百草木成囷。其上有木焉，其名曰帝休"❸，"又北三十里，曰讲山……有木焉，名曰帝屋"。袁珂注云："《山海经》中凡言帝，均指天帝，而天帝非一。"❹按袁珂所释，"休"与"屋"应为天帝休息栖息之处。"天帝非一"指栖身于树的并非单指某一个神灵。此外，《大荒南经》有"蚩尤所弃其桎梏，是为枫木"；《海外北经》"弃其杖，化为邓林"❺。古时人们相信，一些树木的形成与神话传说存在一定的联系，其本身即存在一种神秘性与灵性。基于此，树木成为古代先民们与多种神灵沟通的媒介。如中国古代视"扶桑""建木"与"若木"为三大神树，正是源于时人的"圣树天梯崇拜"及"太阳崇拜"。且先秦以来，人们祭祀

---

❶ ［英］弗雷泽,《金枝》,大众文艺出版社,1998年,第179页。

❷ 俞方洁,李勉,《圣树崇拜在世界范围内的显现及意义》,《世界林业研究》2022年第4期,第59-63页。

❸ ［晋］郭璞注,［清］洪颐煊校,《山海经 穆天子传·卷五·中山经》,第87页。

❹ 袁珂校注,《山海经校注·卷五·中山经》,《山海经校注·卷六·海外南经》,巴蜀书社,1992年,第178页、第229页。

❺ ［晋］郭璞注,［清］洪颐煊校,《山海经 穆天子传·卷八·海外北经》,《山海经 穆天子传·卷十五·大荒南经》,第161页、124页。

"方神"时亦选择树木作为其象征。❶ 而这一种神性，在人们所祭祀的"社树"主中亦常有体现。如嘉祥武氏祠画像石前石室第十二石右面左上部，画面中间刻有锥形社树，并在树左右刻有两个带羽翼的仙人，均以手扶台。树上方左、右两侧均有一人首鸟身者向树飞来（见图5-3）。❷

图5-3 嘉祥武氏祠画像石社树

山东临淄梧台里出土东汉熹平五年的石社碑，该碑应为里社石碑。碑额画像中所刻画的社树树下两侧亦见有羽翼仙人，其中一羽翼人呈跪拜姿势。社树树冠上停留两只鸟（见图5-4）。❸

---

❶ 秦汉时期的"神树"信仰，在墓葬中亦多有体现。如广汉三星堆墓葬二号坑出土六棵青铜神树，分别代表着古蜀人不同的崇拜对象。此外，在湖北荆州天星观二号墓出土一棵髹漆的神树标本。目前出土的战国时齐国、秦国的瓦当，以及汉代南阳画像石中亦多见有刻画"神木"形象。长沙子弹库发现的楚帛书四角以黑、赤、白、青四种颜色绘出四木，象征着立于四极的创世神树，此与古代的四方神崇拜有关。

这里需要说明的是，有的学者认为"扶桑"等"神木"跟古代的社稷所立的"社树"存在一定的关联。但前者的功能除用于早期的太阳神崇拜外，更主要的是指引人们死后灵魂生天，人们通过它进入天界，这也是人们常在墓葬中放入"神树"的象征物的原因。即"神木"主要用于人们逝后的世界。而"社树"则是用于地祇崇拜，人们希望通过它得到现世生活中的保护与福祉，二者并无联系。因此"扶桑"等神树神话与"宋之桑林"等社树是具有严格的区别的。

张肖马，《三星堆二号坑青铜神树研究》，《四川文物》2006年第6期，第24—29页。张华珍、项章，《楚"神树"研究》，《江汉考古》2003年第3期，第73—79页。李新全，《秦神树纹瓦当考》，《考古》2014年第8期，第97—104页。李发林，《齐故城瓦当》，文物出版社，1990年，第186页。李小白，《南阳汉画像石"建木"等形象的文化意蕴》，《南都学坛（人文社会科学学报）》2011年第6期，第30—32页。陈锽，《古代帛画》，文物出版社，2005年，第12页。钟年，《论中国古代的桑崇拜》，《世界宗教研究》1996年第1期，第115—122页。江林昌，《"桑林"意象的源起及其在〈诗经〉中的反映》，《文史哲》2013年第5期，第81—92页。

❷ 朱锡禄，《武氏祠汉画像石》，山东美术出版社，1986年，第30页。

❸ 郑岩，《从考古学到美术史》，上海人民出版社，2012年，第83页。

图 5-4　山东临淄东汉梧台里石社碑拓片

有学者认为，秦汉时期社神的地位有所降低。❶关于这一点，已无须做过多讨论。但从画像砖所刻画的内容来看，社神在地祇当中仍是具有相当高的地位的。据《博物志》卷八载："子路与子贡过郑神社，社树有鸟神，牵牵子路，子贡说之，乃止。"❷鸟神非土地神，故文中的"社树"应非社主。而鸟神的形象与上述画像砖中"羽翼仙人"相似，可能为同一类神祇。若如此，则说明社树中附有"鸟神"应属于人们普遍认知的传统观念，从先秦诸侯国神社至东汉民间的里社，均信奉此神。

而除树社外，人们所立丛社的"丛"亦附有鬼神，如前引《史记·陈涉世家》中张晏注，"丛，鬼所凭焉"。又《战国策·秦三》有文载："应侯谓昭王曰：'亦闻恒思有神丛与？……丛籍其神。三日，丛往求之，遂弗归。五日而丛枯，七日而丛亡。'"❸可知时人的观念中，常有鬼神依托于丛林之中。无神主，则丛将枯亡。如上所述，无论将社置于广袤的天然丛林中，还是在社周围种植大量的人工林，人们均相信有存在低于社神等级的神灵甚至鬼的依附，即上述两种立社方式的盛行可能也与为社神配属神祇的因素有关。不难看出，社神在民间传统信仰当中仍具有较高的地位。

另《魏书·礼志一》，"魏先之居幽都也，凿石为祖宗之庙于乌洛侯国西北……遣中书侍郎李敞诣石室，告祭天地，以皇祖先妣配……敞等既祭，斩桦木

---

❶　宁可，《汉代的社》，收入《宁可史学论集》，第 463-464 页。马新，《论两汉乡村社会中的里社》，《文史哲》1998 年第 5 期，第 90-94 页。

❷　[晋]张华撰，范宁校正，《博物志校正·卷八·史补》，中华书局，1980 年，第 95 页。

❸　[汉]刘向辑录，《战国策·卷五·秦三》，上海古籍出版社，1988 年，第 197 页。

立之，以置牲体而还。后所立桦木生长成林，其民益神奉之。咸谓魏国感灵祇之应也。"❶ 其他祭祀地附近所植林木的长势，可能是"主神"意志的体现。而社稷场所内广植树木，可能也是人们掌握社神意志的依据。《白虎通·社稷》所载的"使民人望见师敬之"应当也有这一方面的原因。

杨氏"万物为什么莫善于树好像也讲不出多少道理"，"善不善是人们根据一物对自己的利害关系来确定的，不存在超越时空限制的好坏"的观点应当是其在理解前引刘向《五经通义》所载内容的上，存在一定的偏差。

前已述及，社祭的产生，是因为土地所载万物为人们提供了用于生存的物质资料。人们希望通过祭祀，以表达对大地馈赠万物的感恩。据《春秋公羊传》卷三何休注，"社者，土地之主。祭者，报德也。生万物，居人民，德至厚，功至大，故感春秋而祭之"❷。人们立社祭祀土地的基本原因，是对土地"生万物""居人民"的功能的感恩与报德。即主要崇拜土地的自然属性。

随着上古时期农耕技术的发展，农业逐渐成为当时社会经济的基础。因此，社崇拜与人们赖以生存的农业联系日趋紧密。但随着"人格神"观念的形成，人们认为谷物的生长，并非因土地的自然属性，而是神生殖能力的体现。李锦山研究显示，原始民族常在土地生育农作物和人类自身繁衍之间，建立起某种联系，以人类性交来促进农作物生长的原始巫术，在上古时期的农业民族中非常盛行。❸ 而这种联系赋予了后世社神崇拜新的含义。这一点，在《礼记·礼运》所载内容中可充分体现，"祭帝于郊，所以定天位也；祀社于国，所以列地利也……礼行于社而百货可极焉。"疏云："'礼行於社，而百货可极焉'者，王祀社尽礼，则五谷丰稔，金玉露形，尽为国家之用，故云'可极焉'"❹。可以看出，人们希望通过祭祀社神，使土地能繁育出更多的物品，以达到"百货可极焉"的目的。这说明当时社祭中的生殖崇拜的意味已经十分浓厚了，这与社祭产生之初，人们的信仰观念有着极大的不同。另《香港中文大学文物馆藏简牍》"诘咎"篇载："畜生不息者，入虚也。取里社□者土以为禺

---

❶ [北齐]魏收，《魏书·卷一百零八·礼志一》，中华书局。1974年，第2738-2739页。
❷ [汉]公羊寿传，[汉]何休解诂，[唐]徐彦疏，《春秋公羊传注疏·卷八·庄公二十三年》，第164页。
❸ 李锦山，《史前生殖崇拜及其信仰》，《中原文物》2004年第2期，第31-39页。
❹ [汉]郑玄注，[唐]孔颖达疏，《礼记正义·卷二十二·礼运》，第705-706页。

（偶）人，男女各一，□之户下。"❶ 即人们用社土制作男女人偶，并将其放于户下，从而使畜生繁衍生息。而简文中的这种巫术，与前述的原始巫术有一定的相似之处，亦可说明生殖崇拜的观念在社祭礼仪之中一直被延续着，且占有重要的地位。

树木在世界范围内的诸多文明之中，曾象征着处于不断再生状态中的宇宙、永不枯竭的宇宙生命的源泉，以及神圣物至高无上的载体。也就是说，树有时既作为神的居所，象征"世界中心"，还经常作为不朽的生命树。❷

俞方洁在其文章中，对世界各地古代神话传说中神树的象征意义作了精辟的阐述，她认为世界树与女神紧密相关，以生命给予者或掌控者形象呈现，传达着不死、重生或繁殖之意。在两河流域古文明，椰枣树与伊斯塔尔关系密切。伊斯塔尔是象征性、生育的女神，她与椰枣树的联系见于亚述时期。伊斯塔尔神庙附近发现的坟墓，上面装饰着女神和枣椰树。在此后的新亚述印章上，有伊斯塔尔站在她的狮子上，她身前为一棵枣椰树的图像。在一些文献中可以看到伊斯塔尔与枣椰树的联系，如亚述晚期伊斯塔尔的赞美诗，诗中把她称为"枣椰树，尼尼微的女儿，土地上的牡鹿"。可见，枣椰树与生育女神的联系实际上是它被拟人化，被喻为生命的创造者。在古埃及，枣椰树也被视作孕育生命的女神。女神哈索尔的名字意思是"荷鲁斯之家"，即"荷鲁斯之母"，因为在碑文中，母亲通常被称为她孩子的家。她还被称为"椰枣树的情人"，因为哈索尔最初不是牛，而是为树女神。树与女神形象还见于古代的北亚、中亚地区，在公元前4世纪，阿勒泰的巴泽雷克5号墓中出土的一件毛毡上表现了一名女神坐在宝座，她拿着一根大树枝，树枝上的枝条末端是五朵花，宝座的腿像植物，它的尾部明显地生出了根，她长方形的头饰让人联想到肥沃的土地。这样，生育之神的所有基本属性都展现了出来："生命之树"从神的膝盖上长出。在古印度，女神与生命树的信仰可早至印度河文明。在摩亨佐·达罗发现的一个封泥中，一位女神出现在一棵菩提树的树枝之间。另一个有趣的哈拉帕印章表现了一个女人的子宫里生长着一株植物，这个女性形象很可能是大地母亲。这里强调植物生命和一些神圣的女性存在之间的关系。似乎在这个古老的文化中，

---

❶ 陈松长，《香港中文大学文物馆藏简牍》简35，香港中文大学文物馆，2001年，第26页。

❷ （美）米恰尔·伊利亚德著，段满福译，《萨满教——古老的入迷术》，社会科学文献出版社，2018年，第271–275页。

树的生命力被视为与伟大的女神——大地母亲紧密相连。❶

而在我国古人的观念中，同样认为树最能体现出社神的生殖能力。许慎《说文解字》引《周易》云"地可观者，莫可观于木"即说明了这一观点。这主要是因为，树木在与其他物种处于相同的环境之下时，往往能生长的体态高大、枝繁叶茂、年寿长久。如《庄子·逍遥游》称，"上古有大椿者，以八千岁为春，八千岁为秋"❷。其生命力极为强盛，这一特点往往令先民仰慕不已。且有的树木本身就具有极强的繁殖能力，如古人常释梓树"子"，张舜徽《说文解字约注》卷十一云："梓之言子也，盖以结实繁多得名。"❸而此类繁殖能力极强的树木并不少见，有的亦被人们种植于社内，如栗木即为一例。前揭刘向《五经通义》所载"万物莫善于木"之说，应当是指树木本身的生命力与繁殖能力拔群出萃。

可见，树的生命力在世界范围的诸多神话之中均有体现。俞方洁指出，生命树不仅借助女神显示自己，同时以再生和不死生命的源泉的形象为自己找到永生的基础。也就是说，除了女神以外，生命树也借助泉源、花果、根茎、动物等补充、丰富其作为永恒生命的象征。在印度教中，创造之神梵天是从毗湿奴的肚脐里长出来的一朵莲花上诞生的。新王国时期，埃及人非常渴望圣树的花朵，他们认为这些花朵能赋予生命，因此称它们为"生命之花"。丧葬中使用的是莲花和荷花车，就像现代丧葬中仍然使用的花车一样，死者的雕像和棺材上装饰着花环。"生命之树"的形象在欧亚草原地区也颇为盛行，它们多与动物形象相结合，以程式化的方式表现。例如在鸟、鸟喙或动物的头上，生长出有树枝的树干。在阿尔泰、叶尼塞和阿尔泰—萨彦地区岩画上有许多树状角的动物。人们用不同的方式描绘了岩羊、羚羊和西伯利亚野羊的树状羊角，有呈直线状或弯曲状的，也有螺旋状的或类似冷杉树有许多波浪状或浓密的树枝的。羊角的再生和生长的能力与生命树有相似之处。因此，羊角和树木被当地猎人和牧民视作一个相同概念。人们注意到，西伯利亚西部森林出土了很多树状青铜铸件，它们曾被放置在古代的祭祀场所，与烧焦的黏土堆放在一块。这些树状青铜铸件作为祭祀品用于纪念生育和森林生命再生的神秘仪

---

❶ 俞方洁，李勉，《圣树崇拜在世界范围内的显现及意义》，《世界林业研究》2022年第4期，第59-63页。

❷ ［清］郭庆藩，王孝鱼点校，《庄子集释·卷一·内篇逍遥游》，第11页。

❸ 张舜徽，《说文解字约注·卷十一》，华中师范大学出版社，2009年，第1367页。

式。中国古代的传说中有"不死之药"生长于"不死之树"上。《山海经·海内西经》载:"昆仑开明山有不死之树,食之长寿。"西王母掌管的不死之药是从昆仑山不死树上采摘下来,再经玉兔加工炼制而成。汉乐府诗曰:"采取神药若木端,白兔长跪捣药虾蟆丸。奉上陛下一玉柈。服此药可得神仙。"可见,早在先秦时期,采服不死之树上的仙果、药丸,能使人不死的神话就已流传。生命、圣神的力量都围绕一棵树展开,它作为生命的造物主也提供着源源不断的生命之泉。[1]

正因如此,树成为超越的存在,变成了神圣的象征。作为神圣的存在,人们将树作为神灵一般地看待,他们渴望与树建立某种密切的关系,从而获得神灵的庇佑、恩赐乃至永生。因此,在世界各地的神话中,我们经常可以看到人在与树接触后获得神力的故事。在秦汉时期"生殖崇拜"观念的影响下,树木本身的特质十分适合作为"社神"的象征物,或在社主周围种植,从而体现出社神的意志及生殖能力。

小　结

综上所述,社在远古时期就已存在。因当时人们活动范围不会远离居住地,且原始初民祭祀社,除为感激大地馈赠万物外,亦希望大地之神给予他们生活之地以保护。因此初始的社,往往设置在先民生活之地——山林丘陵当中,即社原始形式应为"丛社"。至殷商时,尚有祭祀"桑林之社"的风俗,此应当是原始社祭风俗的遗存。另据诸多考古资料显示,这一时期人工立社已开始兴起,但如前揭《墨子·明鬼下》所载,"丛社"仍为"社"的主要形式。

至西周时,情况发生改变。随着这一时期礼仪制度的逐渐完善,以及"社神"地位的提高。"社"逐渐成为统治阶级身份与地位的象征。当时对不同爵级所立社的规模及设立地点均有严格的规定。在此情况下,立于山林丘陵中的丛社已不符合统治者的要求,而人工所立的"树社"在此时得以发展。但在"丛社"中祭祀多为地方长久以来的习俗,由于传统的惯性作用,这一社祭方式在西周时仍占有重要的地位。降至秦汉,人们立社已不完全出于宗教的因素,更多的情况

---

[1] 俞方洁,李勉,《圣树崇拜在世界范围内的显现及意义》,《世界林业研究》2022年第4期,第59-63页。

是将社视为土地与政权的象征。因此,在中央集权的政治体制之下,官方所立社的规模与形制需遵循一定的标准。因此,"丛社"在这一时期已不属于官方的祭祀体系之中,其地位大不如前。也正因此,"树社"逐渐成为"社"的主要形式。但无论"丛社"抑或是"树社",均与树木有密切的联系。关于为何立树于社,或置社于树丛之中,均是受时人树神崇拜与生殖崇拜等观念的影响。树本身生命力与生殖力强盛的特质是其被广植于社的主要原因。

第六章　秦汉木材三题研究

早在上古时期，林木便已成为人们必不可少的物质资源。降至秦汉时期，随着生产力水平的进步及社会的发展，林木与人类的关系愈加紧密，当时人们衣、食、住、行及娱乐均与其有关。其中木材在建筑、乐器、葬具三方面的运用形成了我国独特的建筑、丧葬及音乐文化，影响至今。因此，本章拟在前人的研究基础之上，对秦汉时期木材在建筑、乐器、葬具的使用情况进行系统梳理。

第一节　宫室建筑

正如石宁所述，"中国古代建筑结构、组群布局、艺术风格等都在世界建筑之林独树一帜，其中起关键作用的是建筑结构"，"所谓建筑结构的特色主要有两个方面，建筑材料和结构方式"❶。与世界其他古代文明使用石质建筑不同，我国古代建筑材料则一直以来以土材与木材为主，形成了独特的建筑方式及风格。

一、先秦木构建筑

据考古资料显示，早在新石器时代的河姆渡遗址第一期第四文化层中，就出土过木构建筑的遗迹。在出土的千件以上的木构件中，有不少是带有榫卯的。这是迄今为止，已知的最早的"干阑式"木构建筑。❷此外，属于仰韶文化时期的西安半坡F41遗址中，底层堆积有炭化木构残段，居室内火坑左右各有一组柱洞。❸徐伯安依据两根对称分立的柱端推测，当时已经存在纵向水平联系的构件

---

❶ 石宁、刘啸，《中国古建筑特色的形成于地理环境的关系》，《文物》1986年第5期，第61-67页。

❷ 浙江省文物管理委员会、浙江省博物馆，《河姆渡遗址第一期发掘报告》，《考古学报》1978年第1期，第39-93页。

❸ 杨鸿勋，《仰韶文化居住建筑发展问题的探讨》，《考古学报》1975年第1期，第39-70页。

檩子。❶ 这说明，柱、檩、梁、椽等木构架的基本体系在仰韶时期就已形成了。另据半坡 F39 遗址显示，当时人们已构筑木骨泥墙来代替挖土形成的四壁。木骨泥墙即是我国早期的墙体形式，其构筑方式选取树木枝干作为立柱，再用枝干横向扎结成架，其间填以苇束等轻质材料，然后两面涂泥做成的墙体。种种迹象表明，早在原始社会时期，木材就已成为多处地区的主要建筑原料之一了，且因地域不同，木构建筑的形式又各具特点。

夏、商时期，宫殿建筑兴起，木材在此类建筑中亦占有较大的比重。据偃师二里头二号宫殿遗址出土情况来看，宫殿正殿与东廊、复廊及西廊等廊屋中均发现有排列较整齐的柱洞❷。此外，河南偃师尸乡沟商城第五号宫殿的正殿基址中亦见有大量的柱础石与柱子洞。❸ 两处遗址的前后两排柱洞间距均达到 10 米以上。根据当时技术判断，应不可能出现通檐大梁或重檐等形制，而要使大梁跨度达到 10 米以上，则很可能说明夏、商时期已使用"大叉手"式木构架的结构形式。另刘绪研究显示，商代宫殿建筑中仍以木骨墙为主，但当时所用的是密集且成对的双柱❹，而这种筑墙方式较之原始的木骨泥墙，稳定性有了较大的提高。此外，现存的商代建筑遗址中，已见有夯土墙❺。至商代后期，又发展成以木壁柱加固的夯土墙——版筑墙。❻ 除宫殿建筑外，商代干阑式的木构建筑独具特点。如成都十二桥商代建筑遗址中，木构建筑所用材料为圆木、方木、木板、竹篾、圆竹及茅草等，其中小型建筑的构建连接处多用竹篾直接绑扎或利用原始榫卯与竹篾绑扎相结合的建筑形式。大型建筑中，多将圆木加工成长方木，并在其上精确地凿

---

❶ 徐伯安，《我国古代木构建筑结构体系的确立及其原生形态》，《建筑史论文集》2002 年第 15 辑，第 8-35 页。

❷ 中国社会科学院考古研究所二里头队，《河南偃师二里头二号宫殿遗址》1983 年第 3 期，第 206-216 页。

❸ 中国社会科学院考古研究所河南第二工作队，《河南偃师尸乡沟商城第五号宫殿基址发掘简报》，《考古》1982 年第 2 期，第 128-139 页。

❹ 刘绪，《夏末商初都邑分析之一——二里头遗址与偃师商城遗存比较》，《中国国家博物馆馆刊》2013 年第 9 期，第 6-22 页。

❺ 李捷民、华向荣、文启明等，《河北藁城县台西村商代遗址 1973 年的重要发现》，《文物》1974 年第 8 期，第 42-49 页。

❻ 杨鸿勋，《宫殿考古学通论》，紫禁城出版社，2001 年，第 42 页。

出卯孔，以立柱架梁。❶当时的加工与营造技术已有了相当高的水平。就结构而言，竹篾绑扎法与榫卯连接法等独特风格的建筑形式，较中原地区同时期的大型建筑所用的纵向梁架要先进。

至周代，木梁架建筑运用日益广泛，且宫殿建筑跨度加大。虽然当时仍以"大叉手"屋架为主，但这种结构已不能满足宫室稳定性的要求，故用"梲"置于联系梁上，以便加固顶部节点的支撑。这便形成了"大叉手"式向抬梁式的结构方式的转变。❷此外，湖北蕲春毛家咀有两处西周时木构建筑遗迹，其中西侧木构遗迹已出土排列整齐的木柱109根，有的木柱上凿有榫眼，其周围有排列整齐的木板墙。木构遗迹二亦有粗细木柱171根，木板墙残迹13处。❸从两处建筑的构筑情况来看，人们已能通过榫卯精确的固定、连接木建筑构件，且该干阑式建筑在打桩、竖立板墙等方面的技术亦较为完善，体现出西周时期长江流域地区人们营造干阑式建筑技术的纯熟。

春秋战国时，各诸侯国统治者常大兴宫室，用以满足个人及政治的需求。在当时建筑以木构架为主要结构方式的情况下，大量木材被用作建筑材料，尤其是位于西垂地区的秦国，天然林木繁密，且多为良材，历代统治者常有大兴宫室的传统。如《三辅黄图·序》载：

> 三代盛时，未闻宫室过制。秦穆公居西秦，以境地多良材，始大宫观。戎使由余适秦，穆公示以宫观。由余曰："使鬼为之，则劳神矣。使人为之，则苦人矣。"是则穆公时，秦之宫室已壮大矣。惠文王初都咸阳，取岐、雍巨材，新作宫室。南临渭，北逾泾，至于离宫三百。❹

秦始皇统一六国时，随着中央集权大帝国的逐渐建立，建筑活动也愈加活跃，如"秦每破诸侯，写放其宫室，作之咸阳北阪上，南临渭，自雍门以东至

---

❶ 四川省文物管理委员会、四川省文物考古研究所等，《成都十二桥商代建筑遗址第一期发掘简报》，《文物》1987年第12期，第1—24页。

❷ 关于周代上部屋面所用木架的形式，刘叙杰与郑晓旭均有详细的论述，本书不再赘述。参看刘叙杰，《中国古代建筑史 第一卷，原始社会、夏、商、周、秦、汉建筑》，中国建筑工业出版社，2003年，第299、315页。郑晓旭，《中国早期土木结构建筑的特征研究》，郑州大学硕士学位论文，2010年，第40页。

❸ 中国科学院考古研究所湖北发掘队，《湖北圻春毛家咀西周木构建筑》，《考古》1962年第1期，第1—9页。

❹ 何清谷，《三辅黄图校释·序》，第1—2页。

泾、渭，殿屋复道周阁相属"❶。秦灭六国实现统一后，又修筑骊山始皇陵、咸阳宫殿等大型工程"作前殿阿房，东西五百步，南北五十丈，上可以坐万人，下可以建五丈旗"❷。其规模之宏伟巨大也是史无前例的，修筑阿房宫工程和骊山始皇陵建筑，所调发工役七十余万人，所用木材甚至"乃写蜀、荆地材皆至"❸。远至巴蜀和江汉地区。

二、秦汉木构建筑的发展

如上所述，春秋以降属于木构建筑的大发展期，其规模与数量均远胜于前代。这一情况的出现，除因统治者个人欲望的驱使外，更有赖于生产力水平的提高。随着铁制建筑工具广泛使用，使得木构建筑营造更加精细与多样，如斗栱的使用已日趋广泛。在此基础上，当时木梁架建筑使用范围及数量均有了极大的发展，其中尤以宫室建筑为甚。

从骊山秦始皇陵北二、三、四号建筑遗址，以及秦咸阳一号、二号宫殿遗址的建筑形式来看，当时的多层建筑是由不同高程上的夯土台、分阶段的单层建筑聚合而成（见图6-1）。❹

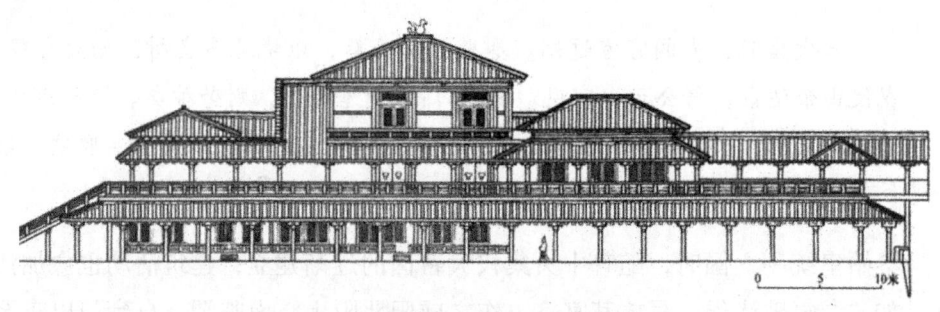

图6-1　秦咸阳宫一号宫殿纵剖面复原图

因此，当时的高台建筑，仍是由木构依附于夯土基台上。另咸阳宫第二号建筑遗址的F4中的单体木构建筑，其室内最大跨度已达到近20米，刘叙杰推测当时采用了由两榀梁架组合的复合梁架，与始皇骊山陵一号兵马俑坑的简支梁方式

---

❶《史记·卷六·秦始皇本纪》，第308页。
❷《史记·卷六·秦始皇本纪》，第327页。
❸《史记·卷六·秦始皇本纪》，第327页。
❹ 祁英涛，《中国早期木构建筑的时代特征》，《文物》1983年第4期，第60-74页。

截然不同。❶ 这一结论应当是合理可信的。咸阳一号宫殿尚见有夹竹抹泥墙，但使用面已不广泛。夯土土杯墙及土坯墙已成为墙体的主要形式。当时宫室的墙壁已有砖石墙，如临潼秦始皇陵一号兵马俑坑墙体全部用陶砖砌垒而成，但砌法还较为原始。❷ 因资料阙如，目前对秦代建筑的斗拱形制与柱以上梁架的构造尚难有清晰的认识。另就目前所见的资料来看，秦代宫室建筑中的木柱断面均为矩形和方形，然而柱础做法与殷商时大致相同，即将木柱脚与础石均埋于地面之下❸，说明当时这一方面的技术并无太大进步。

至汉代，木构建筑的兴建规模依然庞大。当时大规模的修建宫室仍是消耗木材的大宗，如东汉灵帝修治宫室，"发太原、河东、狄道诸郡材木及文石……材木遂至腐积，宫室连年不成"❹。导致所谓"上求材，臣残木"❺，对天然林木的毁坏极大，当时人有"宫室奢侈，林木之蠹也"❻的批评。此外，武帝时修筑离宫别馆"乃立神明台、井干楼，度五十余丈，辇道相属焉。"索隐《关中记》云："'宫北有井干台，高五十丈，积木为楼'。言筑累万木，转相交架，如井干。"❼依文意可知，此类建筑为井干结构。因井干式是一种不立大梁与立柱的房屋结构，需要将大量木料平行向上层层堆叠，往往耗木量极大。而文献所记"井干楼"竟高达五十丈，说明前文所载当时木材的开采程度并非夸张之辞。

在最高统治集团宫室之好的影响下，汉代上层社会形成了广建豪华富丽的宅第之风。如汉成帝时"五侯群弟""大治第室，起土山渐台，洞门高廊阁道，连属弥望"❽。东汉时，富豪至官僚之家"皆竞起第宅，楼观壮丽，穷极伎巧"❾。正是在广兴殿堂楼宇风气的影响下，汉代形成了风格多样的木构建筑形式（见图6-2、图6-3）。

---

❶ 刘叙杰，《中国古代建筑史 第一卷，原始社会、夏、商、周、秦、汉建筑》，第369页。
❷ 始皇陵秦俑坑考古发掘队，《临潼县秦俑坑试掘第一号简报》，《文物》1975年第11期，第1–18页。
❸ 刘庆柱、陈国英，《秦都咸阳第一号宫殿建筑遗址简报》，《文物》1976年第11期，第12–24页。
❹ 《后汉书·卷七十八·宦者列传》，第2535页。
❺ 何宁，《淮南子集释·卷十六·说山训》，第1123页。
❻ 王利器校注，《盐铁论校注·卷六·散不足》，第395页。
❼ 《史记·卷十二·孝武本纪》，第610–611页。
❽ 《汉书·卷九十八·元后传》第4023–4024页。
❾ 《后汉书·卷七十八·宦者列传》，第2521页。

图6-2　湖北云梦县癞痢墩一号墓出土釉陶楼屋　　图6-3　四川成都市东汉住宅画像砖

据墓葬出土明器及画像砖石等考古资料显示，汉代的大木结构建筑，主要为穿斗、井干、抬梁及干阑四种基本形式，其中以抬梁式组成的架构为主❶且抬梁式与穿斗式两种构架体系在汉代已经定型，后世并没有太大变化。

西汉时期的高台建筑，与前代相比，其土木构架结构技术已有了重大的突破。当时常见有高台的建造，如汉武帝时"乃作柏梁台，高数十丈。宫室之修，繇此日丽"❷；又汉武帝"天子为塞河，兴通天台"❸。当时的高台建筑虽未完全脱离夯土，但已不同秦时为单层建筑在不同高度的夯土台阶上的聚合，而是由不同高度的木构建筑围合于同一夯土台上，木构的分量已然增加，此时已具有大体量、多层木构建筑的雏形。❹

此外，汉代木制建筑的另一特点是木构楼阁的兴起。据《汉书·郊祀志》载："立神明台、井干楼，高五十丈。"颜师古注云："井干楼积木而高，为楼若井干之形也。井干者，井上木栏也，其形或四角，或八角。张衡《西京赋》云

---

❶ 《云南晋宁县石寨山铜器》中的所见的穿斗式构架是一种檩—柱结构体系。屋顶荷载由椽传给檩，再由檩直接传给柱，所以一般说来每条檩下均有柱，是一种比较简易的结构。井干式构架是将长木两头开凹榫，组合成为木框，再叠合成壁体，此式构架耗木量极大，应用应不广泛。干阑式与抬梁式前文已述及，此不赘述。从出土的汉画像、明器以及发掘遗址中反映，当时重要建筑，如宫室、宗庙、辟雍、官署、宅第等无不采用木梁柱的架构方式。冯汉骥，《云南晋宁石寨山出土铜器研究——若干主要人物活动图像试释》，《考古》1963年第6期，第319-329页。参看刘叙杰，《中国古代建筑史 第一卷，原始社会、夏、商、周、秦、汉建筑》，第565页。

❷ 《汉书·卷二十四（下）·食货志下》，第1170-1171页。

❸ 《史记·卷二十八·封禅书》，第1681页。

❹ 周学鹰，《汉代高台建筑技术研究》，《考古与文物》2006年第4期，第66-71页。

'井干叠而百层.'即谓此楼也。"❶ 引文所载的楼阁是以井干式建筑为主体，以大木实叠而成。张驭寰研究认为，"西汉长安城井干楼井干架等之安排，就是附楼全部用井干架，在土心的四面设计井干架。"❷ 说明当时此类楼阁尚需依赖夯土台，与前述西汉高台建筑筑造方法相似，这与汉初建筑技术水平相适应。如1959年河南郑州出土的南关159号汉墓画像砖石中的仓房及阙其下应均为夯土。❸

孙机认为"西汉时，为技术水平所限，建筑高楼常采用井干式。"❹ 但从目前出土的汉代画像砖石与明器中均未见有此种类型的楼阁。另许慎《说文解字》："楼，重屋也。"❺ 其说应属"重楼式"楼阁，即由多个独立的结构单元屋重叠而成。而沂南汉墓所见的画像石中的仓屋❻，以及陕西勉县老道寺汉墓❼ 出土的陶楼均是"重楼式"楼阁。与《说文解字》所载相合。故孙机所述或为个例，并非当时楼阁的主流建筑手法。

据周学鹰研究显示，汉代阁楼多样，通柱造与叉柱造等木构架形式并存。❽ 如北京顺义临河村所发掘的东汉墓中所见的彩绘陶楼立面塑出木构梁柱，挑梁承托重栱，其上承檐，并由柱子直接伸出，上下同粗。而洛阳东关东汉殉人墓中亦见有相同形制的陶仓楼。❾ 二者均属于通柱造木构架形式。而叉柱造形式的挑梁往往上小下大，使楼阁呈逐层收减形，此类型的木构架形式常见于出土的汉代明器。❿ 据此可知，汉代的楼阁建造水平已达到一定的水平。至东汉，楼阁的建造

---

❶ 《汉书·卷二十五（下）·郊祀志下》，第1245页。
❷ 张驭寰，《对西汉长安城井干式楼原状的推测》，《建筑史论文集》第19期，《建筑史》2003年第2辑，第98页。
❸ 河南省文化局文物工作队，《郑州南关159号汉墓的发掘》，《文物》1960年第z1期，第19-24页。
❹ 孙机，《汉代物质文化资料图说》，上海古籍出版社，2011年，第186页。
❺ ［汉］许慎撰，［清］段玉裁注，《说文解字注·卷六（上）·木部》，第471页。
❻ 中国科学院自然科学史研究所主编，《中国古代建筑技术史》，科学出版社，1985年，第66页。
❼ 郭清华，《陕西勉县老道寺汉墓》，《考古》1985年第5期，第429-449页。
❽ 周学鹰，《从出土文物探讨汉代楼阁建筑技术》，《考古与文物》2008年第3期，第65-71页。
❾ 北京市文物管理处，《北京顺义临河村东汉墓发掘简报》，《考古》1977年第6期，第376-381页。余扶危、贺官保，《洛阳东关东汉殉人墓》，《文物》1973年第2期，第55-62页。
❿ 于临祥、王珍仁，《大连市出土彩绘陶楼》，《文物》1982年第1期，第75页。

已极为流行了。❶此外，目前，资料见到汉代的柱，大多为石质的❷，其上多有浮雕画像。而据洛阳汉魏故城凌阴建筑遗址中的柱洞来看，形状较多❸，木柱的种类应十分丰富。部分木柱下垫有柱础石，其位置已高于地面，有的表明经过加工雕刻。据此，反映出汉代建筑大木作技术——柱础的制造上已较前朝有所进步。关于秦汉时大木作技术——斗拱的起源于演变，学术界已有颇多深入的研究，此不赘述。❹

三、建筑以木为原材料的原因

前文已述，木材是中国古代一直沿用的建筑营造材料。木构建筑是中国独有的建筑艺术，但形成这一传统的原因目前学术界尚无定论。

李约瑟在其著述中对此进行过讨论，他认为中国之所以采用木结构建筑，可能与早期社会缺乏大量奴隶劳动力有关，即当时的人们无法负担石料工厂的大量劳作。对这一结论，贾洪波已在其文章中进行过辩驳❺，无须再做过多讨论，李约瑟观点并不能成立。张家骥则认为宫室建筑选用木料是因为新王朝建立时，急需建立新的宫殿以代替前朝建筑，从而显示改朝换代之意。而木质建筑易于快速施工搭建，最符合统治者的要求。❻但姑且不说历史上常有后世统治者沿用前朝宫殿情况。如前所述，秦始皇在位期间一直在进行宫殿的营造，并未见有"应急"之用。且按张氏说法，并不能解释为何百姓居所一直以木构建筑为主。

李允鉌提出另一观点，认为：

---

❶ 如《后汉书·黄昌传》载陈人彭氏"造起大舍，高楼临道"；《水经注·沘水条》引《续汉书》，南阳樊氏"起庐舍，高楼连阁"等等。

❷ 程继林，《泰安县大汶口发现一座汉画像石墓》，《文物》1982年第6期，第44-50页。尤振尧，《徐州青山泉白集东汉画像石墓》，《考古》1981年第2期，第137-150页。

❸ 冯承泽、杨鸿勋，《洛阳汉魏故城圆形建筑遗址初探》，《考古》1990年第3期，第268-272页。

❹ 参看汉宝德，《斗拱的起源与发展》，台湾明文数据，1988年，第1-27页。刘叙杰，《汉代斗拱的类型与演变初探》，《文物资料丛刊》第2辑，文物出版社，1978年，第225页；刘致平，《中国建筑类型及结构》，中国建筑工业出版社，1987年，第60页；周学鹰，《汉代建筑大木作技术特征（之一）——斗拱》，《华中建筑》2006年第9期，第124-128页。

❺ 贾洪波，《中国古代木结构建筑体系的特征及成因说辨析——兼申论其与中国传统文化人本思想的关系》，《南开学报（哲学社会科学版）》2009年第2期，第109-117页。

❻ 张家骥，《中国建筑论》，山西人民出版社，2003年，第46页。

大体上说，由于以"正统"的经典作为理论的根据，政策是在"满足最大限度的要求"和"尽量节省人力、物力"的矛盾下制定出来的，这种矛盾就迫使在技术上来想办法和加以解决。中国人之所以放弃发展永久性、纪念性的砖石结构建筑，专注发展混合构造的木结构，相信这就是解决这一矛盾的一个办法。在经济上说，"木结构"到底是比"砖石结构"节省得多的，包括人力、物力和时间在内。❶

但实际上这种"节省"的观念，对于秦汉的权贵来说根本谈不上。统治者动用大量人力、物力进行营造活动之例历史上比比皆是。如前《三辅黄图·序》中所载便是一例证。而大型木构建筑的用材，甚至常常需要远距离调运，其花费未必比"砖石结构"建筑节省。尤其秦以降，在中央集权的体制之下，统治者可征调全国人力、物力来进行工程营造，因此古时的皇室宫殿与陵寝往往极为崇宏。且如前章所引王符《潜夫论·浮侈篇》，汉代"京师贵戚"取材制棺常常"行数千里，然后到雒。工匠雕治，积累日月，计一棺之成，功将千万。夫既其终用，重且万斤，非大众不能举，非大车不能挽"。所耗费的人物财力巨大。李氏之说于理不通。

刘致平认为，"我国最早发祥的地区——中原等黄土地区，多木材而少佳石，所以石建筑甚少"❷。但缺少佳石的说法只是相对的。黄河中游一带并不缺乏产石之山，如终南山、岐山、嵩山等。与之相反的是，文献中却常常出现缺乏优质木材的记载。且如前述，建筑材料的来源，并非限制帝王营建宫室的因素。而上古时期人们的祭祀场所、陵墓、道路及桥梁等多用石头修筑。因此，刘氏之说亦不能成立。

梁思成则认为中国使用石头的技术不行，中国匠人对石质力学及石灰特性缺乏了解，并没有找到石头缝隙之间良好的黏合剂材料。❸关于此，贾洪波亦进行了详尽可信的辩驳。他认为，在远古时期，人们就已掌握了一定石建筑的加工技术，但由于木质建筑的发展，石质建筑逐渐被淘汰。❹然而为何会出现此类情况，

---

❶ 李允鉌，《华夏意匠》，天津大学出版社，2005年，第31页。
❷ 刘致平，《中国建筑类型及结构》，中国建筑工业出版社，1987年，第2页。
❸ 梁思成，《中国建筑史》，百花文艺出版社，1998年，第17页。
❹ 贾洪波，《中国古代木结构建筑体系的特征及成因说辨析——兼申论其与中国传统文化人本思想的关系》，《南开学报（哲学社会科学版）》2009年第2期，第109-117页。

贾氏亦未给出明确的答案。

诚如贾氏所言，秦汉时期砖石确已用于建筑工程。但也仅限于台基、墙壁与瓦以及地下陵墓的修建，始终未触及木构架本身。这可能是受几方面的影响。

首先，木构架本身比石质结构更易于加工，因此木构建筑的营造速度要远快于石质建筑。例如，汉代所建长乐宫仅用三年时间，而秦始皇在位三十六年期间所造宫殿楼宇规模之大，令人惊叹。相比之下，西方的石质建筑的建成往往需要几十年甚至上百年时间。也正因此特点，木构建筑往往易于修缮，甚至可轻易扩建与改建。只要在房屋高度、屋面材料等方面加以变化，就能可适应寒暖湿燥等不同的气候条件。但石质建筑的建造往往需要精密的计算，因而修改扩建会造成严重的结构问题，如外墙无法支撑等。且秦汉时期应当没有能吊起大型石构件的条件，而吊起后精确的安放则更无法解决。

其次，据学者测定，木构架建筑具有良好的抗震性。[1]这是由于木构架节点所用的斗拱与榫卯之间虽然严实却未固死，具有一定的伸缩余地。且木材本身具有一定的弹性，当遇到强大震动时，梁柱框架整体处于一种弹性状态，故具有良好的抗震性能。然而石造建筑由于起重问题，往往石料不会太大。正因石料大小尺寸的限制，西方的古典建筑顶部几乎全部依靠拱券和穹顶。但这种结构类型抗拉、抗剪均有致命弱点，往往需要周围辅以大量支撑结构来防止垮塌，这同样会带来屋内空间因石柱过多而变得十分狭小等问题。总体来说，砖石建筑的安全系数远不如木构建筑。

总体来说，木构建筑的材料不仅容易获取，且更易于加工，方便于人们扩建改造。其本身能够适用于不同的环境，并具有较高的安全性。在秦汉时期小农经济的背景下，木构建筑对平民而言，有着比较广泛的适应性。因此，这一建筑被长期运用，并逐渐成为传统。而统治阶级的宫室建筑，正是在已有的木结构技术的基础上去营造结构更复杂、体量庞大的建筑形式。

第二节 木质乐器

乐器不仅是音乐的载体，在某种意义上，更是一种文化的载体。每种乐器

---

[1] 参看中国科学院自然科学史研究所，《古代建筑的抗震》，载于《中国古代建筑技术史》，科学出版社，2000年，第328-333页。

的产生与流行，与其所在时代和地区的生产力水平、审美观念等因素息息相关。而木质乐器，是我国古代乐器当中的重要组成部分，它独特的制作工艺、音域宽度、表现性能等体现出我国古代音乐艺术形式的特点及其背后所蕴含的文化含义。

一、大鼓

从今天考古资料来看，早在新石器时代，远古先民就已使用乐器。如陕西临潼姜寨遗址出土的姜寨二期遗物中，存有陶埙与陶质响铃。❶ 此类器具在兰州土谷台墓地儿童墓出土的马厂类型随葬品中亦有见到。❷ 总体来说，这一时期只有打击乐器与管乐器，且已有用木质的情况出现，如山西襄汾陶寺类型龙山文化甲种大型墓葬中出土有利用天然树木干挖制而成的鼓框。❸ 但除此之外，迄今为止尚未见到能公认为木鼓的远古遗物。浙江余姚河姆渡遗址第四文化层中共出土筒形木器二十多件。器由整段树干挖制而成，中空如筒，里外都锉磨得十分光洁。部分木筒的体表有髹漆的痕迹。❹ 吴玉贤推测此木筒为打击乐器。❺ 李纯一针对此观点进行了详细的考辨，认为吴玉贤立论依据并不可靠，其是否为乐器还需进一步研究证实。❻ 本书认同李氏观点。且该木筒仅在第四文化层中见到，并未像陶埙等乐器延续至第三和第一文化层，如是乐器，为何独"木筒"绝嗣？关于这一点，吴玉贤亦未给出合理解释。综上所述，新石器时代木质乐器的使用尚较少。

但远古时期所用的"土鼓"或"木鼓"均不坚固，且音量甚小。因此，降至夏商时期，随着青铜器制作水平的提高，鼓等打击乐器逐渐改用铜质。如湖北崇阳汪家嘴大市河岸出土有殷商后期制成的马鞍形钮铜鼓。❼ 现已流入日本的双鸟

---

❶ 西安半坡博物馆等，《姜寨》，文物出版社，1988年，第182页。

❷ 甘肃省博物馆、兰州市文化馆，《兰州土谷台半山——马厂文化墓地》，《考古学报》1983年第2期，第191-222页。

❸ 黄厚明、陈云海，《中国史前音乐文化状况初探》，《中原文物》2002年第3期，18-27页。

❹ 浙江省文管会、浙江省博物馆，《河姆渡遗址第一期发掘报告》，《考古学报》1978年第1期，第39-94页。

❺ 吴玉贤，《谈河姆渡木筒的用途》，载于《浙江省文物考古研究所学刊》，文物出版社，1981年，第187-195页。

❻ 李纯一，《中国上古出土乐器综论》，文物出版社，1996年，第23-24页。

❼ 湖北省博物馆、崇文，《湖北崇阳出土一件铜鼓》，《文物》1978年第4期，第96转106页。

钮铜鼓，亦为殷商后期制品（见图6-4）。❶

图6-4 双鸟钮铜鼓拓片

据《吕氏春秋·侈乐》载："夏桀、殷纣作为侈乐，大鼓钟磬管箫之音，以钜为美，以众为观。"❷ 从目前所出土夏、商时期的乐器来看，文献所载基本属实，但其制作材料多为金、竹、土、石、革，木质乐器仍十分少见。另外，罗振玉、唐健垣与周武彦等学者均依据部分甲骨文字体推测认为，中国古代另一重要的木质乐器——弦乐器在殷商时就已存在。项阳则认为，在商代用于制作弦乐器的竹、木与丝均已具备，但目前尚无商代弦乐器的出土，而前述三位学者的观点虽具道理，但均属推论。因此，这一时期弦乐器的使用情况有待进一步考证。❸

至周代，乐器的种类及样式均有增加。据《周礼·春官·大师》载："皆播之以八音，金、石、土、革、丝、木、匏、竹。"❹ 这应当是我国出现最早的乐器分类方法。即依据不同材质的乐器所发出的音质，将其分为八类，其中"丝""木"与部分"革"属木质乐器。❺ 按今天乐器的分类标准，"木""革"隶属于打击乐器，"丝"可归类于拉弦与弹弦乐器。

---

❶ 容庚、张维持，《殷周青铜器通论》，文物出版社，1984年，第77-78页。
❷ 许维遹，《吕氏春秋集释·卷五·侈乐》，第112页。
❸ 项阳，《中国弓弦乐器史》，国际文化出版公司，1999年，34-39页。
❹ [清]孙诒让撰，王文锦、陈玉霞等点校，《周礼正义·卷四十五·春官·大师》，第1832页。
❺ 因竹木属于禾本科植物，严格意义上讲，不能归类于树木。因此，竹类乐器本书不做过多讨论。

二、"柷""敔"与小鼓

"八音"中的木类乐器,为"柷"与"敔"两种。《尚书·益稷》载"虞宾在位,群后德让。下管鼗鼓,合止柷敔。"❶ 虞舜时已使用此类乐器。但周以前未见有实物出土,可能与该乐器材质不易保存有关。至西周时,所见金文中已明确记载此类乐器,如平顶山应国墓地出土的柞白(伯)簋铭文有载:"惟八月辰在庚申,王大射于周……遂易(锡)柷虎。"李学勤释"虎"为"敔"。❷ 前揭《尚书·益稷》中孔颖达疏,"柷如漆桶,中有椎柄,动而击其旁也。敔状如伏虎,背上有刻,戛之以为声也。乐之初,击柷以作之;乐之将末,戛敔以止之。"由此可证李学勤所释当是。而据甘肃礼县大堡子春秋早期秦国墓葬中出土的"柷""敔"均为铜质。❸ 但文献所载的材质与之相异,《吕氏春秋·仲夏纪》载:"饬钟磬柷敔",高诱注,"柷如漆桶,中有木椎,左右击以节乐。敔,木虎,脊上有鉏铻,以杖擽之以止乐。"❹ 可能先秦时期两种乐器木、铜两种材质并用,但从此类乐器属"木类"来看,前者的使用应更为普遍。另《元史·礼乐志》云:"柷一,以桐木为之,状如方桶";"敔一,制以桐木,状如伏虎,彩绘为饰,背有二十七铻刻,下承以槃。用竹长二尺四寸,破为十茎,其名曰籈,栎其背以止乐。"❺ 该乐器在元代仍有使用,且为桐木所制,形制亦与秦汉时相似,大致可以判断木为此类乐器的传统材料。

另据《白虎通·礼乐》载:"柷敔者,终始之声,万物之所生也。阴阳顺而复,故曰柷。承顺天地,序迎万物,天下乐之,故乐用柷。柷,始也。敔,终也。"❻ 又《礼记·王制》载:"天子赐诸侯乐,则以柷将之,盖始合之器,居诸器之先。"❼ 时人将"阴阳观"比附于"柷""敔"之上,并将其视为重要的礼制乐器。"柷""敔"具有提示乐曲演奏开始与结束的作用,代表着万物的始与终,具

---

❶ [汉]孔安国传,[唐]孔颖达疏,《尚书正义·卷五·益稷》,第128页。
❷ 李学勤,《柞伯簋铭文考释》,《文物》1998年第11期,第67-70页。
❸ 梁云,《甘肃礼县大堡子山青铜乐器坑探讨》,《中国国家博物馆馆刊》2008年第4期,第25-38页。
❹ 许维遹,《吕氏春秋集释·卷五·仲夏纪》,第105页。
❺ [明]宋濂等,《元史·卷六十八·礼乐二》,中华书局,1976年,1702-1703页。
❻ [清]陈立撰,吴则虞点校,《白虎通疏证·卷三·礼乐》,第127页。
❼ [汉]郑玄注,[唐]孔颖达疏,《礼记正义·卷十二·王制》,第369页。

有十分重要的象征意义。因此，二者为中国古代官方音乐演奏中必不可少的乐器。但在民间可能比较少见。

降至战国，"革类乐器"中使用木质材料的多为小鼓，其余乐器中已比较少见。迄今出土的小鼓大部分出自楚墓，其应为楚国地区较为流行的乐器。如属战国早期的江西贵溪仙岩崖墓、湖北江陵溪峨山 M7 与湖南长沙浏城桥 M1 及战国中期的湖北江陵拍马山 M11、河南信阳长台关 M2 等墓葬中均出土有独木雕成的小鼓，并有彩绘斑纹。此外，湖北江陵雨台山楚墓以及溪峨山 M7、拍马山 M11 出土的木扁鼓（见图 6-5）下均以木雕为座，凸显出一种独特的艺术形式。❶

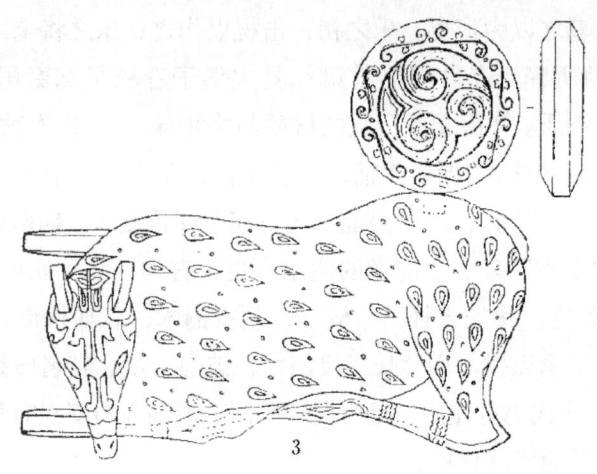

图 6-5　湖北拍马山小鼓

关于小鼓的作用，《周礼·春官·小师》载："下管，击应鼓"，郑玄注，"应鼙也，应与𪔛及朔皆小鼓也"❷。"鼙""𪔛""朔"为小鼓的别名，应当形制相异。又《释名·释乐器》载："鼙，裨也；裨助鼓节也。声在前曰朔；朔，始也。在后曰应；应大鼓也。"❸ 可知小鼓的功用在于"裨助鼓节"。而之所以小鼓分为不同形制，应如李纯一所言，"因为这样才能使它们的发音在高音、音质和音量上有所不同，起到引应的作用"❹。目前，出土的汉代小鼓的考古实物较少，文献记载

---

❶ 湖北省博物馆江陵工作站，《江陵溪峨山楚墓》，《考古》1984 年第 6 期，515-527 页。湖北省博物馆等，《湖北江陵拍马山楚墓发掘简报》，《考古》1973 年第 3 期，第 151-161 页。

❷ ［清］孙诒让撰，王文锦、陈玉霞等点校，《周礼正义·卷四十五·春官·小师》，第 1862 页。

❸ ［汉］刘熙，《释名·卷七·释乐器》，中华书局，1985 年，第 106 页。

❹ 李纯一，《中国上古出土乐器综论》，第 23 页。

亦多语焉不详。但汉代陶俑与画像砖中有不少小鼓形象。❶马王堆三号汉墓《遣册》中亦见有,"建鼓一、羽柱,饮卑(鼙)二。鼓者二人,操抱(枹)。"❷亦可说明汉代小鼓的使用应不少见。

在我国音乐史上,木质乐器当中弦乐器,即属"八音"中的丝类乐器使用最为普遍,影响也最为深远。弦乐器产生于春秋、战国时期,至汉代,后世常见的筑、琴、瑟等使用已较为普遍了。

三、弦乐器

关于筑,目前并无汉代以前的实物出土。筑在史料中的记载最早见于《战国策·齐策》,苏秦说齐宣王曰:"……临淄甚富有而实,其民无不吹竽、鼓瑟、击筑、弹琴"❸。又《史记·刺客列传》载有"高渐离击筑,荆轲和而歌于市中,相乐也"❹。据此可以推测,筑产生于战国时期。

关于筑的形制,《说文解字》载:"筑,以竹曲,五弦之乐也。从巩竹。巩,持之也。竹亦声。"❺又《释名·释乐器》载:"筑,以竹鼓之。筑,柲之也。"❻引文"持之也"与"柲之也"二者意思相同,均指有柄可持。"以竹曲"及"以竹鼓之"指筑的演奏方式,但并未言其是否为木质。另《汉书·高帝纪》注引应劭说,"(筑),状似琴而大,头安弦,以竹击之,故名曰筑。"❼按文意,形似瑟说明筑体应为一个共鸣箱,且筑体前应为较小的柱柄,后为板箱式的"大头"。无论从形制或"共鸣箱"等特点来看,筑为木质无疑。且时人将筑与瑟相比附,说明二者之间有一定的亲缘关系。

汉代前期的五弦筑,曾在马王堆3号墓中出土过。该筑为独木雕成,实心,

---

❶ 参看任日新,《山东诸城汉墓画像石》,《文物》1981年第10期,第14—21页。刘志远,《成都天回山崖墓清理记》,《考古学报》1958年第1期,第87—103页。

❷ 何有祖,《马王堆二、三号汉墓遣策释文与注释商补》,简帛研究网站,2004年12月19日。

❸ [汉]刘向辑录,《战国策·卷八·齐一》,第337页。

❹ 《史记·卷八十六·刺客列传》,第3067页。

❺ [汉]许慎撰,[清]段玉裁注,《说文解字注·卷五·竹部》,第370页。

❻ [汉]刘熙,《释名·卷七·释乐器》,第106页。

❼ 《汉书·卷一(下)·高帝纪下》,第75页。

首尾均钉有竹钉，并在竹胴上张弦。并有柄与板箱（见图6-6）❶，与文献所载相合。而该筑形制与连云港西汉侍其繇墓漆奁的花纹及马王堆1号墓的黑地彩绘漆棺中所见筑图像相同❷，表明西汉时期筑之形体大体相似，材料应当亦为木质。

图6-6 长沙马王堆三号墓出土"筑"明器

琴、瑟二类乐器常在《诗经》中出现，如《小雅·甫田》载："琴瑟击鼓，以御田祖"，《郑风·女曰鸡鸣》，"琴瑟在御，莫不静好"，《周南·关雎》，"窈窕淑女，琴瑟友之"❸ 等。可见，"琴""瑟"在西周时期已是十分普及的乐器了。从目前考古材料来看，先秦时期瑟的出土地点集中于湘、鄂、豫三省的楚墓，与文献记载战国时期赵、鲁、齐等国亦有使用的情况不符。目前出土汉代瑟的数量不多，但据马王堆三号汉墓《遣策》中见有"郑竽瑟""河间瑟"，说明西汉早期瑟已流行于全国。❹ 此外，河南、山东、陕西、湖南、四川等省地出土的汉代画像砖石、壁画、帛画和陶俑之中，常见有瑟之形象，足亦可证实汉瑟流行之广。

瑟均为木制，《鄘风·定之方中》载："树之榛栗，椅桐梓漆，爰伐琴瑟。"❺ 可知在西汉时期，人们对琴瑟的用材已经积累了相当丰富的经验。河南固始侯古堆战国墓葬出土的瑟底板与面板均为桐木斫成，与文献所载用材相合。该瑟面板微拱，尾端雕有十条蟠龙。❻ 桐木本身具有较好的共振性，后世琴瑟亦多用此材。目前，出土秦汉时期的瑟除上例外，材质均未正式鉴定，但基本上均具有材质轻柔、纹理均匀细腻等特点，可能所用也是桐木或类似的木料。

---

❶ 湖南省博物馆、湖南省文物考古研究所，《长沙马王堆二、三号汉墓 第一卷，田野考古发掘报告》，文物出版社，2004年，第182-183页。

❷ 湖南省博物馆、中国科学院考古研究所，《长沙马王堆一号汉墓》下集图四六，文物出版社，1973年，第37页。南波，《江苏连云港市海州侍其繇墓》，《考古》1975年第3期，第169-177页。

❸ [汉]毛亨传，[汉]郑玄笺，[唐]孔颖达疏，《毛诗正义·卷十四·小雅·甫田》，卷4·郑风·女曰鸡鸣》，卷1·周南·关雎》第838页、295页、26页。

❹ 湖南省博物馆、湖南省文物考古研究所，《长沙马王堆二、三号汉墓 第一卷，田野考古发掘报告》，第51页。

❺ [汉]毛亨传，[汉]郑玄笺，[唐]孔颖达疏，《毛诗正义·卷三·鄘风·定之方中》，第196页。

❻ 固始侯古堆一号墓发掘组，《河南固始侯古堆一号墓发掘简报》，《文物》1981年第4期，第1-8页。

关于瑟的制作方法，河南信阳长台关战国楚墓出土的由六块整木板拼成，并有胶粘合的痕迹❶，说明在战国中期瑟已采用单板拼制的方式制成。但从出土瑟的整体情况来看，先秦至汉代仍以整木斫成的瑟体为主。如湖北当阳曹家岗春秋晚期楚墓、前揭河南固始侯古堆战国墓葬、湖北江陵雨台山战国中后期墓葬、随县曾侯乙墓、湖南长沙马王堆汉墓等所出土的瑟的瑟体均由整木斫成（见图6-7、图6-8）。

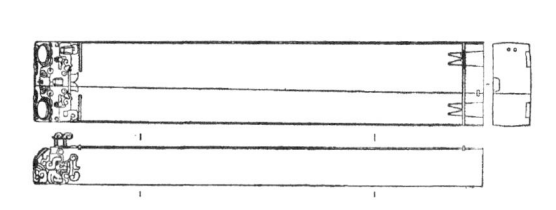

图6-7　当阳曹家岗出土楚墓截面图　　图6-8　长沙马王堆一号汉墓出土

揆其原因，李纯一认为，"当是由于当时胶黏剂不够理想，胶粘的拼制瑟体不如斫制瑟体的整体性好，有损于弦振动的传递，以致严重地制约着省工省料的拼制法的发展。当然，胶粘比用竹钉拼合的整体性要强，对振动的阻滞影响要小。"❷但出土这一时期筝的共鸣箱则未见有整木雕成，而是均为木板拼合而成的。究其原因，或与当时人们对音色与音域的要求有关。但是否如此，尚需进一步研究。李纯一的观点亦可权备一说。

另据《礼记·明堂位》载："拊搏，玉磬，揩击，大琴，大瑟，中琴，小瑟，四代之乐器也。"❸可知瑟有大小之分，且用于合奏，其音质应当有差异。但上述墓葬中出土的瑟形制大小均不统一。可知当时大、小瑟的形制应并无明确统一的规定。其有大小之分应是几种瑟相比较而言。瑟的大小不同，共鸣箱所容纳的空气量便有差异，从而影响音质。春秋至汉代，瑟的面板始终保持略拱的覆瓦形。这种设计既便于弹奏，又能增强负荷瑟柱的压力。此外，随县曾侯乙墓出土木质瑟柱1300多枚，大小不一。其可分为对称型、不对称型与卷云类柱。❹不同型式的瑟柱，当是为适应各柱所在面板、侧板和弦高等不同情况而设计制造的。反映

---

❶ 河南省文物研究所，《信阳楚墓》，文物出版社，1986年，第90-92页。
❷ 李纯一，《中国上古出土乐器综论》，第440页。
❸ [汉]郑玄注，[唐]孔颖达疏，《礼记正义·卷三十一·明堂位》，第947页。
❹ 童忠步，《曾侯乙墓出土的瑟柱》，《乐器》1983年第4期，第2转36页。

出先秦时瑟的制作工艺已十分成熟了。

琴在古代又别称丝桐、绿绮等。关于琴之滥觞，现已难以考知了。但从上文《诗经》所载可知，琴在西周时已十分流行了。且据《礼记·曲礼下第二》，"大夫无故不彻县，士无故不彻琴瑟。"；《左传·昭公元年》，"君子之近琴瑟，以仪节也，非以慆心也。"❶ 此外，春秋时诸多乐者均擅长弹琴，如卫国的师涓、晋国的师旷、郑国的师文等。可见当时各阶层对琴均极为喜爱。这主要是因为，琴与其他乐器不同，其是利用按弦时变更振动弦分，而在一根弦上奏出不同的音，其音乐往往多音交错，变化无方。嵇康《琴赋》即言，"众器之中，琴德最优"❷，足见琴音色之优良。

关于古琴的形制，文献中鲜有记载。先秦考古发现首见于随县曾侯乙墓的十弦琴（见图6-9）。❸ 该琴整体由活动地板、体和尾三部分组成。琴体连同琴尾用独木斫成，活动底板也是一块独木板。琴面为亚腰形，琴面微拱而中部微凹，呈波状起伏，琴首端有一条岳山，沿岳山外侧钻有一排十个弦孔，直通轸池。琴体是一个长方形共鸣箱，琴尾是一块扁壶形长条实心木板，末端稍微向上翘起，外侧中部有一过弦的凹口，即龙龈；底面中部有一长方形足池，安一方形雁足。此时琴形制尚无徽。琴体底面嗉部有一半圆形轸池，池内残存四个圆柱形木轸；腹部有一长条亚腰形槽腹，和有同样浅槽的活底板合成一个音箱。

图6-9 随县曾侯乙墓十弦琴

从结构上来讲，此琴为带长尾的半箱体，尚未发展到全箱体。其共鸣箱是全封闭式，四壁较厚，共鸣腔容积亦较小。不难看出，它的发音质不仅音量较小，且质量较差。说明这一时期的古琴设计尚不成熟。此外，王迪等研究显示，由于此琴面板不甚平整、弦距较狭、岳山较低等原因，不适于使用快速而技术复杂的

---

❶ [汉]郑玄注，[唐]孔颖达疏，《礼记正义·卷四·曲礼下》，第120页。[周]左丘明传，[晋]杜预注，[唐]孔颖达正义，《春秋左传正义·卷四十一·昭公元年》，第1165页。

❷ [清]严可均辑，《全三国文·卷四十七》，商务印书馆，1999年，第493页。

❸ 湖北省博物馆，《曾侯乙墓》，文物出版社，1989年，第164-166页。

指法。❶此观点应无异议。

而湖南长沙五里牌战国晚期楚墓出土的琴，从形制上已较曾侯乙中的古琴有所改进。❷该琴通体较长，体内共鸣腔较大，并和轸池连通，雁足作圆形。这便改良了上述古琴音质差、音量小的问题。且其尾部上翘，使弦离琴面较高，从而使弹奏较多的按音成为可能。该琴体连同尾部是用富有弹性的松软独木斫成，底板是用坚硬的独木制成。其是否为桐木与梓木，仍需进一步鉴定。而"面用软木，底用硬木"的选材标准一直沿用至今，这主要是因面板用软木可以更好地将音散发出去，底用硬木可以加强音的反弹作用，从而使古琴音质达到最佳。说明战国晚期时，古琴的制作工艺已经较为成熟了。

此外，马王堆三号汉墓出土有西汉早期的七弦琴（见图6-10）。该琴形制与前揭五里牌楚墓中的琴类似，但仍有几处变化。首先，该琴琴体和隐间较长，这在一定程度上提高了琴的音质。其次，它的琴面更平，使得人们更易奏出较多的按音。

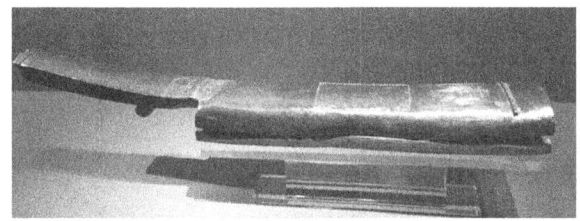

图6-10　长沙马王堆汉墓七弦琴

图片来源：湖南省博物馆藏

但该琴仍为带长尾的半箱体，且其琴尾仍用实木，共鸣效果不佳，在形制上尚未越出楚琴的窠臼。该琴的琴面和活底板分别用软硬不同的桐、梓木料。其材质与《淮南子·脩务训》所载的"山桐之琴，涧梓之腹"❸相合，而桐与梓亦是后世制琴最常用的木材。另《左传·襄公十八年》载："孟庄子斩其栒，以为公琴。"❹"栒木"即今之香椿树，但该木胶质物比较多，不宜直接用于古琴制作，需

---

❶ 王迪、顾国宝，《漫谈五弦琴和十弦琴》，《音乐研究》1981年第1期，第93–96页。
❷ 黄纲正，《长沙出土的战国琴》，《乐器》1984年第1期，第21–22转36页。
❸ 何宁，《淮南子集释·卷十九·脩务训》，第1360页。
❹ [周]左丘明传，[晋]杜预注，[唐]孔颖达正义，《春秋左传正义·卷三十三·襄公十八年》，第952页。

进行一定的加工处理，因此在后世并不多见。且此琴无徽，说明后世的十三徽在西汉初期尚未产生。李纯一认为早期的徽大概出现在西汉前期后段，但并未普及，十三徽形成定制可能在东晋时期。❶据《汉书·扬雄传》载："今夫弦者，高张急徽，追趋逐耆，则坐者不期而附矣"，颜师古注，"徽，琴徽也"。❷可知琴徽确已产生。但桓谭《新论·琴道》、蔡邕《琴操》、应劭《风俗通义·声音》等著述中对琴所谈颇为具体，但均未涉及"徽"。故李氏所论可从。东汉时期传闻于后世的名琴颇多，如张道的"响泉"、蔡邕的"焦尾"等。说明这一时期的制琴技艺应有了一定的发展。如四川三台东汉墓乐俑所奏之琴，共鸣箱已延至琴尾，这一时期的琴体已接近于全箱式，其音量与音色均有了进一步的改善。

第三节 丧葬用途

棺与椁均属葬具。棺、椁的形制、用材能直接反映出一定时期的丧葬文化、观念与制度。其中木质棺椁在我国古代使用最为普遍，反映出木材在我国丧葬文化中具有特殊含义。

一、木质棺椁的形成

据《周易·系辞下》载："上古穴居而野处，后世圣人易之以宫室，上栋下宇，以待风雨，盖取诸大壮。古之葬者厚衣之以薪，葬之中野，不封不树，丧期无数，后世圣人易之以棺椁。"❸棺椁均起源于圣人所做。而据考古资料显示，早在新石器时代中期，棺已早于椁为人们用于丧葬。

如裴李岗文化的舞阳贾湖遗址中，出土有32座瓮棺（陶质棺），其大多散乱地分布于居址之中，也有几个相对集中在一起的小型瓮棺群。❹此外，河南汝州洪山庙亦出土有新石器时代的大型瓮棺葬合葬墓。❺据此说明"棺"肇始时使用

---

❶ 李纯一，《中国上古出土乐器综论》，第454页。
❷ 《汉书·卷八十七（下）·扬雄传下》，第3578-3579页。
❸ ［魏］王弼注，［唐］孔颖达疏，《周易正义·卷八·系辞下》，第302页。
❹ 河南省文物考古研究所，《舞阳贾湖》，科学出版社，1999年，第199页。
❺ 河南省文物考古研究所，《汝州洪山庙》，中州古籍出版社，1995年，第17页。

材料多为"瓮棺",木质棺的产生要较晚。另《礼记·檀弓上》,"有虞氏瓦棺。"❶瓦棺即瓮棺,与新石器时代的瓮棺葬相合。

据张得水研究显示,中原地区的木棺,最早出现于仰韶时期。❷如仰韶时期半坡遗址第152号墓中,即发现了木质葬具痕迹。该葬具用长、宽不同的板子插入骨架周围,且骨架两侧木板横置,两端的木板竖立。该葬具已有原始的木棺的形制。❸此外,河南孟津妯娌庙遗址出土的仰韶时期的墓葬中亦见有木棺❹。从两处遗址木棺内的随葬品来看,墓主应具有较高的地位。且遗址中所见木棺数量较少,说明仰韶时期木质棺使用并不普遍。

大汶口文化时期的"木棺"使用情况已较为普遍。如大汶口遗址的公共墓地中发现有大量木构葬具遗迹。❺根据葬具木灰遗迹判断,当时的木棺分为两种结构,第一种用原木制成四壁、顶与底,为后世木棺的祖型;第二种底部仅排有稀疏的陈木,并由原木卧叠形成四壁,且四有交叉,成"井"字形。其四角的处理,推测可能是将原木刻有凹口,上下相互咬合。四壁顶部以原木搭盖。整个形状接近后来的木椁。而在山东诸城呈子遗址发现的大汶口文化墓葬群中,出土10座形制大小不一的木椁,且此类木椁均有经过精心加工的痕迹。❻椁具的使用说明了棺椁制度在这一时期已初步产生。

此外,环太湖地区的良渚文化早期墓葬——浙江桐乡普安桥遗址中亦见有木椁❼,有的椁平面呈"井"字形,以板材围插在棺侧形成箱式,且无底。从随葬品来看,墓主亦应具有较高的地位。

属龙山文化时期陶寺遗址墓葬中的大型墓均使用木质棺具,棺内撒有朱砂,随葬品有龙盘、特磬、彩绘木案、彩绘陶器等,可达一二百件。中型墓中的甲种与乙种亦使用木棺,但丙种有部分不见有板灰痕迹。此类墓型中随葬品均较少,

---

❶ [汉]郑玄注,[唐]孔颖达疏,《礼记正义·卷六·檀弓上》,第177页。

❷ 张得水,《中原地区原始棺椁制度的起源与发展》,《中原地区文明化进程学术研讨会论文集》,北京,科学出版社,2006年,第299-306页。

❸ 王晓,《浅谈中原地区原始葬具》,《中原文物》1997年第3期,第93-100页。

❹ 河南省文物局等,《黄河小浪底水库文物考古报告集》,黄河水利出版社,1998年,第24页。

❺ 山东省文物管理处、济南市博物馆,《大汶口》,文物出版社,1974年,第4-7页。

❻ 昌潍地区文物管理组、诸城县博物馆,《山东诸城呈遗址发掘报告》,《考古学报》,1980年第3期,第329-385页。

❼ 北京大学考古系、浙江省文物考古研究所、日本上智大学联合考古队,《浙江桐乡普安桥遗址发掘简报》,《文物》1998年第4期,第61-74页。

但甲种棺内尚见有少量陶器与彩绘木器。而小型墓内基本没有木质葬具，亦不见陶器、木器等随葬品。❶

二、以木为棺椁的原因

如上所述，史前时代木棺起兴较晚，但随着时间推移，木质葬具的使用逐渐普遍。且在当时，木棺本身能体现出身份的差异。而在具有制作瓮棺及石棺的技术水平下，人们却选择较易被腐蚀的木材为棺，且以之为贵，这是值得注意的现象。而究其原因，可能与原始的林木崇拜及灵魂信仰有关。

首先，前述河南汝州市洪山庙出土的陶棺之中，棺盖与棺底均留有孔，应与逝者的灵魂出入有关，说明当时已有灵魂信仰。此外，陶棺上多绘有动、植物、日月等形象。据《礼记·祭法》载："山林、川谷、丘陵能出云：为风雨，见怪物，皆曰神。"❷ 说明棺中刻画正与先民的万物有灵的思想相对应。因上古时期生产力水平低下，树木不仅为人们提供了生产、生活资料，更成为人们栖身与狩猎的场所。因此，有的先民视树木为保护神，并与自己之间存在亲缘血胤的关系。如据古开弼研究，我国原始先民之中，有众多部落将树作为自己部族的图腾。❸ 而这种认识有可能会成先民用木为棺的原因之一。❹ 其次，第四章已述及，古时人们崇拜林木的另一重要原因是树木本身具有旺盛的生命力，因此将逝者放入木质葬具中或是"灵魂不灭""生死轮回"观念的反映。如土家族在棺内放柏木或松木做的枕头，象征"松柏常青""白头偕老"，灵魂可以转世投胎。❺ 青海乐都柳湾原始社会墓地的马家窑文化半山类型墓葬中出土了大量的木质葬具，经研究鉴定，其材料均为松柏类

---

❶ 高炜、高天麟、张岱海，《关于陶寺墓地的几个问题》，《考古》1983年第6期，第531-536页。

❷ [汉]郑玄注，[唐]孔颖达疏，《礼记正义·卷四十六·祭法》，第1296页。

❸ 古开弼，《中华民族的树木图腾与树木崇拜》，《农业考古》2002年第1期，第136-153页。

❹ 如今天苗族的习俗信仰，即认为"人从树中而来，死后应亦归于树中"，因此，当地伐木为棺盛行。维吾尔族有针对新生婴儿的摇篮礼仪式，仪式过后需将婴儿放置于传统的木制摇床上。而当人逝世后，死者要躺在木架灵床上以结束人生之旅，同样是"生于树、死于树"。参看罗义群，《人从树中来回到树中去——苗族生命哲学简论》，《黔东南民族师范高等专科学校学报》2006年第5期，第65-68页。艾娣雅·买买提，《绿色文明背景上的树崇拜考释》，《广西民族学院学报（哲学社会科学版）》2001年第5期，第29-32页。

❺ 陈西平、宋明爽，《树木崇拜与民俗文化》，《山东农业大学学报》（社会科学版）2003年第4期，第69-72页。

树干。❶ 此外，属于龙山文化的连云港藤花落遗址所出土的木质葬具，经学者研究显示，该木材树种应为赤松与黄连木。❷ 说明松、柏等树种在史前时期已常被用于制作葬具了。木材的选定，除树种本身的自然特性外，抑或与其所具有的宗教内涵有关。最后，我国古代长江以南的多处地区，一直存在有船棺葬的特殊风俗。而这一葬俗，早在新石器时代就已存在了，如前述青海乐都柳湾原始社会墓地出土的木质葬具中有独木棺，即将所用圆木中间凿成船舱状，并将底部稍削平，其形如独木舟。而此类棺形在杭州水田畈良渚文化遗址中亦有发现。❸ 关于为何使用船棺葬，学术界较为流行的看法是船为超度死者灵魂的器具。车广锦与陈明芳均持有不同的看法。❹ 虽然这一方面尚存争议，但以船棺象征死后世界中的独木舟，则是没有问题的。即此类棺具选用木材，可能并非出于木材本身的宗教因素的考虑，而是与木材制成棺具后所具有的代表性及象征意义有关。

　　基于上述原因，加之木材本身易于获取与加工，新石器时代晚期时木质棺使用已十分普遍，且加工水平亦趋于成熟。如前揭柳湾墓地发掘马家窑文化半山类型墓葬与马厂类型墓葬中均发现有榫卯结构木棺葬具的痕迹。正因榫卯的使用，该地区墓葬中木棺形制也具有多样化的特点（见图6-11）。❺

---

❶ 青海省文物管理处考古队、中国社会科学院考古研究所，《青海柳湾》，文物出版社，1983年，第10-12页。

❷ 潘彪、翟胜丞等，《连云港藤花落史前古城遗址出土木材的树种鉴定》，《南京林业大学学报（自然科学版）》，2010年第5期，第75-78页。

❸ 浙江省文物管理委员会，《杭州水田畈遗址发掘报告》，《考古学报》1960年第2期，第93-105页。

❹ 车广锦认为"船棺葬跟原始宗教和道教有直接关系。……道士所崇拜的是神仙世界，追求的是飞升成仙"，"这种思想反映整个船棺的意义。"但在我国远古时期，船棺葬反映的观念应属于原始宗教的范畴，而非神学宗教。陈明芳则认为，"船棺葬俗实际是海洋民族的重要文化特征。船是海洋民族生产与生活中不可缺少的用具，死后以船为棺，目的是满足死者在想象的另一世界中的生存需要，并祈求死者福佑活着的人们。"但此说似不能很好地解释人们将船棺进行崖洞葬与悬棺葬时所反映的宗教含义。因此"超度死者灵魂"的说法应最合理。参看郑德坤，《沙捞越考古观感——由考古学看华人开发沙捞越的历史》，《郑德坤古史论集选》，商务印书馆，495-500页。黄德荣、李昆声，《铜鼓船纹考》，《中国铜鼓研究会第二次学术讨论会论文集》，文物出版社，1986年，第249-261页。车广锦，《论船棺葬的起源和船棺葬所反映的宗教意识》，《东南文化》1985年第1辑，第49-61页。陈明芳，《论船棺葬》，《东南文化》1991年第1期，第23-31页。

❺ 如该地区马家窑文化半山类型257座墓葬，按葬具结构的不同，可分为长方形木棺、梯形木棺与吊头木棺。关于此三种形制木棺的制作方式及特点，王晓已有详尽的论述，本书不再赘述。参看王晓，《浅谈中原地区原始葬具》，《中原文物》1997年第3期，第93-100页。

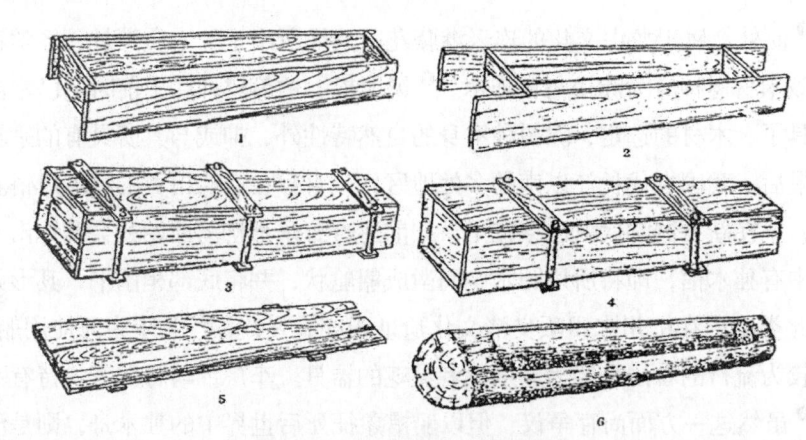

图 6-11　青海柳湾葬具示意图

当时人们往往在棺外加有木构架，并亦用榫卯的方式套合于棺身之上。棺外套木构架，不仅使木棺更加牢固，且方便搬运。

除木棺外，木椁的使用在新石器时代晚期亦有所发展。如龙山文化晚期，东方海岱地区出现一棺两椁的葬制。如山东临朐西朱封遗址发现的龙山时期的大型墓葬中有 2 座为两椁一棺。椁为"井"字形木椁。❶ 这一时期椁具的使用已趋于制度化、等级化、规范化。如山东泗水尹家城龙山文化墓地中，一棺两椁的墓葬与一棺一椁的墓葬存在明显的等级差异。❷ 可以说，椁的出现本身就伴随着社会内部的分化。其具有显示社会贵贱、等级的功能。

夏商时的棺椁制度鲜见于文献。从考古资料看，夏代中型以上墓葬使用木质棺椁应十分普遍。如河南偃师二里头夏代遗址中发现保存完好的 4 座墓葬均有使用木棺椁的痕迹。其中二号中心殿堂发现的大墓内有漆皮、朱砂等❸，表明棺木上可能涂有用于防腐及装饰的生漆。

此外，从考古所见殷商时的墓葬来看，当时的木质葬具的使用应有了空前的发展。河南安阳殷墟侯家庄——武官村墓地属于盘庚迁殷初期的王陵。其 HPKM1217 墓的木质椁室呈"亚"字型，其面积达 1800 平方米，为已发掘商代墓葬中最大的一个。此外，在黄陂盘龙发现两座殷商时期墓室，墓室面积均在 10 平方米以上，属中型墓。其中"李"M1 墓室结构不详，"李"M2 为一棺一椁制。

---

❶ 中国社会科学院考古研究所山东工作队，《山东临朐西朱封龙山文化墓葬》，《考古》1990 年第 7 期，第 587-594 页。

❷ 栾丰实，《史前棺椁的产生、发展和棺椁制度的形成》，《文物》2006 年第 6 期，第 49-55 页。

❸ 中古社科院考古研究所，《偃师二里头》，中国大百科全书出版社，1999 年，第 240-241 页。

值得注意的是，此墓内见有雕花木椁板灰痕。其中两块较大，皆正面雕花，反面涂朱素面。从位置来看，雕花的一面向上，应为木椁的顶盖板。而这种雕花板遗痕，在殷墟大、中型墓中常有发现。反映了我国人民创造木雕艺术的悠久历史。小型墓葬中均未见有椁，但木棺的使用已经比较普遍。❶而《礼记·檀弓上》云："殷人棺椁"应当是符合实际情况的。

河北藁城商中晚期台西遗址，发掘100余座中小型墓，大多有棺无椁，其中少部分墓葬中有殉葬者，且每个殉人均有木棺。学者考证认为这里可能是一座酿酒坊❷，表明墓主也很可能是一般百工之人身份。当时木质棺具的使用，由此可见一斑。

周代，中原民族仍然以使用木质棺椁为主。如西安张家坡所发掘的西周墓葬，均为中小型墓。共有35座墓有木椁痕迹，椁底与四壁均用方木铺垒而成，椁顶横铺木板。其中部分墓中的木椁两端垫有枕木。此外，除个别墓中仅有席裹的痕迹外，余皆使用木棺。❸甘肃灵台白草坡西周墓葬，除M6、M9是小型墓外，其余均为中型墓。其中七号墓规格最大，其葬制为两椁一棺。九号墓规模最小，葬具为一棺一椁。两处墓中均见有红色漆皮，可能是漆在葬具上的。❹

这里值得一提的是，郭风平认为甘肃灵台白草坡西周墓葬，为西周早期一般贵族的典型代表墓葬。❺据《礼记·檀弓上》载："天子之棺四重，水、兕革棺被之，其厚三寸，杝棺一，梓棺二，四者皆周。"郑玄注曰："尚深邃也。诸公三重，诸侯再重，大夫一重，士不重。"又曰："以水牛兕牛之革以为棺被，革各厚三寸，合六寸也，此为一重。"孔颖达疏，"四重者，水牛兕牛皮二物为一重也；又杝为第二重也；又属为第三重也；又大棺为第四重也；四重凡五物也。以次而差之，上公三重，则去水牛，馀兕、杝、属、大棺也。侯伯子男再重，又去兕，馀杝、属、大棺。大夫一重，又去杝，馀属、大棺也。士不重，又去属，唯单用大

---

❶ 北京大学历史系考古教研室，《商周考古》，文物出版社，1978年，第86—88页。
❷ 河北省文管处台西考古队，《河北藁城台西村商代遗址发掘简报》，《文物》1979年第6期，第33—43页。
❸ 中国社会科学院考古研究所沣西发掘队，《1967年长安张家坡西周墓葬的发掘》，《考古学报》1980年第4期，第457—501页。
❹ 甘肃省博物馆文物队，《甘肃灵台白草坡西周墓》，《考古学报》1977年第2期，第99—129页。
❺ 郭风平，《我国殡葬的木材消耗及其对策管见》，《中国历史地理论丛》2001年第2期，第41—50页。

棺也。"❶ 郑注与孔疏均指周代葬制天子之棺为五重，公四重，侯三重，大夫二重，士一重。然而《庄子·杂篇·天下》载"天子棺椁七重，诸侯五重，大夫三重，士再重。"❷ 与《礼记》所见并不相合。关于此，学界颇有争论，目前最合理的解释为"天子棺椁七重"应为天子"三椁四棺"，"诸侯五重"应为"二椁三棺"，"大夫三重"应指"一椁二棺"，"士再重"则为"一椁一棺"。❸ 这说明，甘肃灵台白草坡西周早期墓葬的棺椁制度与周礼并不相符。此外，河南省三门峡市上村岭春秋早期的虢国墓地中的两代国君墓均使用重棺单椁。另外，属于春秋早期的河南黄君孟夫妇墓，墓主为国君夫人孟姬，其葬具为一棺二椁❹，以上与前揭《礼记》所载亦不相合。说明文献所载的丧葬制度在西周时可能未能施行。

　　至迟至周代，国家对棺椁所用木材的种类，亦做了等级上的限制。如前引《礼记·檀弓上》载："天子之棺四重……杝棺一，梓棺二，四者皆周。"又《礼记·丧大记》曰："君松椁，大夫柏椁，士杂木椁"，"君里椁虞筐，大夫不里椁，士不虞筐。"❺ 可知棺、椁所用材木并不相同，且均有定制。而前述河南黄君孟夫妇墓中棺板经测定为梓木，椁板为栎木。墓主为国君夫人，其葬具用材与文献所载并不相符。但值得注意的是，经测定湖北曾侯乙墓中椁各部位均用梓木。❻ 然而湖北枣阳九连墩1号楚墓，出土椁具仅椁盖板部分用了梓木，其余部位用的是糙叶树木和榆木，为多种木材拼接而成。因九连墩墓所处地段并不缺乏梓木，加之墓主为大夫，王树芝推测该椁之所以使用多种木料，可能是受礼制的限制。❼ 这一看法应较为合理。说明即使处于"礼崩乐坏"的战国时期，丧葬用材仍有礼制要求，西周时期亦应如此，但其制度可能并不如文献所载。

---

❶ ［汉］郑玄注，［唐］孔颖达疏，《礼记正义·卷八·檀弓上》，第247页。
❷ 另《荀子·礼论篇》亦载"天子棺椁十重，诸侯五重，大夫三重，士再重。"其所载除"天子棺椁"外，余皆与《庄子》同。［清］王先谦撰，沈啸寰、王星贤点校，《荀子集解·卷十三·礼论》，中华书局，1988年，第359页。［清］郭庆藩撰.王孝鱼点校，《庄子集释·卷三十三·杂篇·天下》，第1074页。
❸ 详见袁胜文，《棺椁制度的产生和演变述论》，《南开学报（哲学社会科学版）》2014年第3期，第94-101页。
❹ 河南省文物考古研究所、三门峡市文物工作队，《三门峡虢国墓》，文物出版社，1999年，第15-21页。河南信阳地区文管会等，《春秋早期黄君孟夫妇墓发掘报告》，《考古》1984年第4期，第302-332页。
❺ ［汉］郑玄注，［唐］孔颖达疏，《礼记正义·卷六·檀弓上》，第247页。［汉］郑玄注，［唐］孔颖达疏，《礼记正义·卷四十五·丧大记》，第1290页。
❻ 湖北省博物馆，《曾侯乙墓（上）》，文物出版社，1989年，第51页。
❼ 王树芝，《湖北枣阳九连墩1号楚墓棺椁木材研究》，《文物》2012年第10期，第82-96页。

至战国时，丧葬因社会观念方面的因素特别受重视。如前章引睡虎地秦简《田律》中有"春二月，毋敢伐材木山林"的律文，然而"唯不幸死而伐绾（棺）享（椁）者，是不用时。"为死者制棺椁而伐木，则不受此限制。在这一背景下，贵族阶层厚葬之风盛行，平民百工亦竞相效尤，西周的棺椁等级制遭到破坏与僭越。如时代为战国时期的湖北荆门包山 M2 及江陵望山 M2 墓，墓主均为大夫，而葬具却均使用二椁。❶ 江陵出土的战国楚墓中亦常见有一般士或平民使用椁具。❷ 因当时尚未统一，木棺材料的来源往往多为人们就近取材，南北所用木料差异极大。如我国秦岭淮河以北地区所见战国墓葬中，葬具多选用松、柏等木，而南方地区则以更加耐腐的楠、杉等木为主。❸

另据《史记·滑稽列传》载楚国优孟之语，"臣请以彫玉为棺，文梓为椁，楩枫豫章为题凑"❹。按文意，则春秋时期就已有"题凑"形式的墓葬。但实际情况是否如此，尚需进一步考古证实。但至迟到战国时期，"题凑"葬制应当已经出现了。如《吕氏春秋·节丧》载："题凑之室，棺椁数袭，积石积炭以环其外。"❺ 秦公一号大墓的主椁室即用大量枋木堆垒而成，形同一座长方体木屋。主椁南北壁以枋木衔接堆叠，其首尾衔接处用榫卯结构套合。东西壁及椁底、椁盖均用枋木南北向叠垒。马振智推测此葬制为汉代"黄肠题凑"之滥觞。❻ 虽然该墓是垒木为椁，但椁木单层头尾相连，并非木头向棺，与"黄肠题凑"并不完全相同，可能为其源头，至汉代有所改进。

---

❶ 湖北荆沙铁路考古队，《包山楚墓》，文物出版社，1991 年，596 页。方壮猷，《初论江陵望山楚墓的年代与墓主》，《江汉考古》1980 年第 1 期，第 59-62 页。

❷ 郭德维《江陵楚墓论述》，《考古学报》1982 年第 2 期，第 155-182 页。

❸ 如山东栖霞占疃乡杏家庄战国墓棺盖与棺底板分别用柏木与松木、陕西秦公一号大墓的主椁为柏木制成。而浙江绍兴凤凰山木椁墓与四川新都战国木椁墓中的棺与椁均由楠木制成。李洲坳东周古墓出土 47 具棺木，除 G44 棺木木种为楠木外，其余均为杉木制成。据此，可以看出当时棺木用材的地域性。
烟台市文物管理委员会、栖霞县文物事业管理处，《山东栖霞占疃乡杏家庄战国墓清理简报》，《考古》1992 年第 1 期，第 11-21 页。马振智，《试谈秦公一号大墓的椁制》，《考古与文物》2002 年第 5 期，第 56-59 页。绍兴县文物管理委员会，《绍兴凤凰山木椁墓》，《考古》1976 年第 6 期，第 392-394 页。四川省博物馆，《四川新都战国木椁墓》，《文物》1981 年第 6 期，第 1-16 页。潘彪、翟胜丞等，《李洲坳东周古墓棺木用材树种鉴定及材性分析》，《南京林业大学学报（自然科学版）》2013 年第 3 期，第 87-91 页。

❹ 《史记·卷一百二十六·滑稽列传》，第 3888 页。

❺ 许维遹，《吕氏春秋集释·卷十·节丧》，第 223 页。

❻ 马振智，《试谈秦公一号大墓的椁制》，《考古与文物》2002 年第 5 期，第 56-59 页。

三、秦汉木质棺椁的发展

至秦始皇营建骊山帝陵，前后建造三十七年以上，所役军匠刑徒多达七十余万人，工程宠巨繁浩。据《史记·秦始皇本纪》载："发北山石椁，乃写蜀、荆地材皆至。"[1] 修建陵寝所用木材均从全国调配，其耗木量，也远非前代陵墓可比。据学者推算，陵园东侧的一、二、三号兵马俑坑中的棚木、立柱、封门木、枋木，共耗木材已超过 8000 立方米。而陵园总共所用木料，恐将达数万立方米。[2] 足见木材在该陵墓中的重要性。

第四章已述及，降至汉代，厚葬之风的盛行。但这一时期北方大片地区林木破坏严重，正如《盐铁论·通有》载："吴、越之竹，隋、唐之材，不可胜用，而曹、卫、梁、宋，采棺转尸。"[3] 故就近取材已不能满足人们丧葬之用。而当时南方地区天然林木仍有很高的覆盖率，加之人们对南方地区木材的优质性能已有一定了解。因此，这一时期北方地区使用南方木种制棺的情况逐渐增多。

如前章所引王符《潜夫论·浮侈篇》的记载：

> 其后京师贵戚，必欲江南檽梓豫章梗柟，边远下土，亦竞相仿效。夫檽梓豫章，所出殊远……行数千里，然后到雒。工匠雕治，积累日月，计一棺之成，功将千万。夫既其终用，重且万斤，非大众不能举，非大车不能挽。东至乐浪，西至敦煌，万里之中，相竞用之。[4]

反映了当时北方贵族在南方取材制棺风气的兴盛。而这一方面，在考古资料中亦有体现。如山东定陶灵圣湖西汉墓 M2 出土一"黄肠题凑"墓葬，该墓葬中主室上方顶板、主室墓室上方椁顶板、主室上方椁盖板均为桢楠。[5] 此外，北京大葆台汉墓的内棺与内椁所用均是楠木。扬州西郊七甸汉墓与扬州邗江胡场汉墓

---

[1] 《史记·卷六·秦始皇本纪》，第 327 页。
[2] 武丽娜，《秦陵陪葬坑出土木材试论》，《秦文化论丛》2003 年第 10 辑，第 460-467 页。
[3] 王利器校注，《盐铁论校注·卷一·通有》，第 45 页。
[4] ［汉］王符撰，［清］汪继培笺，彭铎校正，《潜夫论笺校正·卷三·浮侈篇》，第 175-176 页。
[5] 王树芝，《山东定陶灵圣湖西汉墓 M2 出土木材分析与研究》，《东方考古》2014 年第 11 集，第 407-418 页。

中出土葬具亦见有楠木。❶但上述遗址所处地区并非此木材的产出地，其应从长江以南地区输运而来。据此，可证王符之说应当属实。

另一点值得注意的是，汉代梓木棺椁的使用也十分兴盛。如安徽阜阳市双古堆西汉汝阴侯墓、湖南长沙马王堆汉墓、安徽天长汉墓、北京大葆台汉墓及山东诸城县西汉木椁墓等，均见有梓木或梓属楸木。❷汉代"黄肠题凑"中均设有"梓宫"，《太平御览》卷五五〇引《风俗通》曰："天子敛以梓器宫者"❸，可知汉代承袭前朝，仍视"梓木"为显示身份等级的木材，即"梓木"的使用应与当时的礼制有一定关系。

而汉代"黄肠题凑"的使用将古代的多重椁制发展到了极盛。据《汉书·霍光传》载霍光死后，宣帝赐"梓宫、便房、黄肠题凑各一具，楸木外藏椁十五具"，服虔注，"苏林曰：'以柏木黄心致累棺外，故曰黄肠。木头皆内向，故曰题凑。'"❹其形制与西汉早期的长沙象鼻嘴一号墓所见一致。❺黄肠木即是柏木心，亦称"刚柏"，即今天的侧柏属。即用柏木垒堆成椁，且木头向内，即为题凑。由题凑围出的内椁为"梓宫"，棺置于其中，两道题凑间有称为"便房"的回廊。北京大葆台汉墓1号墓，用15880多根黄肠木橼叠垒成的题凑，高达3米，仅此即用材近120立方米。另外，前揭山东定陶灵圣湖西汉墓M2中仅外围"题凑"所用黄肠木多达近20994根，该墓是我国目前发现最大的黄肠题凑墓葬。反映出"黄肠题凑"耗木量之巨。此类葬制，在东汉初年尚仍存在，如《后汉书·光武十王列传》记载了中山简王刘焉入葬时采伐运输黄肠木的情形，刘焉薨，朝廷"大为修冢茔，开神道，平夷吏人冢墓以千数，作者万余人。发常山、巨鹿、涿郡柏黄肠杂木，三郡不能备，复调余州郡工徒及送致者数千人。凡征发摇动六州

---

❶ 尤振尧、黎忠义，《江苏扬州七里甸汉代木椁墓》，《考古》1962年第8期，第400-403页。王勤金、印志华等，《扬州邗江县胡场汉墓》，《文物》1980年第3期，第1-10页。

❷ 参看安徽省文物工作队、阜阳地区博物馆等，《阜阳双古堆西汉汝阴侯墓发掘简报》，《文物》1978年第8期，第12-31页。江西木材工业研究所，《长沙马王堆一号汉墓棺椁木材的鉴定》，《林业科技》1973年第1期，第1-2页。唐汝明等，《安徽天长县汉墓棺椁木材构造及材性的研究》，《考古》1979年第4期，第375-381页。大葆台汉墓发掘组、中国社会科学院考古研究所，《北京大葆台汉墓》，文物出版社，1989年，第111-114页。任日新，《山东诸城县西汉木椁墓》，《考古》1987年第9期，第778-785页。

❸ [宋]李昉等撰，《太平御览·卷五百五十·礼仪部》，第2489页。

❹ 《汉书·卷六十八·霍光金日磾传》，第2948-2949页。

❺ 高崇文，《西汉长沙王墓和南越王墓葬制初探》，《考古》1988年第4期，第342-347页。

十八郡"❶。但在此之后,"黄肠题凑"已鲜见于史载:代之而起的为石室墓与砖室墓。因修筑石室墓与砖室墓的规模及所耗财力往往不亚于木室墓,故这一突变可能与东汉时期用于修筑"题凑"的优质木材锐减有关。如上揭《后汉书·光武十王列传》所载"发常山、巨鹿、涿郡柏黄肠杂木,三郡不能备","常山、巨鹿、涿郡"均为今天河北境内,应属于侧柏的生产区。但"三郡不能备",一方面反映该墓葬规模之大,另一方面或可说明当时侧柏的破坏程度已十分严重了。且这一时期,先秦至西汉发展的多重椁制也随之消亡,这是因为砖、石墓室本身就能起到椁的作用,但可能亦与林木的破坏有一定关系。但当时上层贵族仍以使用木棺为主,民间的木棺使用应更为普遍,且这一风俗两千多年相沿未改。

小　结

综上所述,秦汉时期林木基本已成为建筑、乐器及葬具当中的必用原料。通过考古资料发现,远古时期就已出现、檩、梁、椽等木构架结构。至夏商周三代,"大叉手"式结构可能已经出现。春秋战国时期修筑宫室之风盛行,这一时期宫殿规模庞大,当时的梁架及木柱的稳定性较之前代应有一定的提高。至秦代,可能出现了两榀梁架组合的复合梁架。入汉以后,高台阁楼式的木构建筑盛行,当时的高台建筑尚未完全脱离夯土,但已具有后世大体量、多层木构建筑的雏形。反映出汉代建筑大木作技术已较前朝有所进步。而我国古代之所以选用木材作为建筑材料,应当和其便于运输、稳定性高、易于修缮替换等特质有关。

乐器方面,远古时期的打击乐器鼓即用木制成,但木鼓音质与音量较差,且易破损,至后世多为铜鼓所代替,仅作为辅助乐器的小鼓仍用木质。除此之外,八音当中"木类"乐器"柷"与"敔"为常用的礼制乐器。但从考古资料来看,二者未必全部用木,也有铜质的。而春秋战国时期兴盛的弦乐器,则均为木质。其中较有代表的性的为筑、琴与瑟三类,但由于当时粘合技术不够理想,三者多用独木斫成。由于弦乐器音域广,音色亦佳、至秦汉时逐渐成为主流乐器。

关于葬具,棺形成的初期,未见有木棺。至新石器时代中晚期,木质棺使用逐渐普遍,并成为一种身份地位象征。而木棺的兴盛,则可能与当时灵魂不灭及树木崇拜等思想有关。随着椁具的使用,木质葬具已逐渐制度化。西周时葬具木

---

❶ 《后汉书·卷四十二·光武十王列传》,第1450页。

种的使用上，亦有等级限制。及至西汉，出现黄肠题凑等形式使木质棺椁的使用规模达到了顶峰。但由于这一时期林木毁坏已较为严重，至东汉时棺椁制度衰落，木质椁逐渐被石质椁代替，但使用木棺的习俗则一直延续。

结　语

　　本书选取天然林木的分布及变迁、林木生产技术的发展、林业职官的设置、社树崇拜、林木在社会生活当中的运用作为研究对象，是因为这些方面都是中国古代园林业史最重要的几个方面，尤其是林木生产技术的发展、林业职官的设置、林木的利用更是重中之重。

　　依据秦汉时期天然林木的分布情况，可以看出自然环境和气候类型是影响天然林木分布的重要因素。秦汉时期，东北地区针叶林逐渐南侵，使辽东一带植被以阔叶林为主的情况发生改变，成为针叶林占优的混交林。且西部草原植被有东移趋势；黄淮海平原地区植被以针阔叶混交林为主，并随气候波动两类树种互有消长；黄土高原河谷及山地林木覆盖情况良好，塬区虽偶有乔木分布，但并未形成森林。西北草原与荒漠区乔木以针叶树种与耐旱树种为主，但随着该地气候逐渐变干旱，耐旱的灌木及草原植被占据了主要地位。云贵高原气温呈逐渐降低的趋势，常绿林逐渐被混交林所替代；巴蜀地区气候温暖湿润，且较为稳定，气温一直以喜湿暖的常绿林为主要树种。岭南地区炎热高温、雨量丰沛，因此植被丛生，但该地区东部及西部植被的分布有明显差异。其中东部地区植被以亚热带常绿树种为主，并随气候波动与亚热带常绿、落叶混交林之间相互演替，而西部地区针叶林则占有重要比例。同时，长江中下游地区以樟木、楠木、梓木为等常绿及落叶混交林为主，其比例随着气候波动而互有消长。

　　另从人工毁林情况来看，东北地区辽宁一带受汉代"移民实边"政策的影响，人口激增，相关区域林木受到一定程度的破坏，但长白山及其以北地区原始森林仍保持良好。黄淮海区域人口众多，多处林地遭到垦伐成为农田，而当地冶铁业的发达也需要大量木材作为燃料；黄土高原则为开发最早的地区之一，且至秦汉时，为大型宫室建筑的原料产地，当时大量高大乔木遭到砍伐。西北草原与荒漠区，经两汉政府长期经略，天然林木破坏严重，由于该地区气候干旱，被伐林木难以恢复，植被类型逐渐被草原及荒漠所代替，因此，人为因素成为该地区植被变化的主要原因。而当时云贵川、岭南及长江中下游地区的生产力水平仍较为落后，且人口稀少，故破坏程度有限，林木覆盖情况良好的特点并未改变。

秦汉时期，林木生产方面的移栽、繁殖、养护、抚育、采伐等技术均有进步。当时人们对林木的分类从不同科的大类，逐渐细化到同一类当中的不同品种。林木的种植除用选种、播种等有性繁殖的方式外，更运用了扦插、嫁接等无性繁殖方式。与此同时，林木在进行种植与移栽及定植之后，所进行保墒、霜冻害、病虫害的防治与整枝等护林工作，均做了详细严格的规定。反映了当时林业种植技术已趋于成熟。

正是在林木种植技术发展的基础上，当时民居周边、私人园林、皇家苑囿、道路旁及军事区域均植有大量的人工林木。但不同区域，种植树木的原因却并不相同。如民居庭院与园林之中种植树木主要是以经济生产为目的，其所种多为经济树种。但当时人们已将自身的审美观念融于其中，在种植经济林的同时选种观赏型树种，并注重不同类型树木与建筑之间的合理搭配。而皇家苑囿中植树则主要以观赏娱乐为目的。秦汉时，随着神仙思想的盛行，皇家苑囿中开始大量引种外来植被，至汉武帝时达到高峰。此外，行道树与军事区林木的广泛种植则与统治的政治及军事需要有关。

这一时期人们已普遍用铁质斧具伐木，采伐效率较之前代有所提高。而在采伐之后，则主要通过水路进行运输，其中将木编成筏，顺流而下的方式比较常见。且当时，私人与官方林木买卖现象较为普遍。在林木采伐的时机上，则受国家政策、民俗禁忌及对林木质量的考虑等多方面因素的影响。

春秋战国时期，各国均置有"虞""衡"等职，楚国亦存有"委人"等官吏，专管山林川泽以及苑囿中的林木。但这些职官已逐渐转型为管理君王私人财务的下属官吏。降至汉代，"虞人"职能已被分割。且其极少见诸记载：很有可能在当时已非常置职官。

西汉时期，山泽物产的管理权可以划归为三个部分。一为中央政府因地所置的各类生态职官，如"木官""云梦官"等，这类职官直接管理地方山泽中的物资产出；二为地方政府管理，收取山泽之税，将其利分缴于少府及地方长官；三为各地"王""侯"下亦设有"少府"。至东汉时期，"皇帝财政"与"中央财政"趋于统一，"少府"职权大为削减，原中央政府在各地所设山泽职官亦归属于地方，可以说，当时山泽税收已基本纳入国家财政体系。

秦汉时期林木种植并非由中央政府管理，而归地方政府管制。如秦时将地方木材纳入郡县所需缴纳赋税的项目之中。至汉代，郡级亦增设户曹，管理劝课农桑等事宜。总之，秦汉时期林木的种植，并不是像一些学者所认为的由中央政府的机构管理，而是由地方政府负责。且当时林政相对独立，并不属于农政系统，即使林木中对国民经济最重要的桑木，中央政府也仅行劝勉、鼓励之责，具体管理仍归地方郡县。

初始的社，往往设置在先民生活的山林丘陵当中。其原始形式即为"丛社"。至夏商时，"丛社"仍为"社"的主要形式，且在国家祭祀层面占有重要地位。

至西周时，"社"的建立往往需遵循礼制规定。如当时对不同爵级所立社的规模及设立地点均有严格的规定。在此情况下，立于山林丘陵中的丛社已不符合统治者的要求，而人工所立的"树社"在此时得以发展。但因"丛社"为地方长久以来的传统习俗，在这一时期仍占有重要的地位。降至秦汉，人们立社已不完全出于宗教的因素，更多的情况是将社视为土地与政权的象征。因此，在中央集权的政治体制之下，官方所立社的规模与形制需遵循一定的标准。因此"丛社"在这一时期已不属于官方的祭祀体系之中，其地位大不如前。也正因此，"树社"逐渐成为"社"的主要形式。但无论"丛社"抑或是"树社"，均与树木有密切的联系。关于为何立树于社，或置社于树丛之中。均是受时人树神崇拜与生殖崇拜等观念的影响。树本身生命力与生殖力强盛等特质是其被广植于社的主要原因。

秦汉时期林木是建筑、乐器及葬具当中的常用原料。早在远古时期就已出现檩、梁、椽等木构架结构。至夏商周三代逐渐发展成为"大叉手"式结构。及至秦代，可能出现了两榀梁架组合的复合梁架，梁架及木柱的稳定性较之前代有了一定的提高。入汉以后，高台阁楼式的木构建筑盛行，当时的高台建筑尚未完全脱离夯土，但已具有后世大体量、多层木构建筑的雏形。反映出汉代建筑大木作技术已较前朝有所进步。而我国古代之所以选用木材作为建筑材料，应当和其便于运输、稳定性高、易于修缮替换等特质有关。

乐器方面，远古时期的打击乐器鼓即用木制成，但木鼓音质与音量较差，且易破损，至后世多为铜鼓所代替，仅作为辅助乐器的小鼓仍用木质。除此之外，八音当中"木类"乐器"柷"与"敔"为常用的礼制乐器。另外，春秋战国时期兴盛的弦乐器，则均为木质。其中较有代表的性的为筑、琴与瑟三类，但由于当时粘合技术不够理想，三者多用独木斫成。由于弦乐器音域广，音色亦佳、至秦汉时逐渐成为主流乐器。

关于葬具，棺形成的初期，未见有木棺。至新石器时代中晚期，木质棺使用逐渐普遍,并成为一种身份地位象征。而木棺的兴盛,则可能与当时灵魂不灭以及树木崇拜等思想有关。随着椁具的使用,木质葬具已逐渐制度化。西周时葬具木种的使用上,亦有等级限制。及至西汉,出现黄肠题凑等形式使木质棺椁的使用规模达到了顶峰。但由于这一时期林木毁坏已较为严重,至东汉时棺椁制度衰落,木质椁逐渐被石质椁代替,但使用木棺的习俗则一直被延续。

参考资料

一、古籍（以类相从为主兼顾时间先后）

[1][汉]司马迁,《史记》,中华书局,2014年。

[2][汉]班固,《汉书》,中华书局,1962年。

[3][南朝宋]范晔,《后汉书》,中华书局1965年版。

[4][晋]陈寿著,[南朝宋]裴松之注,《三国志》,中华书局1982年版。

[5][唐]房玄龄等撰,《晋书》,中华书局1974年版。

[6][唐]李延寿撰,《北史》,中华书局1974年版。

[7][北齐]魏收,《魏书》,中华书局1974年版。

[8][明]宋濂等,《元史》,中华书局1976年版。

[9][宋]司马光编著,[元]胡三省音注,《资治通鉴》,中华书局1956年版。

[10][晋]常璩著,刘琳校注,《华阳国志校注》,巴蜀书社1984年版。

[11][唐]许嵩,《建康实录》,中华书局1986年版。

[12][汉]刘珍撰,吴树平校注,《东观汉记》,中州古籍出版社1987年版。

[13][汉]刘向辑录,《战国策》,上海古籍出版社,1988年。

[14]黄怀信、张懋镕等,《逸周书汇校集注》,上海古籍出版社1995年版。

[15]杨宽,《战国史料编年辑证》,上海人民出版社2001年版。

[16]杨宽、吴浩坤编,《战国会要》,上海古籍出版社2005年版。

[17][清]孙星衍等辑,《汉官六种》,中华书局1990年版。

[18]徐元诰撰,王树民、沈长云点校,《国语集解》,中华书局2002年版。

[19][汉]荀悦,[晋]袁宏,《两汉纪》,中华书局2005年版。

[20]王云五主编,《西河记 凉州记 沙州记 西河旧事 塞外杂识（丛书集成本）》,商务印书馆1936年版。

[21][宋]宋敏求撰，[清]毕沅校正，《长安志》，成文出版社有限公司1970年版。

[22][宋]周去非撰，杨武泉校注，《岭外代答》，中华书局1999年版。

[23][唐]陆广微，《吴地记》，江苏古籍出版社1999年版。

[24][宋]范成大撰，孔凡礼点校，《桂海虞衡志》，中华书局2002年版。

[25]何清谷，《三辅黄图校释》，中华书局2005年版。

[26][北魏]郦道元著，陈桥驿校证，《水经注校证》，中华书局2007年版。

[27][宋]乐史撰，王文楚等点校，《太平寰宇记》，中华书局2007年版。

[28][汉]杨孚撰，吴永章辑佚校注，《异物志辑佚校注》，广东人民出版社2010年版。

[29][清]鄂尔泰监修，《云南通志》，文渊阁四库全书影印版。

[30][明]谢肇淛，《滇略》，文渊阁四库全书影印本。

[31][唐]樊绰，《蛮书》，文渊阁四库全书影印版。

[32][唐]杜佑撰，王文锦、王永兴等点校，《通典》，中华书局2012年版。

[33][汉]毛亨传，[唐]孔颖达疏，《毛诗正义》，北京大学出版社1999年版。

[34][清]王先谦撰，吴格点校，《诗三家义集疏》，中华书局2011年版。

[35][清]马瑞辰，《毛诗传笺通释》，中华书局1989年版。

[36][汉]孔安国传，[唐]孔颖达疏，《尚书正义》，北京大学1999年版。

[37][清]皮锡瑞，《今文尚书考证》，中华书局1989年版。

[38][清]孙星衍撰，陈抗、盛冬铃点校，《尚书今古文注疏》，中华书局1986版。

[39][清]阎若璩撰，《尚书古文疏证》，上海古籍出版社2010年版。

[40][汉]郑玄注，[唐]贾公彦疏，《仪礼注疏》，北京大学出版社，1999年。

[41][汉]郑玄注，[唐]孔颖达疏，《礼记正义》，北京大学出版社1999年版。

[42][清]孙诒让著，雪克点校，《大戴礼记斠补（外四种）》，中华书局2010年。

[43][清]王聘珍撰，王文锦点校，《大戴礼记解诂》，中华书局1983年版。

[44][清]朱彬撰，饶钦农点校，《礼记训纂》，中华书局1995年版。

[45][清]孙诒让撰，王文锦、陈玉霞点校，《周礼正义》，中华书局2002年版。

[46][周]左丘明传，[晋]杜预注，[唐]孔颖达正义，《春秋左传正义》，北京大学出版社1999年版。

[47] 杨伯峻，《春秋左传注》，中华书局 2009 年版。
[48] ［汉］公羊寿传，［汉］何休解诂，［唐］徐彦疏，《春秋公羊传注疏》，北京大学出版社 1999 年版。
[49] 刘尚慈译注，《春秋公羊传译注》，中华书局 2010 年版。
[50] ［晋］范宁集解，［唐］杨士勋疏，《春秋谷梁传注疏》，北京大学出版社 1999 年版。
[51] ［晋］郭璞注，［唐］邢昺疏，《尔雅注疏》，北京大学出版社 1999 年版。
[52] ［魏］王弼注，［清］孔颖达疏，《周易正义》，北京大学出版社 1999 年版。
[53] ［汉］赵岐注，［宋］孙奭疏，《孟子注疏》，北京大学出版社 1999 年版。
[54] ［魏］何晏注，［宋］邢昺疏，《论语注疏》，北京大学出版社 2000 年版。
[55] 刘宝楠，《论语正义》，中华书局 1990 年版。
[56] 夏纬英，《夏小正经文校释》，农业出版社 1981 年版。
[57] ［汉］许慎撰，［清］段玉裁注，《说文解字注》，上海古籍出版社 1981 年版。
[58] ［清］王筠，《说文句读》，中国书店出版社 1983 年版。
[59] 张舜徽，《说文解字约注》，华中师范大学出版社 2009 年版。
[60] ［清］王念孙，《广雅疏证》，中华书局 1983 年版。
[61] ［汉］刘熙，《释名》，中华书局 1985 年版。
[62] ［清］秦蕙田，《五礼通考》，文渊阁四库全书影印版。
[63] ［汉］史游撰，曾仲珊点校，《急就篇》，岳麓书社 1989 年版。
[64] 华学诚，《扬雄方言校释汇证》，中华书局 2006 年版。
[65] ［清］郭庆藩，王孝鱼点校，《庄子集释》，中华书局 1961 年版。
[66] 吴则虞，《晏子春秋集释》，中华书局 1962 年版。
[67] 杨伯峻，《列子集释》，中华书局 1979 年版。
[68] ［汉］应劭撰，吴树平校释，《风俗通义校释》，天津人民出版社 1980 年版。
[69] 吴则虞，《晏子春秋集释》，中华书局 1982 年版。
[70] ［汉］王符撰，［清］汪继培笺，彭铎校正，《潜夫论笺校正》，中华书局 1985 年版。
[71] ［战国］屈原撰，闻一多疏证，《天问疏证》，上海古籍出版社 1985 年版。
[72] 蒋礼鸿，《商君书锥指》，中华书局 1986 年版。
[73] ［汉］陆贾著，王利器校注，《新语校注》，中华书局 1986 年版。
[74] ［汉］刘向著，向宗鲁证，《说苑校证》，中华书局 1987 年版。

［75］［清］王先谦，《荀子集解》，中华书局1988年版。
［76］［汉］刘向著，张涛译注，《列女传译注》，山东大学出版社1990年版。
［77］黄晖，《论衡校释》，中华书局1990年版。
［78］苏舆撰，钟哲点校，《春秋繁露义证》，中华书局1992年版。
［79］王利器校注，《盐铁论校注》，中华书局1992年版。
［80］吴毓江撰，孙启治点校，《墨子校注》，中华书局1993年版。
［81］［清］陈立撰，吴则虞点校，《白虎通疏证》，中华书局1994年版。
［82］何宁，《淮南子集释》，中华书局1998年版。
［83］［汉］贾谊撰，阎振益、钟夏校注，《新书校注》，中华书局2000年版。
［84］［战国］韩非撰，陈奇猷校注，《韩非子新校注》，上海古籍出版社2000年版。
［85］［清］孙诒让，孙以楷点校，《墨子间诂》，中华书局2001年版。
［86］黎翔凤，《管子校注》，中华书局2004年版。
［87］［周］尸佼撰，［清］汪继培辑，黄曙辉点校，《尸子》，华东师范大学出版社2009年版。
［88］许维遹，《吕氏春秋集释》，中华书局2009年版。
［89］［汉］桓谭著，朱谦之校辑，《新辑本桓谭新论》，中华书局2009年版。
［90］v［汉］刘向编著，石光瑛校释，陈新整理，《新序校释》，中华书局2009年版。
［91］［汉］荀悦撰，［明］黄省曾注，孙启治校补，《申鉴注校补》，中华书局2012年版。
［92］万国鼎辑释，《氾胜之书辑释》，中华书局1957年版。
［93］［后魏］贾思勰撰，缪启愉校释，《齐民要术校释》，中国农业出版社1998年版。
［94］［汉］崔寔撰，石声汉注，《四民月令校注》，中华书局2013年版。
［95］［汉］扬雄撰，［宋］司马光集注，刘韶军点校，《太玄集注》，中华书局1998年版。
［96］［宋］李昉等，《太平御览》，中华书局1960年版。
［97］［唐］欧阳询，《艺文类聚》，上海古籍出版社1982年版。
［98］［晋］张华撰，范宁校正，《博物志校正》，中华书局1980年版。
［99］［唐］徐坚等编，司义祖、许逸民点校，《初学记》，中华书局2004年版。

[100][晋]郭璞注,[清]洪颐煊校,谭承耕、张耘点,《山海经·穆天子传》,岳麓书社 1992 年版。

[101]袁珂校注,《山海经校注》,巴蜀书社 1992 年版。

[102][晋]葛洪撰,周天游校注,《西京杂记》,三秦出版社 2006 年版。

[103][元]刘埙,《隐居通议》,中华书局 1985 年版。

[104][汉]蔡邕,《独断》,文渊阁四库全书影印版。

[105]曹胜高、安娜译注,《六韬》,中华书局 2007 年版。

[106][晋]戴凯之,《竹谱》,文渊阁四库全书影印本。

[107][宋]李昉等,《文苑英华》,中华书局 1966 年版。

[108][宋]陆游著,钱仲联校注,《剑南诗稿校注》,上海古籍出版社 1985 年版。

[109]高步瀛撰,曹道衡、沈玉成点校,《文选李注义疏》,中华书局 1985 年版。

[110][宋]章樵,《古文苑》,清光绪丙戌年江苏书局刻本。

[111][宋]朱熹撰,黄灵庚点校,《楚辞集注》,上海古籍出版社 2015 年版。

[112][宋]苏颂撰,尚志钧辑校,《本草图经》,安徽科技出版社 1994 年版。

[113][清]严可均辑,《全后汉文》,商务印书馆,1999 年。

[114][清]严可均辑,《全三国文》,商务印书馆 1999 年版。

[115][清]顾炎武撰,黄汝成集释,《日知录集释》,上海古籍出版社 2006 年版。

[116][唐]丘光庭撰,《兼明书》,文渊阁四库全书影印版。

[117][清]王谟辑,《汉魏遗书钞》,嘉庆三年刻本。

[118][日]竹添光鸿,《毛诗会笺》,大通书局 1975 年版。

[119][日]居香山、中村璋八辑,《纬书集成》(中册),河北人民出版社 1994 年版。

[120][清]王念孙,《读书杂志》,江苏古籍出版社 1985 年版。

[121][清]梁玉绳,《史记志疑》,中华书局 1981 年版。

[122][明]归有光,《归震川方望溪评点本〈史记〉》,光绪武昌张裕钊精刻本。

[123][清]王先谦,《汉书补注》,中华书局 1983 年版。

[124]杨树达,《汉书窥管》,上海古籍出版社 1984 年版。

[125][清]赵翼著,王树民校证,《廿二史札记校证》,中华书局 1984 年版。

[126][清]钱大昕,《廿二史考异》,上海古籍出版社 2004 年版。

[127][清]王鸣盛,《十七史商榷》,凤凰出版社 2008 年版。

[128][日]泷川资言著,《史记会注考证》,洪氏出版社 1983 年版。

[129]周天游,《八家后汉书辑注》,上海古籍出版社 1986 年版。

[130][宋]洪适撰,《隶释 隶续》,中华书局 1985 年版。

二、考古资料（以类别兼顾出版时间为序）

[1]中国科学院考古研究所,《中国田野考古报告集第一号——辉县发掘报告》,科学出版社 1956 年版。

[2]中国科学院考古研究所,《长沙发掘报告》,科学出版社 1957 年版。

[3]广州市文物管理委员会,《广州市龙生冈 43 号东汉木椁墓》,《考古学报》1957 年第 1 期。

[4]东北博物馆,《辽阳三道壕西汉村落遗址》,《考古学报》1957 年第 1 期。

[5]刘志远,《成都天回山崖墓清理记》,《考古学报》1958 年第 1 期。

[6]中国社科院考古研究所,《洛阳烧沟汉墓》,科学出版社 1959 年版。

[7]浙江省文物管理委员会,《杭州水田畈遗址发掘报告》,《考古学报》1960 年第 2 期。

[8]河南省文化局文物工作队,《郑州南关 159 号汉墓的发掘》,《文物》1960 年第 z1 期。

[9]《陕西韩城芝川汉扶荔宫遗址的发现》,《考古》1961 年第 3 期。

[10]尤振尧、黎忠义,《江苏扬州七里甸汉代木椁墓》,《考古》1962 年第 8 期。

[11]青海省文物管理委员会,《西宁市南滩汉墓》,《考古》1964 年第 5 期。

[12]甘肃省博物馆,《武威磨嘴子三座汉墓发掘简报》,《文物》1972 年第 12 期。

[13]湖南省博物馆、中国科学院考古研究所,《长沙马王堆一号汉墓》,文物出版社 1973 年版。

[14]湖北省博物馆等,《湖北江陵拍马山楚墓发掘简报》,《考古》1973 年第 3 期。

[15]余扶危、贺官保,《洛阳东关东汉殉人墓》,《文物》1973 年第 2 期。

[16]湖南省博物馆、中国科学院考古研究所,《长沙马王堆二、三号汉墓发掘简报》,《文物》1974 年第 7 期。

[17]李捷民、华向荣、文启明等,《河北藁城县台西村商代遗址 1973 年的重要发现》,《文物》1974 年第 8 期。

[18]湖北省博物馆,《湖北江陵凤凰山西汉墓发掘简报》,《文物》1974 年第 6 期。

[19]山东省文物管理处、济南市博物馆,《大汶口》,文物出版社 1974 年版。

[20]始皇陵秦俑坑考古发掘队,《临潼县秦俑坑试掘第一号简报》,《文物》1975年第11期。
[21]南波,《江苏连云港市海州侍其䌛墓》,《考古》1975年第3期。
[22]刘庆柱、陈国英,《秦都咸阳第一号宫殿建筑遗址简报》《文物》1976年第11期。
[23]绍兴县文物管理委员会,《绍兴凤凰山木椁墓》,《考古》1976年第6期。
[24]甘肃省博物馆文物队,《甘肃灵台白草坡西周墓》,《考古学报》1977年第2期。
[25]北京市文物管理处,《北京顺义临河村东汉墓发掘简报》,《考古》1977年第6期。
[26]浙江省文物管理委员会、浙江省博物馆,《河姆渡遗址第一期发掘报告》,《考古学报》1978年第1期。
[27]安徽省文物工作队、阜阳地区博物馆等,《阜阳双古堆西汉汝阴侯墓发掘简报》,《文物》1978年第8期。
[28]北京大学历史系考古教研室,《商周考古》,文物出版社1978年版。
[29]河北省文管处台西考古队,《河北藁城台西村商代遗址发掘简报》,《文物》1979年第6期。
[30]中国社会科学院考古研究所沣西发掘队,《1967年长安张家坡西周墓葬的发掘》,《考古学报》1980年第4期。
[31]河北省博物馆等,《河北省出土文物选集》,文物出版社1980年版。
[32]王勤金、印志华等,《扬州邗江县胡场汉墓》,《文物》1980年第3期。
[33]咸阳市文管会、咸阳市博物馆等,《秦都咸阳第三号宫殿建筑遗址发掘简报》,《考古与文物》1980年第2期。
[34]昌潍地区文物管理组、诸城县博物馆,《山东诸城呈遗址发掘报告》,《考古学报》,1980年第3期。
[35]扬州博物馆、邗江县图书馆,《江苏邗江胡场五号汉墓》,《文物》1981年第11期。
[36]固始侯古堆一号墓发掘组,《河南固始侯古堆一号墓发掘简报》,《文物》1981年第4期。
[37]四川省博物馆等,《四川新都战国木椁墓》,《文物》1981年第6期。
[38]中国社会科学院考古研究所河南第二工作队,《河南偃师尸乡沟商城第五号

宫殿基址发掘简报》,《考古》1982年第2期。

[39] 西安半坡博物馆,《西安半坡》,文物出版社1982年版。

[40] 青海省文物管理处考古队、中国社会科学院考古研究所,《青海柳湾》,文物出版社1983年版。

[41] 四川省博物馆、绵竹县文化馆,《四川绵竹县西汉木板墓发掘简报》,《考古》1983年第4期。

[42] 黄文弼,《新疆考古发掘报告（1957—1958）》,文物出版社1983年版。

[43] 中国社会科学院考古研究所二里头队,《河南偃师二里头二号宫殿遗址》1983年第3期。

[44] 甘肃省博物馆、兰州市文化馆,《兰州土谷台半山——马厂文化墓地》,《考古学报》1983年第2期。

[45] 湖北省博物馆江陵工作站,《江陵溪峨山楚墓》,《考古》1984年第6期。

[46] 河南信阳地区文管会等,《春秋早期黄君孟夫妇墓发掘报告》,《考古》1984年第4期。

[47]《广西贵县风流岭三十一号西汉墓清理简报》,《考古》1984年第1期。

[48] 郭清华,《陕西勉县老道寺汉墓》,《考古》1985年第5期。

[49]《广西贵县北郊汉墓》,《考古》1985年第3期。

[50] 河北省文物研究所编,《藁城台西商代遗址》,文物出版社1985年版。

[51] 广西壮族自治区文物工作队,《广西北流铜石岭汉代冶铜遗址的试掘》,《考古》1985年第5期。

[52] 长沙市文物考古工作队,《长沙西郊桐梓坡汉墓》,《考古学报》1986年第1期。

[53] 河南省文物研究所,《信阳楚墓》,文物出版社1986年版。

[54] 任日新,《山东诸城县西汉木椁墓》,《考古》1987年第9期。

[55] 席克定、朱先世,《贵州毕节瓦窑遗址发掘简报》,《考古》1987年第4期。

[56] 四川省文物管理委员会、四川省文物考古研究所等,《成都十二桥商代建筑遗址第一期发掘简报》,《文物》1987年第12期。

[57] 西安半坡博物馆等,《姜寨》,文物出版社1988年版。

[58] 大葆台汉墓发掘组、中国社会科学院考古研究所,《北京大葆台汉墓》,文物出版社1989年版。

[59] 湖北省博物馆,《曾侯乙墓》,文物出版社1989年版。

[60] 中国社会科学院考古研究所山东工作队,《山东临朐西朱封龙山文化墓葬》,《考古》1990年第7期。
[61] 杨灵山、古方,《汉长安城一号窑址发掘简报》,《考古》1991年第1期。
[62] 广州市文管会等,《西汉南越王墓》,文物出版社1991年版。
[63] 湖北荆沙铁路考古队,《包山楚墓》,文物出版社1991年版。
[64] 烟台市文物管理委员会、栖霞县文物事业管理处,《山东栖霞占疃乡杏家庄战国墓清理简报》,《考古》1992年第1期。
[65] 河南省文物研究所,《密县打虎亭汉墓》,文物出版社1993年版
[66] 湖北省文物考古研究所,《江陵凤凰山一六八汉墓》,《考古学报》1993年第4期。
[67] 河南省文物考古研究所,《汝州洪山庙》,中州古籍出版社1995年版。
[68] 北京大学考古系、浙江省文物考古研究所、日本上智大学联合考古队,《浙江桐乡普安桥遗址发掘简报》,《文物》1998年第4期。
[69] 河南省文物局等,《黄河小浪底水库文物考古报告集》,黄河水利出版社1998年版。
[70] 河南省文物考古研究所,《舞阳贾湖》,科学出版社1999年版。
[71] 河南省文物考古研究所、三门峡市文物工作队,《三门峡虢国墓》,文物出版社1999年版。
[72] 中古社科院考古研究所,《偃师二里头》,中国大百科全书出版社1999年版。
[73] 河南省文物考古研究所,《郑州商城,1953—1985年考古发掘报告》,文物出版社2001年版。
[74] 湖南省文物考古研究所、怀化市文物处、沅陵县博物馆,《沅陵虎溪山一号汉墓发掘简报》,《文物》2003年第1期。
[75] 韦江、何安益,《广西那坡县感驮岩遗址发掘简报》,《考古》2003年第10期。
[76] 湖南省博物馆、湖南省文物考古研究所,《长沙马王堆二、三号汉墓 第一卷,田野考古发掘报告》,文物出版社2004年版。
[77] 新乡市文物工作队,《河南卫辉市唐庄东汉墓葬发掘报告》,《华夏考古》2005年第1期。
[78] 四川文物考古研究院、绵阳博物馆编著,《绵阳双包山汉墓》,文物出版社2006年版。

[79] 安徽省文物考古研究所、安徽省萧县博物馆,《萧县汉墓》,文物出版社 2008 年版。
[80] 荆州博物馆,《湖北荆州纪南松柏汉墓发掘简报》,《文物》2008 年第 4 期。
[81] 荆州博物馆编著,《荆州重要考古发现》,文物出版社 2009 年版。
[82] 河南省文物考古研究所、内黄县文物保护管理所,《河南内黄三杨庄汉代聚落遗址第二处庭院发掘简报》,《华夏考古》2010 年第 3 期。
[83] 辽宁省文物考古研究所编著,《姜屯汉墓》,文物出版社 2013 年版。
[84] 周原考古队,《周原遗址凤雏三号基址 2014 年发掘简报》,《中国国家博物馆馆刊》2015 年第 7 期。
[85] 郭沫若,《殷契粹编》,科学出版社 1965 年版。
[86] 郭沫若,《甲骨文合集》,中国社会科学院历史研究所 1978—1982 年版。
[87] 中国社会科学院考古研究所,《小屯南地甲骨》,中华书局 1980 年版。
[88] 温少峰等,《殷墟卜辞研究(科学技术篇)》,成都,四川省社会科学院出版社 1983 年版。
[89] 中国社会科学院考古研究所编,《殷周金文集成》,中华书局 1984—1994 年。
[90] 李学勤、齐文心等,《英国所藏甲骨集》,中华书局 1985 年版。
[91] 李学勤,《柞伯簋铭文考释》,《文物》1998 年第 11 期。
[92] 中国社会科学院考古研究所,《殷周金文集成释文》,香港中文大学出版社 2001 年版。
[93] 常玉芝,《郑州出土的商代牛肋骨刻辞与社祀遗迹》,《中原文物》2007 年第 5 期。
[94] 刘雨、严志斌编,《近出殷周金文集录二编》,中华书局 2009 年版。
[95] 袁仲一,《秦代陶文》,三秦出版社 1987 年版。
[96] 王辉,《秦铜器铭文编年集释》,三秦出版社 1990 年版。
[97] 李发林,《齐故城瓦当》,文物出版社 1990 年版。
[98] 陶正刚,《山西临县窑头古城出土铜戈铭文考释》,《文物》1994 年第 4 期。
[99] 王辉、程学华,《秦文字集证》,艺文印书馆 1999 年版。
[100] 滕壬生,《楚系简帛文字(增订本)》,湖北教育出版社 2008 年版。
[101] 赵超,《汉魏南北朝墓志汇编》,天津古籍出版社 1992 年版。
[102] 高文,《汉碑集释》,河南大学出版社 1997 年版。
[103] 刘昭瑞,《汉魏石刻文字系年》,香港敦煌吐鲁番研究中心丛刊,新文丰出

版公司 2001 年版。

[104] 吴幼潜，《封泥汇编》，上海古籍书店 1964 年版。

[105] 罗福颐，《古玺汇编》，文物出版社 1981 年版。

[106] 孙敬明、高关和、王学良，《山东五莲盘古城发现战国齐兵器和玺印》，《文物》1986 年第 3 期。

[107] 罗福颐，《秦汉南北朝官印征存》，文物出版 1987 年版。

[108] [清] 吴式芬、陈介祺，《封泥考略》，中国书店 1990 年版。

[109] 湖南省博物馆，《湖南省博物馆藏古玺印集》，上海书店 1991 年版。

[110] 孙慰祖，《两汉官印汇考》，大业公司 1993 年版。

[111] 孙慰祖主编，蔡进华、张健、骆铮编，《古封泥集成》，上海书店 1994 年版。

[112] 吴镇烽，《陕西历史博物馆馆藏封泥考（下）》，《考古与文物》1996 年第 6 期。

[113] 孙慰祖编，《两汉官印汇考》，上海书画出版社 1998 年版。

[114] 孙新生，《山东青州发现二方先秦古玺》，《考古与文物》1999 年第 5 期。

[115] 周晓陆、路东之，《秦封泥集》，三秦出版社 2000 年版。

[116] 中国社会科学院考古研究所汉长安城工作队，《西安相家巷遗址秦封泥的发掘》，《考古学报》2001 年第 4 期。

[117] 刘庆柱、李毓芳，《西安相家巷遗址秦封泥考略》，《考古学报》2001 年第 4 期。

[118] 傅嘉仪，《新出土秦代封泥印集》，西泠印社 2002 年版。

[119] 傅嘉仪编，《秦封泥会考》，上海书店 2007 年版。

[120] 徐畅，《先秦玺印图说》，文物出版社 2009 年版。

[121] 周晓陆编，《二十世纪出土玺印集成》，中华书局 2010 年版。

[122] 陈伟等，《楚地出土战国简册（十四种）》，经济科学出版社 2009 年版。

[123] 刘信芳，《包山楚简解诂》，艺文印书馆 1992 年版。

[124] 荆门市博物馆，《郭店楚墓竹简》，文物出版社 1998 年版。

[125] 湖北省文物考古研究所、北京大学中文系编，《九店楚简》，中华书局 1999 年版。

[126] 马承源编，《上海博物馆藏战国楚竹书（五）》，上海古籍出版社，2005 年。

[127] 马承源主编，《上海博物馆藏战国楚竹书（六）》，上海古籍出版社 2007

年版。
[128] 李学勤编,《清华大学藏战国竹简（贰）》,中西书局 2011 年版。
[129] 陈伟主编,《秦简牍合集》(释文注释修订本),武汉大学出版社 2016 年版。
[130] 湖北省荆州市周梁玉桥遗址博物馆编,《关沮秦汉墓简牍》,中华书局 1970 年版。
[131]《云梦睡虎地秦墓》编写组,《云梦睡虎地秦墓》,文物出版社 1981 年版。
[132] 睡虎地秦墓竹简整理小组编,《睡虎地秦墓竹简》,文物出版社 1990 年版。
[133] 何双全,《天水放马滩秦墓出土地图初探》,《文物》1989 年第 2 期。
[134] 甘肃省文物考古研究所,《天水放马滩秦简》,中华书局 2009 年版。
[135] 孙占宇,《天水放马滩秦简集释》,甘肃文化出版社 2013 年。
[136] 中国文物研究所、湖北省文物考古研究所编,《龙岗秦简》,中华书局 2001 年版。
[137] 王焕林,《里耶秦简校诂》,中国文联出版社 2007 年版。
[138] 湖南省文物考古研究所编,《里耶发掘报告》,岳麓书社 2007 年版。
[139] 湖南省文物考古研究所编,《里耶秦简（壹）》,文物出版社 2012 年版。
[140] 陈伟编,《里耶秦简牍校释（第一卷）》,武汉大学出版社 2012 年版。
[141] 游逸飞、陈弘音,《里耶秦简博物馆藏第九层简牍释文校释》,武汉大学简帛研究中心,简帛网。
[142] 朱汉民、陈松长编,《岳麓书院藏秦简（壹）》,上海辞书出版社 2010 年版。
[143] 朱汉民、陈松长编,《岳麓书院藏秦简（叁）》,上海辞书出版社 2013 年版。
[144] 辛德勇,《北京大学藏秦水陆里程简册初步研究》,收于清华大学出土文献研究与保护中心编《出土文献（第四辑）》,中西书局 2013 年版。
[145] 中国科学院考古研究所、甘肃省博物馆,《武威汉简》,文物出版社 1964 年版。
[146] 甘肃省博物馆、中国科学院考古研究所编著,《武威汉简》,中华书局 2005 年版。
[147] 朱国炤,《上孙家寨木简初探》,《文物》1981 年第 2 期。
[148] 林梅村、李均明,《疏勒河流域出土汉简》,文物出版社 1984 年版。
[149] 银雀山汉墓整理小组编,《银雀山汉墓竹简（壹）》,文物出版社 1985 年版。
[150] 谢桂华、李均明、朱国炤编,《居延汉简释文合校》,文物出版社 1987 年版。

［151］［日］永田英正著，张学锋译，《居延汉简研究》，广西师范大学出版社2007年版。

［152］陈直，《居延汉简研究》，中华书局2009年版。

［153］甘肃省文物考古研究所等编，《居延新简》，文物出版社1990年版。

［154］院文清，《江陵张家山两座汉墓出土大批竹简》，《文物》1992年第9期。

［155］张家山二四七号汉墓竹简整理小组编，《张家山汉墓竹简（二四七号墓）》，文物出版社2001年版。

［156］张家山二四七号汉墓竹简整理小组编，《张家山汉墓竹简（二四七号墓）释文修订本》，文物出版社2006年版。

［157］彭浩、陈伟、［日］工藤元男编，《二年律令与奏谳书——张家山二四七号汉墓出土法律文献释读》，上海古籍出版社2007年版。

［158］滕昭宗，《尹湾汉墓简牍释文选》，《文物》1996年第8期。

［159］河北省文物研究所定州汉墓竹简整理小组，《论语——定州汉墓竹简》，文物出版社1997年版。

［160］连云港博物馆、东海县博物馆、中国社会科学院简帛研究中心、中国文物研究所编，《尹湾汉墓简牍》，中华书局1997年版。

［161］陈松长编著、游学华编辑，《香港中文大学文物馆藏简牍》，香港中文大学出版社2001年版。

［162］甘肃省文物考古研究所，《敦煌悬泉置汉简释文选》，《文物》2000年第5期。

［163］胡平生、张德芳编，《敦煌悬泉简释粹》，上海古籍出版社2001年版。

［164］中华文物研究所；甘肃省文物考古研究所编，《敦煌悬泉月令诏条》，中华书局2001年版。

［165］魏坚主编，内蒙古自治区文物考古研究所等联合整理，《额济纳汉简》，广西师范大学出版社2005年版。

［166］孙家洲主编，《额济纳汉简释文校本》，文物出版社2007年版。

［167］《随州孔家坡汉墓简牍》，文物出版社2006年版。

［168］长沙市文物考古研究所编，《长沙市东牌楼东汉简牍》，文物出版社2006年版。

［169］长沙市文物考古研究所，《湖南长沙五一广场东汉简牍发掘简报》，《文物》2013年第6期。

[170]湖北省考古研究所编,《江陵凤凰山西汉简牍》,文物出版社 2012 年版。
[171]走马楼简牍整理组,《长沙走马楼三国吴简·嘉禾吏民田家莂》,文物出版社 1999 年版。
[172]走马楼简牍整理组,《长沙走马楼三国吴简·竹简[壹]》,文物出版社 2003 年版。
[173]走马楼简牍整理组,《长沙走马楼三国吴简·竹简[贰]》,文物出版社 2006 年版。
[174]走马楼简牍整理组,《长沙走马楼三国吴简·竹简[叁]》,文物出版社 2008 年版。
[175]走马楼简牍整理组,《长沙走马楼三国吴简·竹简[肆]》,文物出版社 2011 年版。
[176]走马楼简牍整理组,《长沙走马楼三国吴简·竹简[柒]》,文物出版社 2013 年版。
[177]陈梦家著,《汉简缀述》,中华书局 1980 年版。
[178]李均明、何双全,《散见简牍合辑》,文物出版社 1990 年版。
[179]李均明,《简牍文书学》,广西教育出版社 1999 年版。
[180]王国维著,胡平生、马月华校注,《简牍检署考校注》,上海古籍出版社 2004 年版。
[181]中国简牍集成编辑委员会,《中国简牍集成》,甘肃敦煌文艺出版社 2005 年版。
[182]高恒,《秦汉简牍中法制文书辑考》,社会科学文献出版社 2008 年版。
[183]李均明,《秦汉简牍文书分类辑解》,文物出版社 2009 年版。
[184]郑曙斌、张春龙、宋少华、黄朴华,《湖南出土简牍选编》,岳麓书社 2013 年版。
[185]《辽阳发现三座壁画古墓》,《文物参考资料》1955 年第 5 期。
[186]刘庆柱,《秦都咸阳第三号宫殿建筑遗址壁画考释》,《人文杂志》1980 年第 1 期。
[187]任日新,《山东诸城汉墓画像石》,《文物》1981 年第 10 期。
[188]成都市文物管理处,《四川成都曾家包东汉画像砖石墓》,《文物》1981 年第 10 期,第 25—27 页。
[189]尤振尧,《徐州青山泉白集东汉画像石墓》,《考古》1981 年第 2 期。

［190］程继林，《泰安县大汶口发现一座汉画像石墓》，《文物》1982年第6期。
［191］山东省博物馆、山东省文物考古研究所，《山东汉画像石选集》，齐鲁书社1982年版。
［192］朱锡禄，《武氏祠汉画像石》，山东美术出版社1986年版。
［193］郑州市博物馆，《郑州汉画像砖》，河南美术出版社1988年版。
［194］李林等编，《陕北汉代画像石》，陕西人民出版社1995年版。
［195］黄明兰、郭引强编著：《洛阳汉墓壁画》，文物出版社1996年版。
［196］《望都汉墓壁画》，中国古典艺术出版社1995年版。韩玉祥、李陈广主编，南阳画像馆编著，《南阳汉代画像石墓》，河南美术出版社1998年版。
［197］蒋英炬编，《中国画像石全集（1），山东汉画像石》，山东美术出版社2000年版。
［198］韩非编，《中国画像石全集（2），山东汉画像石》，山东美术出版社2000年版。
［199］焦德森编，《中国画像石全集（3），山东汉画像石》，山东美术出版社2000年版。
［200］汤池编，《中国画像石全集（4），江苏、安徽、浙江汉画像石》，山东美术出版社2000年版。
［201］汤池编，《中国画像石全集（5），陕西、山西汉画像石》，山东美术出版社2000年版。
［202］王建中编，《中国画像石全集（6），河南汉画像石》，山东美术出版社2000年版。
［203］高文编，《中国画像石全集（7），四川汉画像石》，山东美术出版社2000年版。
［204］周到编，《中国画像石全集（8），石刻线画》，河南美术出版社2000年版。
［205］周学鹰，《解读画像砖中的汉代文化》，中华书局2005年版。
［206］陈锽，《古代帛画》，文物出版社2005年版。
［207］文物出版社编著，《和林格尔汉墓壁画》，文物出版社2007年版。
［208］榆林市文物保护研究所、榆林市文物考古勘探工作队编著，《米脂官庄画像石墓》，文物出版社2009年版。
［209］山东省文物考古研究所、东平县文物管理所编著，《东平后屯汉代壁画墓》，文物出版社2010年版。

[210] 郑岩，《从考古学到美术史》，上海人民出版社 2012 年版。

[211] 中国科学院考古研究所湖北发掘队，《湖北圻春毛家咀西周木构建筑》，《考古》1962 年第 1 期。

[212] 湖北省博物馆、崇文，《湖北崇阳出土一件铜鼓》，《文物》1978 年第 4 期。

[213] 于临祥、王珍仁，《大连市出土彩绘陶楼》，《文物》1982 年第 1 期。

[214] 高炜、高天麟、张岱海，《关于陶寺墓地的几个问题》，《考古》1983 年第 6 期。

[215] 冯承泽、杨鸿勋，《洛阳汉魏故城圆形建筑遗址初探》，《考古》1990 年第 3 期。

[216] 杨鸿勋，《宫殿考古学通论》，紫禁城出版社 2001 年版。

[217] 夏鼐，《考古学和科技史》，科学出版社 1979 年版。

[218] 中国社会科学院考古研究所，《新中国的考古发现和研究》，文物出版社 1984 年。

[219] 刘庆柱、白云翔主编，中国社会科学院考古研究所编著，《中国考古学·秦汉卷》，中国社会科学出版社 2010 年版。

三、专著（以出版时间为序）

[1] 郭沫若，《中国古代社会研究》，人民出版社 1954 年版。

[2] 陈直，《两汉经济史料论丛》，陕西人民出版社 1958 年版。

[3] 干铎主编，《中国林业技术史料初步研究》，农业出版社 1964 年版。

[4] 刘棠瑞主编，《中山自然科学大辞典·植物学》，台北"商务印书馆"1972 年版。

[5] 于省吾，《甲骨文字释林·释工》，中华书局 1979 年版。

[6] 刘策，《中国古代园囿》，宁夏人民出版社 1979 年版。

[7] 史念海，《河山集（二集）》，生活·读书·新知三联书店 1981 年版。

[8] 中国科学院中国植物志编辑委员会，《中国植物志》，科学出版社 1982 年版。

[9] 闻一多，《闻一多全集》，三联书店 1982 年版。

[10] 孙云蔚，《中国果树史与果树资源》，上海科学技术出版社 1983 年版。

[11] 辛树帜，《中国果树史研究》，中国农业出版社 1983 年版。

[12] 陈植，《中国历代名园记选注》，安徽科学技术出版社 1983 年版。

［13］童寯，《造园史纲》，中国建筑工业出版社 1983 年版。

［14］王士一、高郑生等编，《木材采运基本知识》，中国林业出版社 1983 年版。

［15］白尚恕，《〈九章算术〉注释》，科学出版社 1983 年版。

［16］容庚、张维持，《殷周青铜器通论》，文物出版社 1984 年版。

［17］罗哲文、罗扬，《中国历代帝王陵寝》，上海文化出版社 1984 年版。

［18］侯仁之，《历史地理学的理论与实践》，上海人民出版社 1984 年版。

［19］中国科学院自然科学史研究所主编，《中国古代建筑技术史》，科学出版社 1985 年版。

［20］林剑明等，《秦汉社会文明》，西北大学出版社 1985 年版。

［21］杨宽，《中国古代陵寝制度史研究》，上海古籍出版社 1985 年版。

［22］史念海、曹尔琴、朱士光，《黄土高原森林与草原的变迁》，陕西人民出版社 1985 年版。

［23］安作璋、熊铁基，《秦汉官制史稿》，齐鲁书社 1985 年版。

［24］刘东生，《黄土与环境》，科学出版社 1985 年版。

［25］俞伟超，《秦汉考古学论集》，文物出版社 1985 年版。

［26］刘致平，《中国建筑类型及结构》，中国建筑工业出版社 1987 年版。

［27］杨鸿勋，《建筑考古学论文集》，文物出版社 1987 年版。

［28］俞伟超，《中国古代公社组织的考察——论秦汉的"单—僤—弹"》，文物出版社 1988 年版。

［29］罗开玉，《中国丧葬与文化》，海南人民出版社 1988 年版。

［30］徐中舒，《甲骨文字典》，四川辞书出版社 1988 年版。

［31］汉宝德，《斗拱的起源与发展》，台湾明文数据 1988 年版。

［32］梁家勉，《中国农业科学技术史稿》，农业出版社 1989 年版。

［33］周维权，《中国古典园林史》，清华大学出版社 1990 年版。

［34］王毅，《中国园林文化史》，上海人民出版社 1990 年版。

［35］王长富，《中国林业经济史》，东北林业大学出版社 1990 年版。

［36］徐吉军、贺云翱，《中国丧葬礼俗》，浙江人民出版社 1991 年版。

［37］李玉洁，《先秦丧葬制度研究》，中州古籍出版社 1991 年版。

［38］施雅风、孔昭宸等，《中国全新世大暖期气候与环境》，海洋出版社 1992 年版。

［39］［日］西嶋定生，《剑桥中国秦汉史》，中国社会科学出版社 1992 年版。

[40] 张钧成,《中国林业传统引论》,中国林业出版社 1992 年版。

[41] 冷鹏飞,《中国秦汉经济史稿》,人民出版社 1994 年版。

[42] 高恒,《秦汉法制论考》,厦门大学出版社 1994 年版。

[43] 熊大桐,《中国林业科学技术史》,中国林业出版社 1995 年版。

[44] 罗桂环、王耀先等,《中国环境保护史稿》,中国环境科学出版社 1995 年版。

[45] 史念海,《西安历史地图集》,西安地图出版社 1996 年版。

[46] 李纯一,《中国上古出土乐器综论》,文物出版社 1996 年版。

[47] 乌丙安,《中国民间信仰》,上海人民出版社 1996 年版。

[48] 张洲,《周原环境与文化》,三秦出版社 1998 年版。

[49] [英] 弗雷泽,《金枝》,大众文艺出版社 1998 年版。

[50] 梁思成,《中国建筑史》,百花文艺出版社 1998 年版。

[51] 宁可,《宁可史学论集》,中国社会科学出版社 1999 年版。

[52] 项阳,《中国弓弦乐器史》,国际文化出版公司 1999 年版。

[53] [新西兰] 艾黎,《秦汉江南经济述略》,江西人民出版社 1999 年版。

[54] 王玉德、张全明等,《中华五千年生态文化》,华中师范大学出版社 1999 年版。

[55] 翦伯赞,《秦汉史》,北京大学出版社 1999 年版。

[56] 中国科学院自然科学史研究所,《中国古代建筑技术史》,科学出版社 2000 年版。

[57] 杨树达,《汉代婚丧礼俗考》,上海古籍出版社 2000 年版。

[58] 戴山青,《古玺汉官印集萃》,广西美术出版社 2001 年版。

[59] 彭卫、杨振红,《中国风俗通史·秦汉卷》,上海文艺出版社 2002 年版。

[60] 侯幼彬、李婉贞编,《中国古代建筑历史图说》,中国建筑工业出版社 2002 年版。

[61] 张弘,《战国秦汉时期商人和商业资本研究》,齐鲁书社 2003 年版。

[62] 王铎,《中国古代苑园与文化》,湖北教育出版社 2003 年版。

[63] 林剑鸣,《秦汉史》,上海人民出版社 2003 年版。

[64] 张家骥,《中国建筑论》,山西人民出版社 2003 年版。

[65] 刘叙杰,《中国古代建筑史 第一卷,原始社会、夏、商、周、秦、汉建筑》,中国建筑工业出版社 2003 年版。

［66］王毅，《中国园林文化史》，上海人民出版社 2004 年版。

［67］顾梅羹，《琴学备要（手稿本上）》，上海音乐出版社 2004 年版。

［68］陈梦家，《西周铜器断代》，中华书局 2004 年版。

［69］张家骥，《中国造园艺术史》，山西人民出版社 2004 年版。

［70］吕思勉，《秦汉史》，上海古籍出版社 2005 年版。

［71］李允鉌，《华夏意匠》，天津大学出版社 2005 年版。

［72］蔡锋，《中国手工业经济通史（先秦秦汉卷）》，福建人民出版社 2005 年版。

［73］曹林娣，《中国园林文化》，中国建筑工业出版社 2005 年版。

［74］邹逸麟，《中国历史地理概述》，上海教育出版社 2005 年版。

［75］文焕然等，《中国历史时期植物与动物变迁研究》，重庆出版社 2006 年版。

［76］汪菊渊，《中国古代园林史》，中国建筑工业出版社 2006 年版。

［77］王子今，《秦汉社会史论考》，商务印书馆 2006 年版。

［78］陈直，《关中秦汉陶录提要》，中华书局 2006 年版。

［79］蒲慕州，《追寻一己之福——中国古代的信仰世界》，上海古籍出版社 2007 年版。

［80］王子今，《秦汉时期生态环境研究》，北京大学出版社 2007 年版。

［81］［日］冈大路，《中国宫苑园林史考》，学苑出版社 2008 年版。

［82］郭必恒等，《中国民俗史（汉魏卷）》，人民出版社 2008 年版。

［83］蒲慕州，《墓葬与生死——中国古代宗教之省思》，中华书局 2008 年版。

［84］魏建震，《先秦社祀研究》，人民出版社 2008 年版。

［85］陈直，《两汉经济史料论丛》，中华书局 2008 年版。

［86］樊宝敏、李智勇，《中国森林生态史引论》，科学出版社 2008 年版。

［87］俞冰主编，《古琴书图考》，学苑出版社 2008 年版。

［88］魏建震，《先秦社祀研究》，人民出版社 2008 年版。

［89］［英］鲁惟一，《汉代的信仰、神话和理性》，北京大学出版社 2009 年版。

［90］于友先、马宗晋等主编，《中国大百科全书》，中国大百科全书出版社 2009 年版。

［91］满志敏，《中国历史时期气候变化研究》，山东教育出版社 2009 年版。

［92］萧友梅，《中国古代乐器考·论中国古典歌剧》，吉林出版集团 2010 年版。

［93］汉语大字典编辑委员会，《汉语大字典（第 2 版）》，崇文书局、成都，四川辞书出版社 2010 年版。

[94] 李剑农,《中国古代经济史稿（第一卷）》,武汉大学出版社 2011 年版。
[95] 顾颉刚,《顾颉刚全集》,中华书局 2011 年版。
[96] 邹逸麟、张修桂,《中国历史自然地理》,科学出版社 2013 年版。
[97] [日] 上田信,《森林与绿色的中国史》,山东画报出版社 2013 年版。
[98] 王子今,《秦汉交通史稿》,中国人民大学出版社 2013 年版。
[99] 吴晓懿,《战国官名新探》,安徽师范大学出版社 2013 年版。
[100] 孙机,《汉代物质文化资料图说》,上海古籍出版社 2014 年版。
[101] 孙机,《中国古代物质文化》,中华书局 2014 年版。
[102] 庄华峰主编,《中国社会生活史》,中国科学技术出版社 2014 年版。
[103] 顾颉刚、史念海,《中国疆域沿革史》,商务印书馆 2015 年版。
[104] 王飞,《秦汉时期森林生态文明研究》,中国社会科学出版社 2015 年版。
[105] 王子今,《秦汉名物丛考》,东方出版社 2016 年版。

四、学术论文（以出版时间为序）

[1] 鲁佩璋,《中国森林历史》,《农事月刊》1922 年第 2 期。
[2] 郭宝钧,《殷周的青铜武器》,《考古》1961 年第 2 期。
[3] 侯学煜,《试论历次中国植被分区方案中所存在的争论性问题》,《植物生态学与地植物学丛刊》1963 第 1—2 期。
[4] 冯汉骥,《云南晋宁石寨山出土铜器研究——若干主要人物活动图像试释》,《考古》1963 年第 6 期。
[5] 竺可桢,《中国近五千年来气候变迁的初步研究》,《考古学报》1972 年第 1 期。
[6] 江西木材工业研究所,《长沙马王堆一号汉墓棺椁木材的鉴定》,《林业科技》1973 年第 1 期。
[7] 杨鸿勋,《仰韶文化居住建筑发展问题的探讨》,《考古学报》1975 年第 1 期。
[8] 中国科学院贵阳地球化学研究所第四纪孢粉组,《辽宁省南部一万年来自然环境的演变》,《中国科学》1977 年第 6 期。
[9] 鲁琪,《试谈大葆台西汉墓的"梓宫"、"便房"、"黄肠题凑"》,《文物》1977 年第 6 期。
[10] 唐汝明、卫广扬、徐全章,《安徽天长县汉墓棺椁木材构造及材性的研究》,

《考古》1979 年第 4 期。

[11] 刘志远,《考古材料所见汉代的四川农业》,《文物》1979 年第 12 期。

[12] 黄翔鹏,《先秦音乐文化的光辉创造——曾侯乙墓的古乐器》,《文物》1979 年第 7 期。

[13] 赵翼,《杉木栽培利用史料综述》,《四川林业科技》1980 年第 2 期。

[14] 雷从云,《战国铁农具的考古发现及其意义》,《考古》1980 年第 3 期。

[15] 方壮猷,《初论江陵望山楚墓的年代与墓主》,《江汉考古》1980 年第 1 期。

[16] 石志廉,《战国古玺考释十种》,《中国历史博物馆馆刊》1980 年总 2 期。

[17] 史念海,《两千三百年来鄂尔多斯高原和河套平原农林牧地区的分布及其变迁》,《北京师范大学学报》1980 年第 6 期。

[18] 陈加良、文焕然,《宁夏历史时期的森林及其变迁》,《宁夏大学学报(自然科学版)》1981 年第 1 期。

[19] 肖楠,《试论卜辞中的"工"与"百工"》,《考古》1981 年第 3 期。

[20] 王迪、顾国宝,《漫谈五弦琴和十弦琴》,《音乐研究》1981 年第 1 期。

[21] 史念海,《论历史时期黄土高原生态平衡的失调及其影响》,《生态学杂志》1982 年第 3 期。

[22] 郭德维《江陵楚墓论述》,《考古学报》1982 年第 2 期。

[23] 王子今,《秦汉时期的关中竹林》,《农业考古》1983 年第 2 期。

[24] 童始步,《曾侯乙墓出土的瑟柱》,《乐器》1983 年第 4 期。

[25] 祁英涛,《中国早期木构建筑的时代特征》,《文物》1983 年第 4 期。

[26] 王炳华,《古墓沟人社会文化生活中几个问题》,《新疆大学学报(哲学社会科学版)》1983 年第 2 期。

[27] 王希亮,《中国古代林业职官考》,《中国农史》1983 年第 4 期。

[28] 闽文,《漫话我国古代的行道树》,《植物杂志》1983 年第 2 期。

[29] 陈平,《〈"寺工"小考〉补议》,《人文杂志》1983 年第 2 期。

[30] 吐尔逊·艾沙,《罗布卓尔地区东汉墓发掘及初步研究》,《新疆社会科学》1983 年第 1 期。

[31] 余华青,《秦汉林业初探》,《西北大学学报(哲学社会科学版)》1983 年第 4 期。

[32] 陈全方,《周原西周建筑基址概述(上)》,《文博》1984 年第 1 期。

[33] 陈建敏,《甲骨文金文所见商周工官工奴考》,《学术月刊》1984 年第 2 期。

[34] 石声淮、傅道彬,《木的祭祀与木的崇拜》,《华中师院学报》1984 年第 4 期。

[35] 赵沛霖,《树木兴象的起源与社树崇拜》,《河北学刊》1984 年第 3 期。

[36] 黄纲正,《长沙出土的战国琴》,《乐器》1984 年第 1 期。

[37] 陈振中,《殷周的青铜锯》,《考古》1984 年第 1 期。

[38] 栗劲,《〈睡虎地秦简〉译注斠补》,《吉林大学社会科学学报》1984 年第 5 期。

[39] 古开弼,《秦唐时期林业经济思想及历史启示》,《农业考古》1985 年第 1 期。

[40] 刘含若、谷风,《金代以前黑龙江历史人口探索》,《求是学刊》1985 年第 4 期。

[41] 宋德金,《谈桦木与东北古代文明》,《北方文物》1985 年第 3 期。

[42] 刘庆柱,《秦都咸阳第三号宫殿建筑遗址壁画考释》,《人文杂志》1985 年第 5 期。

[43] 吴达期、徐永吉等,《高邮神居山二号汉墓的木材鉴定》,《南京林学院学报》1985 年第 3 期。

[44] 袁清林,《先秦环境保护的若干问题》,《中国科技史料》1985 年第 1 期。

[45] 古开弼,《秦唐时期林业经济思想及历史启示》,《农业考古》1985 年第 1 期。

[46] 陈植,《杉木造林技术遗产的初步研究》,《中国农史》1985 年第 2 期。

[47] 车广锦,《论船棺葬的起源和船棺葬反映的宗教意识》,《东南文化》1985 年第 1 辑。

[48] 苏诚鉴,《"驰道"的修筑与规制》,《安徽史学》1986 年第 2 期。

[49] 罗桂环、汪子春,《略述我国古代行道树的起源和发展》,《西北大学学报（自然科学版）》,1986 年第 1 期。

[50] 胡德经,《两京古道考辨》,《史学月刊》1986 年第 2 期。

[51] 石宁、刘啸,《中国古建筑特色的形成于地理环境的关系》,《文物》1986 年第 5 期。

[52] 刘咸、陈渭坤,《中国植棉史考略》,《中国农史》1987 年第 1 期。

[53] 熊大桐,《〈齐民要术〉所记林业技术的研究》,《中国农史》1987 年第 1 期。

[54] 吴郁芳,《楚社树及荆、楚国名考》,《求索》1987 年第 3 期。

[55] 熊大桐,《中国古代林业科学技术知识初探》,《林业科学》1987 年第 2 期。

[56] 马彦章,《行道树小史》,《农业考古》1987 年第 2 期。

[57] 刘德增,《也谈"黄肠题凑"葬制》,《考古》1987 年第 4 期。

［58］吴曾德，《论中西古代建筑风格差异之原因——兼与刘天华同志商榷》，《上海社会科学院学术季刊》1987 年第 1 期。

［59］王子今，《"伐驰道树殖兰池"解》，《中国史研究》1988 年第 3 期。

［60］高崇文，《西汉长沙王墓和南越王墓葬制初探》，《考古》1988 年第 4 期。

［61］王震中，《东山嘴原始祭坛与中国古代的社崇拜》，《世界宗教研究》1988 年第 4 期。

［62］符文侠，《下辽河平原和辽东半岛海岸带晚更新世以来的海侵》，《地理研究》1988 年第 2 期。

［63］林鸿荣，《古代的楠木及其分布变迁》，《四川林业科技》1988 年第 4 期。

［64］侯伯鑫，《湖南杉木栽培史考》，《植物杂志》1988 年第 5 期。

［65］陈加良；文焕然，《宁夏历史时期的森林及其变迁》，《宁夏大学学报（自然科学版）》1981 年第 1 期。

［66］黄宝龙、蓝太岗，《杉木栽培利用历史的初步探讨》，《南京林业大学学报（自然科学版）》1988 年第 2 期。

［67］巨天珍、陈学林，《甘肃小陇山林区全新世中期以来古植被演替的研究》，《西北植物学报》1988 年第 2 期。

［68］徐海亮，《历史中州森林变迁》，《中国农史》1988 年第 4 期。

［69］吴郁芳《说"商"与"桑"》，《东南文化》1989 年第 2 期。

［70］林树山，《楛矢小考》，《求是学刊》1989 年第 6 期。

［71］张鹤泉，《周代祭社问题试探》，《汕头大学学报（人文科学版）》1989 年第 4 期。

［72］刘金陵，《长白山区孤山屯沼泽地 13000 年以来的植被和气候变化》，《古生物学报》1989 年第 4 期。

［73］倪根金，《秦汉植树造林考述》，《中国农史》1990 年第 4 期。

［74］史念海，《论历史时期我国植被的分布及其变迁》，《中国历史地理论丛》1991 年第 3 期。

［75］龙瑞华、李百福等，《云南中部杞麓湖地区晚更新世——全新世植被研究》，《云南地质》1991 年第 1 期。

［76］陈明芳，《论船棺葬》，《东南文化》1991 年第 1 期。

［77］徐卫民，《西汉上林苑宫殿台观考》，《文博》1991 年第 4 期。

［78］基口淮，《秦汉园林概说》，《中国园林》1992 年第 2 期。

[79] 何星亮,《土地神及其崇拜》,《社会科学战线》1992 年第 4 期。
[80] 方建军,《中国出土古代乐器分域简目"1949—1991"》,《乐器》1992 年第 3 期。
[81] 陈明光,《析汉代的"假税"与"八月算民"》,《中国社会经济史研究》1992 年第 2 期。
[82] 周云庵,《秦岭森林的历史变迁及其反思》,《中国历史地理论丛》1993 年第 1 期。
[83] 倪根金,《汉简所见西北垦区林业——兼论汉代居延垦区衰落之原因》,《中国农史》1993 年第 4 期。
[84] 徐君,《试论树神崇拜》,《宗教学研究》1994 年 Z1 期。
[85] 王守春,《历史时期黄土高原的植被及其变迁》,《人民黄河》1994 年第 2 期。
[86] 郭正堂、刘东生等,《渭南黄土沉积中十五万年来的古土壤及其形成时的古环境》,《第四纪研究》1994 年第 3 期。
[87] 古开弼,《我国柞树资源历史分布考略》,《古今农业》1994 年第 2 期。
[88] 王子今,《秦汉时期的森林采伐与木材加工》,《古今农业》1994 年第 4 期。
[89] 尚定周,《历史上的中国林业》,《古今农业》1994 年第 3 期。
[90] 景爱,《额济纳河下游环境变迁的考察》,《中国历史地理论丛》1994 年第 1 期。
[91] 关传友,《中国竹子造园史考》,《竹子研究汇刊》1994 年第 3 期。
[92] 徐瑞瑚、谢双玉等,《江汉平原全新世环境演变与湖群兴衰》,《地域研究与开发》1994 年第 4 期。
[93] 龚良,《汉"更衣之室"形象及建筑技术考辨》,《南京大学学报（哲学社会科学版）》1995 年第 1 期。
[94] 王廷洽,《中国古代的神树崇拜》,《青海师范大学学报（哲学社会科学版）》1995 年第 2 期。
[95] 陈伟明,《从〈异物志〉看汉代岭南经济作物的种植与利用》,《农业考古》1995 年第 3 期。
[96] 傅仁义,《从哺乳动物群的演变看我国东北第四纪古气候的变化》,《辽海文物学刊》1995 年第 1 期。
[97] 钟年,《论中国古代的桑崇拜》,《世界宗教研究》1996 年第 1 期。
[98] 王子今,《秦汉时期的护林造林育林制度》,《农业考古》1996 年第 1 期。

[99] 王登学、魏世中，《史书中的"榆林塞"》，《中国林业》1996 年第 1 期.

[100] 侯伯鑫，《我国杉木的起源及发展史》，《农业考古》1996 年第 1 期。

[101] 孙中家、王子今，《秦汉时期的官营运输业》，《求是学刊》1996 年第 3 期。

[102] 孟世凯，《殷商时代田猎活动的性质与作用》，《历史研究》1996 年第 4 期。

[103] 官德祥，《汉晋时期西南地区竹木述要》，《农业考古》1996 年第 1 期。

[104] 夏玉梅，《大小兴安岭高位泥炭孢粉纪录及泥炭发育和演替过程研究》，《地理科学》1996 年第 4 期。

[105] 孙湘君、宋长青等，《黄土高原南缘最近 10 万年来的植被》，《植物学报》1996 年第 12 期。

[106] 宋长青、王琫瑜等，《内蒙古大青山 DJ 钻孔全新世古植被变化指示》，《植物学报（英文版）》1996 年第 7 期。

[107] 钟年，《论中国古代的桑崇拜》，《世界宗教研究》1996 年第 1 期。

[108] 仝晰纲，《秦汉郡国农官考实》，《史林》1996 年第 4 期。

[109] 王晓，《浅谈中原地区原始葬具》，《中原文物》1997 年第 3 期。

[110] 郑同修，《汉画像中"长青树"类刻画与汉代社祭》，《东南文化》1997 年第 4 期。

[111] 黎凤、李英等，《秦汉至北魏时期山西的森林》，《山西林业》1998 年第 4 期。

[112] 夏敦胜、马玉贞等，《秦安大地湾高分辨率全新世植被演变与气候变迁初步研究》，《兰州大学学报》1998 年第 1 期。

[113] 任国玉，《全新世东北平原森林——草原生态过渡带的迁移》，《生态学报》1998 年第 1 期。

[114] 马新，《论两汉乡村社会中的里社》，《文史哲》1998 年第 5 期。

[115] 石山，《中国古代林业发展的特点》，《湖北林业科技》1999 年第 1 期。

[116] 刘锡涛，《中国古代行道树和护堤林》，《甘肃林业》1999 年第 2 期。

[117] 周宏伟，《长江流域森林变迁的历史考察》，《中国农史》1999 年第 4 期。

[118] 杨琳，《社神与树林之关系探秘》，《民族艺术》1999 年第 3 期。

[119] 任国玉，《我国东北全新世花粉分布图及其分析》，《古生物学报》1999 年第 3 期。

[120] 马雪芹，《历史时期黄河中游地区森林与草原的变迁》，《宁夏社会科学》1999 年第 6 期。

［121］倪根金，《由〈诗经〉探索周代森林及林业发展》，《农业考古》1999 年第 1 期。

［122］余明，《西汉林政初探》，《四川师范大学学报（社会科学版）》1999 年第 4 期。

［123］余明，《西周林政初探》，《四川师范大学学报（社会科学版）》2000 年第 3 期。

［124］余明，《夏商林政雏形》，《自贡师范高等专科学校学报》2000 年第 1 期。

［125］刘彦威，《中国古代对林木资源的保护》，《古今农业》2000 年第 2 期。

［126］骆伟，《〈南越志〉辑录》，《广东史志》2000 年第 3 期。

［127］覃嘉铭、林玉石等，《桂林全新世石笋高分辨率 δ13C 记录及其古生态意义》，《第四纪研究》2000 年第 4 期。

［128］谢丽，《绿洲农业开发与楼兰古国生态环境的变迁》，《中国农史》2001 年第 1 期。

［129］张天恩，《"禁圃"瓦当及禁圃有关的问题》，《考古与文物》2001 年第 5 期。

［130］王庆宪，《匈奴史事与北方森林植被》，《云南师范大学学报（哲学社会科学版）》2001 年第 6 期。

［131］侯伯鑫、程政红、何洪城等，《长沙马王堆一号汉墓椁室木材的研究》，《湖南林业科技》2001 年第 4 期。

［132］郭风平，《我国殡葬的木材消耗及其对策管见》，《中国历史地理论丛》2001 年第 2 期。

［133］艾娣雅·买买提，《绿色文明背景上的树崇拜考释》，《广西民族学院学报（哲学社会科学版）》2001 年第 5 期。

［134］陈业新，《两汉时期气候状况的历史学再考察》，《历史研究》2002 年第 4 期。

［135］于振波，《从悬泉置壁书看〈月令〉对汉代法律的影响》，《湖南大学学报（社会科学版）》2002 年第 5 期。

［136］古开弼，《中华民族的树木图腾与树木崇拜》，《农业考古》2002 年第 1 期。

［137］齐乌云、袁靖等，《从胶东半岛贝丘遗址的孢粉分析看当时的人地关系》，《考古》2002 年第 7 期。

［138］宋豫秦、崔海亭等，《周原现代地貌考察和历史景观复原》，《中国历史地理论丛》2002 年第 1 期。

[139] 耿德铭，《史籍中的哀牢国》，《云南民族学院学报》2002 年第 6 期。

[140] 潘玲，《黑龙江桦南县小八浪遗址动物骨骼的鉴定与分析》，《考古》2002 年第 7 期。

[141] 黄厚明、陈云海，《中国史前音乐文化状况初探》，《中原文物》2002 年第 3 期。

[142] 马振智，《试谈秦公一号大墓的椁制》，《考古与文物》2002 年第 5 期。

[143] 郑延欣，《南阳汉画中的乐器与乐队组合》，《许昌师专学报》2002 年第 4 期。

[144] 徐伯安，《我国古代木构建筑结构体系的确立及其原生形态》，《建筑史论文集》2002 年第 15 辑。

[145] 武丽娜，《秦陵陪葬坑出土木材试论》，《秦文化论丛》2003 年第 10 辑。

[146] 徐畅，《石鼓文刻年新考》，《考古与文物》2003 年第 4 期。

[147] 张驭寰，《对西汉长安城井干式楼原状的推测》，《建筑史》2003 年第 2 辑。

[148] 杨永兴，《8.0ka B.P. 以来三江平原北部沼泽发育和古环境演变研究》，《地理科学》2003 年第 1 期。

[149] 李小强、安芷生等，《全新世黄土高原塬区植被特征》，《海洋地质与第四纪地质》2003 年第 3 期。

[150] 周学鹰，《"建筑式"明器与"明器式"建筑》，《建筑史》2003 年第 1 期。

[151] 王义民；万年庆，《黄河流域生态环境变迁的主导因素分析》，《信仰师范学院学报（自然科学版）》2003 年第 4 期。

[152] 李春雨、徐兆良等，《浑善达克沙地高西马格剖面孢粉分析及植被演化的初步探讨》，《植物生态学报》2003 年第 6 期。

[153] 张春生，《从〈五藏山经〉看黄河中游的森林》，《农业考古》2003 年第 3 期。

[154] 陈西平、宋明爽，《树木崇拜与民俗文化》，《山东农业大学学报（社会科学版）》2003 年第 4 期。

[155] 张华珍、项章，《楚"神树"研究》，《江汉考古》2003 年第 3 期。

[156] 杨振红，《月令与秦汉政治再探讨——兼论月令源流》，《历史研究》2004 年第 3 期。

[157] 王子今，《西汉"五陵原"的植被》，《咸阳师范学院学报》2004 年第 5 期。

[158] 陈业新，《秦汉政府行为与生态》，《淮南师范学院学报》2004 年第 4 期。

［159］张淑芹、邓伟等,《中国兴凯湖北岸平原晚全新世花粉记录及泥炭沼泽形成》,《湿地科学》2004年第2期。

［160］黄水根,《吴城出土商代青铜斧与青铜剑》,《南方文物》2004年第2期。

［161］林鸿荣,《棪木求索》,《古今农业》2004年第4期。

［162］黄荣凤、鲍甫成等,《老山汉墓出土木材的年轮年代学研究》,《林业科学》2004年第5期。

［163］李锦山,《史前生殖崇拜及其信仰》,《中原文物》2004年第2期。

［164］黄今言《汉代专业农户的商品生产与市场效益》,《安徽史学》2004年第4期。

［165］刘彦威,《中国古代的护林和造林》,《北京林业大学学报(社会科学版)》2004年第4期。

［166］王子今,《〈南都赋〉自然生态史料研究》,《中国历史地理论丛》2004年第3期。

［167］汪桂海,《汉简所见社与社祭》,《中国国家博物馆馆刊》2005年第2期。

［168］余明,《秦朝林政初探》,《四川理工学院学报(社会科学版)》2005年第1期。

［169］王子今,《汉代居延边塞生态保护纪律档案》,《历史档案》2005年第4期。

［170］黄润、朱诚等,《安徽淮河流域全新世环境演变对新石器遗址分布的影响》,《地理学报》2005年第5期。

［171］杨絮飞,《从汉画像砖石看汉代庭院植物的配置》,《浙江林学院学报》2006年第5期。

［172］罗新慧,《上博简〈诗论〉"甘棠"与上古风俗》,《陕西师范大学学报(哲学社会科学版)》2006年第2期。

［173］杨华,《战国秦汉时期的里社与私社》,《天津师范大学学报(社会科学版)》2006年第1期。

［174］余君,《中国古代柳树的栽培及柳文化》,《北京林业大学学报(社会科学版)》2006年第3期。

［175］罗义群,《人从树中来回到树中去——苗族生命哲学简论》,《黔东南民族师范高等专科学校学报》2006年第5期。

［176］栾丰实,《史前棺椁的产生、发展和棺椁制度的形成》,《文物》2006年第6期。

［177］周学鹰，《汉代高台建筑技术研究》，《考古与文物》2006年第4期。

［178］周学鹰，《汉代建筑大木作技术特征（之一）——斗栱》，《华中建筑》2006年第9期。

［179］齐乌云，《山东沭河上游史前自然环境变化对文化演进的影响》，《考古》2006年第12期。

［180］张肖马，《三星堆二号坑青铜神树研究》，《四川文物》2006年第6期。

［181］王丽芬，《汉代乐器类浅探》，《华夏考古》2006年第1期。

［182］关传友，《中国植柳史与柳文化》，《北京林业大学学报（社会科学版）》2006年第4期。

［183］徐卫民，《汉长安城植被研究》，《中国古都学会2007年年会论文集》2007年第23辑。

［184］刘希庆，《先秦秦汉时期的伐木时间问题》，《北京城市学院学报》2007年第2期。

［185］林幼丹、张晨曦，《杉木在中国的栽培历史简述》，《自然辩证法通讯》2007年第1期。

［186］陈业新，《战国秦汉时期长江中游地区气候状况研究》，《中国历史地理论丛》2007年第1期。

［187］黄宛峰，《秦汉园林的主要特征及其影响》，《杭州师范学院学报（社会科学版）》2007年第3期。

［188］张殿甲，《关于梏矢石砮的考证》，《东北史地》2007年第5期。

［189］朱圣钟，《历史时期四川凉山地区森林植被的变迁》，《中国历史地理论丛》2007年第2期。

［190］王子今，《秦汉社会的山林保护意识》，《经济社会史评论》2008年第1辑。

［191］刘临安、曹云钢，《从汉代明器看建筑斗栱的特点》，《建筑师》2008年第1期。

［192］田广林，《论东山嘴祭坛与中国古代的郊社之礼》，《辽宁师范大学学报（社会科学版）》2008年第1期。

［193］周学鹰，《从出土文物探讨汉代楼阁建筑技术》，《考古与文物》2008年第3期。

［194］梁云，《甘肃礼县大堡子山青铜乐器坑探讨》，《中国国家博物馆馆刊》2008年第4期。

[195] 杨文宇、万德光，《中国桑树分类及桑类中药原植物考辨（Ⅰ）》，《时珍国医国药》2008年第11期。

[196] 刘曦、董丽，《试论先秦文学作品中的园林景观》，《北京林业大学学报（社会科学版）》2008年第3期。

[197] 罗丽萍、朱利东等，《成都平原4000aB.P.以来的孢粉记录与环境变化》，《古生物学报》2008年第2期。

[198] 王建华、王晓静等，《珠江三角洲GZ——2孔全新统孢粉特征及古环境意义》，《古地理学报》2009年第6期。

[199] 李浈，《古代建筑实践中木材的采运工艺》，《建筑师》2009年第1期。

[200] 陈天声，《我国古代建筑的结构学探讨》，《浙江建筑》2009年第7期。

[201] 贾洪波，《中国古代木结构建筑体系的特征及成因说辨析——兼申论其与中国传统文化人本思想的关系》，《南开学报（哲学社会科学版）》2009年第2期。

[202] 蔡茂堂、魏明建，《黄土高原全新世孢粉古植被地方性分异研究》，《首都师范大学学报（自然科学版）》2009年第4期。

[203] 王雪怡，《汉画像石中的丝竹乐器》，《东方艺术》2009年第2期。

[204] 徐卫民，《汉长安城植被研究》，《西北大学学报（自然科学版）》2009年第5期。

[205] 靳宝，《汉代墓葬用柏及其原因分析》，《中原文物》2009年第3期。

[206] 石声汉，《〈僮约〉校注》，《农业考古》2010年第2期。

[207] 潘彪、翟胜丞等，《连云港藤花落史前古城遗址出土木材的树种鉴定》，《南京林业大学学报（自然科学版）》2010年第5期。

[208] 刘丽琴，《汉代河西林木探究》，《甘肃社会科学》2011年第1期。

[209] 包琰、冯广平等，《秦汉上林苑栽培树木初考》，《农业考古》2011年第4期。

[210] 宋杰，《秦汉国家机构中的"司空"》，《历史研究》2011年第4期。

[211] 李小白，《南阳汉画像石"建木"等形象的文化意蕴》，《南都学坛（人文社会科学学报）》2011年第6期。

[212] 冯广平、包琰等，《秦汉上林苑栽培植物再考》，《中国植物园》2011年第14期。

[213] 康清莲，《秦驰道直道考议》，《晋阳学刊》2011年第4期。

[214] 张合荣，《夜郎地理位置解析——以滇东黔西战国秦汉时期考古遗存为主》，《南方民族考古》2011 年第 7 辑。

[215] 杨肖肖、孔昭宸等，《末次盛冰期以来渭源黄土剖面的孢粉记录》，《地球环境学报》2012 年第 2 期。

[216] 陈西平，《试论树木文化中的生殖崇拜》，《山东农业大学学报（社会科学版）》2012 年第 2 期。

[217] 喻曦、李令福，《浅析秦汉上林苑农业的多功能性》，《中国农史》2012 年第 3 期。

[218] 王育茜、吴文婉等，《辽宁阜新查海遗址炭化植物遗存研究》，《北方文物》2012 年第 4 期。

[219] 陆德富，《寺工续考》，《考古》2012 年第 9 期。

[220] 李发，《〈诗经〉中的意象"桑"及其文化意蕴》，《蚕业科学》2012 年第 6 期。

[221] 王树芝，《湖北枣阳九连墩 1 号楚墓棺椁木材研究》，《文物》2012 年第 10 期。

[222] 陈业新，《中国历史时期的环境变迁及其原因初探》，《江汉论坛》2012 年第 10 期。

[223] 朱士光，《试论我国黄土高原历史时期森林变迁及其对生态环境的影响》，《黄河文明与可持续发展》2013 年第 3 期。

[224] 潘彪、翟胜丞等，《李洲坳东周古墓棺木用材树种鉴定及材性分析》，《南京林业大学学报（自然科学版）》2013 年第 3 期。

[225] 杜荣荣、陈敬安等，《贵州白鹇湖沉积物中孢粉记录的 5.5kaB.P. 以来的气候变化》，《生态学报》2013 年第 12 期。

[226] 王其亨、袁守愚，《华夏园林渊薮，基于湿地生态环境的先秦苑囿》，《中国园林》2013 年第 4 期。

[227] 江林昌，《"桑林"意象的源起及其在〈诗经〉中的反映》，《文史哲》2013 年第 5 期。

[228] 周鹏，《棕榈科植物的特征及其在园林绿化与造景中的地位与作用》，《热带生物学报》2013 年第 3 期。

[229] 刘绪，《夏末商初都邑分析之一——二里头遗址与偃师商城遗存比较》，《中国国家博物馆馆刊》2013 年第 9 期。

[230] 郭振华，《滇黔弓弩文化研究》，《搏击·武术科学》2013 年第 2 期。

[231] 朱士光，《试论我国黄土高原历史时期森林变迁及其对生态环境的影响》，《黄河文明与可持续发展》2013 年第 3 期。

[232] 王子今、李斯，《放马滩秦地图林业交通史料研究》，《中国历史地理论丛》2013 年第 2 期。

[233] 芦净、赵建成等，《〈山海经·南山经〉植物考》，《科学通报》2013 年第 S1 期。

[234] 梁安和，《五陵原植被及其发展演变状况》，《秦汉研究》2014 年第 8 辑。

[235] 房道国，《洛庄汉墓乐器坑恢宏的汉代地下乐团》《大众考古》2014 年第 3 期。

[236] 张学涛、王健等，《四川汉画像砖中树木图像研究》，《农业考古》2014 年第 1 期。

[237] 王进锋，《殷商时期的小臣》，《古代文明》2014 年第 3 期。

[238] 郭建新、朱宏斌，《秦汉时期上林苑农业功能之探析》，《农业考古》2014 年第 6 期。

[239] 李新全，《秦神树纹瓦当考》，《考古》2014 年第 8 期。

[240] 王利华，《〈月令〉中的自然节律与社会节奏》，《中国社会科学》2014 年第 2 期。

[241] 袁胜文，《棺椁制度的产生和演变述论》，《南开学报（哲学社会科学版）》2014 年第 3 期。

[242] 邹水杰，《也论里耶秦简之"司空"》，《南都学坛（人文社会科学版）》2014 年第 5 期。

[243] 杨婷婷、夏乐晗，《君迁子种质资源若干问题的研究》，《北方园艺》2014 年第 10 期。

[244] 王树芝，《山东定陶灵圣湖西汉墓 M2 出土木材分析与研究》，《东方考古》2014 年第 11 集。

[245] 邢莉莉，《汉代楼阁建筑分类及建筑技术、艺术特征研究》，《吉林艺术学院学报》2015 年第 1 期。

[246] 王其亨、袁守愚，《秦汉园林语境下的"囿"与"苑"考辨》，《天津大学学报（社会科学版）》2015 年第 3 期。

[247] 李欣，《由"律"、"令"到"时令"——秦汉林业立法及森林保护体系变

迁》，《北京林业大学学报（社会科学版）》2015 年第 4 期。
[248] 艾冲，《两汉上郡龟兹治城位置新探》，《陕西师范大学学报（哲学社会科学版）》2015 年第 5 期。
[249] 刘源，《逨盘铭文考释》，《中国史研究》2015 年第 4 期。
[250] 姚轶锋、王霞等，《新疆地区全新世植被演替与气候环境演变》，《科学通报》，2015 年第 31 期。
[251] 周建超、覃军干等，《广西桂林岩溶区中全新世以来的植被、气候及沉积环境变化》，《科学通报》2015 年第 13 期。
[252] 谢继忠，《敦煌悬泉置〈四时月令五十条〉的生态环境保护思想渊源探析》，《农业考古》2015 年第 6 期。
[253] 周斌、古再丽努尔·外力等，《黄土高原中部 450ka 以来植被演化的有机碳同位素与分子化石记录》，《中国科学，地球科学》2016 年第 4 期。
[254] 李聪，《中原墓葬出土商代及西周青铜斧的类型与分期》，《河南科技大学学报（社会科学版）》2016 年第 1 期。
[255] 黄全胜、李延祥等，《广西战国汉代墓葬出土铁器的科学研究》，《南方文物》2016 年第 1 期。

五、学位论文（以博硕士级别兼顾出版时间为序）

[1] 王柏中，《两汉国家祭祀制度研究》，吉林大学 2004 年博士学位论文。
[2] 杜正乾，《中国古代土地信仰研究》，四川大学 2005 年博士学位论文。
[3] 史志龙，《先秦社祭研究》，武汉大学 2010 年博士学位论文。
[4] 李伟，《西汉财政政策研究》，南京师范大学 2012 年博士学位论文。
[5] 郑辉，《中国古代林业政策和管理研究》，北京林业大学 2013 年博士学位论文。
[6] 郭俊然，《汉官丛考——以实物资料为中心》，华中师范大学 2013 年博士学位论文。
[7] 张蕾，《宋代以来江南地区竹的生态史研究》，复旦大学 2013 年博士学位论文。
[8] 许慜慧，《古文字资料中的战国职官研究》，复旦大学 2014 年博士学位论文。
[9] 赵延旭，《北朝时期的林业及相关问题研究》，吉林大学 2015 年博士学位

[10] 王晶,《绿丝临池弄清荫,麋鹿野鸭相为友》,天津大学 2004 年硕士学位论文。

[11] 赵伟,《〈殷墟花园庄东地甲骨·释文〉校勘》,郑州大学 2004 年硕士学位论文。

[12] 施谢捷,《古玺汇考》,安徽大学 2006 年硕士论文。

[13] 陈炫玮,《孔家坡汉简日书研究》,(台北)"清华大学"历史研究所 2007 年硕士学位论文。

[14] 郑晓旭,《中国早期土木结构建筑的特征研究》,郑州大学 2010 年硕士学位论文。

[15] 杨丁,《山东地区商西周青铜兵器研究》,陕西师范大学 2012 年硕士学位论文。

[16] 何林,《江苏地区考古木材鉴定分析》,南京林业大学 2015 年硕士学位论文。

后 记

本书以我博士论文为基础稍作修改而成。

自2017年博士毕业离开熟悉的南京，入职湖南大学岳麓书院博士后流动站，后辗转来到贵州大学，不知不觉已经6年了。时光荏苒，感慨颇多。

2014年有幸师从秦汉史学界著名的晋文教授攻读博士学位，但名师同样意味着老师对弟子有严苛的学习标准。而我与师门其他人不同，本科到研究生即以经济学专业三跨到历史学，从事宋史方向的学习，考博又从宋史跨到秦汉史。虽然知识面及眼界均得以扩展，但放弃原有的知识积累，在原本不算熟悉的领域重新进行研究，一切从零开始，在老师的严格要求下，本身资质一般的我所面对的困难是他人所难以想见的。

2014年入恩师门下，恩师就对自己悉心指导、耐心扶助。由于自己先前对秦汉史料接触较少，对简牍帛书更不甚了解，因此在求学过程中常有困惑与疑虑，但恩师时常鼓励自己要敢于怀疑、大胆尝试，并对我读书、写作过程中的疑难问题给予了无微不至的指导，同时对我的写作严格要求，使得基础薄弱且资质愚钝的我能在短短的三年半内完成这篇博士论文。恩师宽广的学术视野、敏锐的洞察力与严谨的治学风格也对我影响巨大。除研究学问外，恩师还经常在为人处世方面提点、教导我，使我受用一生。

2018年年初，我入职到湖南大学岳麓书院博士后流动站，跟随陈松长教授从事简帛文献方向的研究工作，研究方向与博士期间差异极大，自身文献学基础又较为薄弱，只得硬着头皮研读相关书目，并兼顾学术研究。无奈家中杂事极多，相关研究压力极大，博士课题也就此搁置。博后研究工作虽感困苦，但有幸受到王博凯、周海峰、刘国庆、苏晓敏、张小稳等师门诸位的相助鼓励，让我重新思考如何将简牍学与历史学二者交叉结合，并找到了今后的研究方向。尤其王博凯师弟与苏晓敏师妹，文献方面对我指点颇多。

在此对两位恩师——晋文教授和陈松长教授的知遇与栽培表示最衷心的感谢。并感谢王博凯、李勉、苏晓敏、张小稳、周海锋、查飞能、温俊萍、齐继伟、刘国庆、贺璐璐、丁佳伟、张天骄、谢伟斌、俞方洁等诸多同学朋友的鼓励与提点，以及彭杨、王焕斌两位同学帮助校稿，谨致谢忱。

  本书的选题偏"冷门"，索隐考辑史料难度较大，加之本人学力有限，难免疏漏较多，恳请诸位方家指正。且我本欲将研究内容从五个专题拓展到秦汉时期林业的方方面面，使之成为系统，无奈教学与家庭压力，一直未能成行。本书研究虽分五个部分，但随着将来材料不断涌现，仍有较大的修改增补的余地。尤其现在我国西南地区的苗族仍有不少人口保留有林木信仰的风俗，对民俗史与生态史的研究极具价值。在未来的研究工作中，希望我能在此方面有更多的突破与收获。

罗启龙

2023年2月于中国社会科学院古代史研究所